느헤미야 성벽 지도

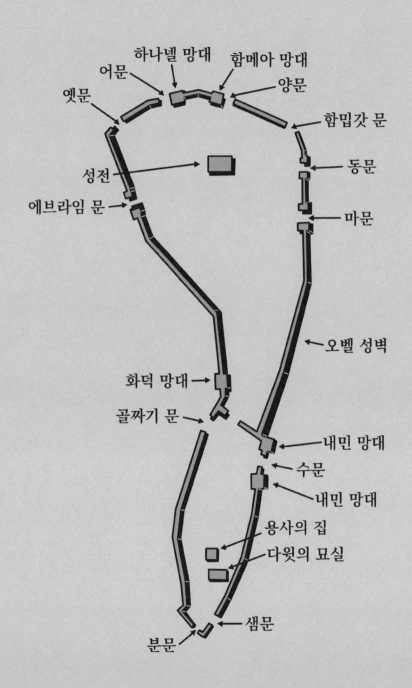

가정아 기뻐하라

김양재 목사의 큐티강해

느헤미야 2

가정아 기뻐하라

김양재 지음

QTM

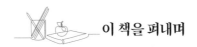 이 책을 펴내며

제 인생에서 기뻤던 일을 꼽으라면 어려운 여건을 딛고 대학에 합격한 것입니다. 저는 부모님의 후원이나 비싼 과외도 없이 거의 독학으로 피아노를 공부해서 원하던 대학에 들어갔을 때 세상을 다 얻은 듯 기뻤습니다. 그래서 '고생 끝, 행복 시작!'인 줄 알았는데, 그토록 원하던 학벌로 부잣집에 시집가서는 '행복 끝, 고생 시작!'의 인생을 살았습니다.

겉으로 보기엔 기뻐할 것이 많은 환경이었지만 믿음으로 택한 결혼이 아니었기에 저에게는 기쁨이 없었습니다. 그러다 시집살이 5년 만에 기도원으로 가출을 했습니다. 그런데 가장 힘든 그 자리에서 하나님을 만났습니다. 모태신앙인으로 30년을 살았어도 하나님의 말씀을 모르던 저에게 말씀의 은혜가 임했습니다.

"사랑 안에 두려움이 없고 온전한 사랑이 두려움을 내쫓나니 두려움에는 형벌이 있음이라 두려워하는 자는 사랑 안에서 온전히 이루지 못하였느니라"(요일 4:18).

이 말씀을 읽는 순간 사랑 없이 인정만 받으려고 하니 사람을 두려워하며 형벌의 인생을 살았다는 걸 깨달았습니다. 그리고 남편도 시부모님도 사랑하지 못한 것을 회개하고 눈물을 흘리며 시부모님께 편지를 썼습니다. 제가 집을 나온 것은 가정을 깨려고 그런 것이 아니고, 더 사랑받는 아내와 며느리와 엄마가 되기 위해서라고, 앞으로 잘 모시겠다고 했습니다. 저는 열흘 만에 두렵고 떨리는 마음으로 집으로 돌아갔습니다.

그런데 생각지도 못하게 시부모님이 살림을 내보내 주셨습니다. 말씀으로 저의 사랑 없음을 회개하고 죽을 때까지 잘 모시겠다고 결단하니 하나님께서 시집살이 생활을 끝내 주신 겁니다.

그저 시집살이가 끝나서 기뻤다는 말이 아닙니다. 눈에 보이는 환경은 그대로일 수 있습니다. 제가 기도로 결단한 것처럼 죽을 때까지 계속 시집살이를 할 수도 있습니다.

그러나 어떤 환경에서도 하나님의 말씀을 듣고 회개하는 자에게는 세상이 알지 못하는 기쁨이 있습니다. 시댁에서 분가를 해서가 아니라 저에게 말씀이 있었기에 매일매일 기뻤습니다. 시어머니보다 더한 남편의 잔소리와 핍박이 있어도, 날마다 말씀을 묵상하고 말씀으로 회개하고 기도하니 기뻤습니다.

느헤미야 8장 9절과 10절에 보니 "백성이 율법의 말씀을 듣고 다 우는지라 총독 느헤미야와 제사장 겸 학사 에스라와 백성을 가르치는 레위 사람들이 모든 백성에게 이르기를 오늘은 너희 하나님 여호와의 성일이니 슬퍼하지 말며 울지 말라 하고 느헤미야가 또 그들에게 이르기를 너희는 가서 살진 것을 먹고 단 것을 마시되 준비하지 못한 자에게는 나누어 주라 이 날은 우리 주의 성일이니 근심하지 말라 여호와로 인하여 기뻐하는 것이 너희의 힘이니라" 합니다.

하나님의 말씀을 듣고 우는 것이 우리의 회개입니다. 환경이 힘들어서 우는 게 아니라 말씀 안에서 내 죄를 깨닫고 울면 거기에서 기쁨이 시작됩니다. 하나님을 기뻐하는 것이 우리의 힘이 되어 환경을 이기고 죄를 이기는 삶을 살 수 있습니다.

그래서 우리가 묵상해야 할 것은 환경이 아니라 하나님의 말씀입니다. 육적인 슬픔과 상처는 아무리 깊어도 지나가 버릴 고통입니다. 잘 먹고 잘사는 환경도 지나가 버리기에 진정한 기쁨을 주지 못합니다. 지나가 버릴 것들을 묵상하며 울고 웃지 말고 하나님의 말씀을 묵상하십시오. 말씀으로 내 인생을 해석받으며 하나님을 기뻐하는 힘 있는 인생을 살아가시기 바랍니다.

버릴 수도, 떠날 수도 없는 가족 곁에서 도저히 기뻐할 수 없는 사람들의 이야기가 이 책에 실려 있습니다. 환경 때문에 울던 그들이 어떻게 말씀을 듣고 우는 인생으로 바뀌었는지, 어떻게 가장 기쁜 인생을 살게 되었는지가 느헤미야 말씀과 함께 담겨 있습니다.

각자의 삶을 나누어 주며 구원의 행전을 펼치는 우리들교회 지체들에게 사랑을 전합니다. 말씀을 나누며 함께 기뻐하는 공동체가 없었다면 저의 사역은 반쪽짜리에 불과했을 것입니다.

책이 나오기까지 수고한 분들에게 고마움을 전합니다. 『가정아 살아나라』에 이어 느헤미야 큐티강해 2권에 해당되는 이 책을 통해 예루살렘 성전과 예배의 회복이야말로 우리 삶의 본질적인 회복임을 알리기 원합니다. 하나님의 말씀으로 울며 하나님의 말씀으로 기뻐하는 우리 모두가 되기를 축원합니다.

2010년 5월
우리들교회 담임목사 김양재

PART

1

세상에서도
천국을 누리며
살게 하소서

하나님의 성읍에
거주하였더니

느헤미야 7장 66절~8장 1절

_____하나님 아버지,
어떤 환경에서도 하나님의 성읍에 거주하며
끝까지 남은 자가 되기 원합니다.
하나님의 성읍에서 말씀을 사모하며
하나님을 찬양하기 원합니다.
말씀해 주옵소서. 듣겠습니다.

남편이 죽기 직전에 구원받고 천국으로 갔기 때문에 저는 남편과 함께 신앙생활을 할 기회가 없었어요. 그래서 남편을 떠올릴 때면 저를 힘들게 했던 일만 떠오릅니다.

'천국에서 만나면 어떨까? 에구에구…… 천국에서까지 그 잔소리를 들으면 어쩌나' 생각하면서 혼자 웃기도 합니다. 시집살이가 너무 힘들었던 어떤 분은 시어머니를 다시 뵐 생각을 하면 천국 가기가 망설여진다고 합니다. 물론 우스개로 해 본 말입니다. 그래도 그런 말을 들을 때면 힘든 배우자, 자녀, 부모와 살고 있는 분들의 어려움이 헤아려져 마음이 아픕니다.

그토록 힘든 식구들이 곧 좋아질 거니까, 언젠가 변할 테니까 이혼하지 말고 견디며 살라고 권면하려는 것이 아닙니다. 저에게도 '예수님을 영접하고 구원받은 남편이 얼마라도 더 살았다면 어떻게 변했을까?' 하는 기대와 환상이 있었습니다. 그러나 지금까지 사역의 길을 걸어오면서 알게 된 사실은, 영접 기도를 하고 예수님을 믿는다고 해도 사람은 참으로 안 변한다는 것입니다. 아무리 눈물 흘리며 기도해도 안 돌아오는 사람이 있습니다.

믿지 않는 배우자와 자녀가 언제 구원받든, 나를 힘들게 하는 부모 형제가 변하든 변하지 않든 그것은 중요하지 않습니다. 중요한 것은 '오늘 나 자신이 하나님의 성읍에 거주하고 있는가'입니다. '내가 구원받은 하나님의 백성으로서 현재 처한 환경에서 천국을 누리는 가'입니다.

그렇다면 어떻게 해야 하나님의 성읍에 거주할 수 있을까요?

끝까지 남은 자가 되어야 합니다

온 회중의 합계는 사만 이천삼백육십 명이요_느 7:66

느헤미야 7장 8절부터 65절까지는 바벨론에서 돌아온 이스라엘 백성의 명단이 기록돼 있습니다. 그 회중의 합계는 4만 2,360명입니다. 느헤미야서에 기록된 포로 귀환은 느부갓네살이 처음 예루살렘을 공격한 B.C. 606년부터 계산했을 경우 바벨론 포로 생활 160여 년이 지난 시점입니다. 포로 생활이 시작된 지 70년이 지난 후 스룹바벨에 의해 1차 포로 귀환(B.C. 538년)이, 에스라의 주도로 2차 포로 귀환(B.C. 458년)이 이루어졌고, 뒤이어 느헤미야의 인도로 3차 포로 귀환(B.C. 445년)이 진행되었습니다.

이들 모두 힘든 포로 생활을 거쳤기에 예루살렘 성읍을 사모하는 마음이 있었습니다. 우리도 마찬가지입니다. 돈에 묶이고, 건강에 묶이고, 힘든 식구들에게 묶이는 인생의 포로기를 거쳐야 하나님 나라를 사모하게 됩니다. 힘든 포로기를 거치면서 하나님께서 원하시는 인생의 목적, 결혼의 목적을 깨닫게 되는 겁니다.

재혼하고 우리들교회에 출석하시는 어떤 분이 매주 설교 말씀 듣기가 불편하다는 이야기를 들었습니다. 자신은 이혼했어도 별 어려움이 없었고, 재혼도 잘해서 행복하게 살고 있는데 목사인 제가 매주 "이혼은 안 된다, 재혼은 천 배의 고통이다"라고 말하니까 설교를 듣다가 화가 난다는 겁니다. 그래서 하나님의 성읍에 거하기는커녕 예배당에서 뛰쳐나가고 싶을 때가 한두 번이 아니라고 합니다. 그분의 심정도 충분히 공감합니다. 이혼과 재혼을 했어도 어려움을 겪지 않은 분에게는 결혼의 목적은 행복이 아니라 거룩이라는 말이 이해되지 않을 겁니다. 포로기를 제대로 거치지 않았기에 하나님 나라를 사모하기가 힘든 것이지요. 우리가 모두 그분처럼 어려움을 겪지 않고 살 수 있다면 얼마나 좋겠습니까.

그러나 앞서 말씀드린 것처럼 참으로 변하기 힘든 것이 사람입니다. 힘든 배우자를 피해서 이혼하고 다른 사람을 만나면 결국은 또 다른 포로 생활이 시작될 뿐입니다. 우리가 인생의 포로기를 거치면서 별 인생이 없다는 걸 깨달아야만 저절로 하나님의 성읍을 사모하게 되고, 성읍에 거주하는 자 4만 2,360명 중의 한 사람으로 자리매김하게 됩니다.

출애굽할 때 이스라엘 백성의 수는 장정이 60만 명이고, 여자와 어린아이를 합하면 총 200만 명이었습니다. 그와 비교하면 4만 2,360명이라는 숫자가 너무 적어 보이지 않습니까? 그러나 여기에는 오래 참으시는 하나님의 사랑이 숨어 있습니다.

하나님께서 애굽의 노예였던 이스라엘 백성을 출애굽시키시고 젖과 꿀이 흐르는 가나안 땅에 들어가게 하셨습니다. 그런데 그들이 가나안에 들어가서 하나님을 저버리고 온갖 우상을 섬기니까 강대국 바벨론의 포로로 잡혀가도록 징계하셨습니다.

그러나 70년이 지난 후에 예루살렘으로 돌아오게 하시고 그들을 회복시키셨습니다. 멸망과 포로, 징계를 통해 하나님께 돌아오게 하시고 결국은 하나님의 백성으로 회복시키시는 사랑의 결실이 바로 4만 2,360명인 것입니다. 다시 말해, 그들은 하나님께서 완전히 멸하지 않으시고 남겨 주신 회복의 "그루터기"(사 6:13)입니다.

도저히 변할 것 같지 않은 배우자와 가족에게도 하나님께서 남겨 두신 그루터기가 있습니다. 아프고, 망하고, 배신당하고 다 끝난 것 같은 내 인생에도 하나님의 그루터기가 남겨져 있습니다. 돌이킬 수 없는 죄와 실수로 망가진 나에게도 회복의 그루터기가 있습니다. 배우자도, 자녀도, 나 자신도, 사람에게는 기대할 것이 없지만 하나님께는 기대할 것들이 무궁무진합니다. 이처럼 앞이 캄캄한 상황에서도 하나님께서 남겨 두신 그루터기를 보고 하나님을 기대하는 것이 하나님의 성읍에 거주하는 믿음입니다.

70 어떤 족장들은 역사를 위하여 보조하였고 총독은 금 천 드라크마와 대접 오십과 제사장의 의복 오백삼십 벌을 보물 곳간에 드렸고 71 또 어떤 족장들은 금 이만 드라크마와 은 이천이백 마네를 역사 곳간에 드렸고 72 그 나머지 백성은 금 이만 드라크마와 은 이천 마네와 제사장의 의복 육십칠 벌을 드렸느니라_느 7:70~72

환경에 상관없이 하나님의 성읍에 거주하는 사람에게는 아까운 것이 없습니다. 각각 은사별로 어떤 족장은 역사를 보조하고, 총독은 금과 대접과 의복을 보물 곳간에 드리고, 백성도 금 이만 드라크마가 넘는 엄청난 액수를 드렸습니다.

성전은 부자가 짓는 것이 아닙니다. 부자가 헌금하고 부자가 구제하는 게 아닙니다. 돈이 있든 없든 천국을 누리는 사람들, 하나님의 성읍에서 연합된 자들이 자원함과 기쁨으로 성전을 짓고 구원의 예물을 드리는 것입니다.

† 환경이 변하고 식구들이 달라지기를 기대하며 날마다 천국과 지옥을 오락가락합니까?
† 황폐하고 무너진 자리에도 생명의 그루터기를 남기시는 하나님을 기대하며 '그 어디나 하늘나라'를 누리십니까?
† 나를 남은 자 되게 하시는 하나님께서 희망이 없어 보이는 배우자, 자녀도 구원하시고 남은 자 되게 하실 것을 믿습니까?

차별이 없어야 합니다

이와 같이 제사장들과 레위 사람들과 문지기들과 노래하는 자들과
백성 몇 명과 느디님 사람들과 온 이스라엘 자손이 다 자기들의 성
읍에 거주하였느니라_느 7:73

고(故) 주기철 목사님(1897~1944)은 일제강점기에 목숨을 내어놓
고 신사참배를 거절하셨습니다. 믿는 자나 안 믿는 자나 모두 그분을
기리고 존경합니다. 우상숭배를 거절한 목사님의 믿음과 신념은 우
리가 감히 따라갈 수 없습니다.

우리가 이렇게 대단한 믿음의 인물이 되지 못해도 괜찮습니다.
하나님의 성읍에 거주하는 자들에게는 차별이 없기 때문입니다. 믿
음의 계보를 자랑하는 제사장과 레위 사람도, 비천한 문지기와 노래
하는 자들도, 아무 직분 없는 백성 몇 명과 종살이하던 느디님 사람도
다 자기들의 성읍에 거주합니다. 이 사람들이 잘나서 성읍에 거주합
니까? 잘났든 못났든 하나님의 은혜로 성읍으로 돌아와서 거주하는
것입니다.

직분자로 교회 사역을 하는데 성품이 모나서 문제만 일으키는
사람이 꼭 있습니다. 그래도 이런 사람이 성품은 착한데 하나님의 일
에 전혀 관심 없는 사람보다 훨씬 낫습니다. 성품이 모나건 착하건, 바
람을 피웠건 안 피웠건, 술·담배를 끊었건 못 끊었건 다 괜찮습니다.
거짓말하는 야곱, 간음한 다윗, 여리고 기생 라합과 이방 여인 룻, 이

런 사람들이 예수님의 조상으로 계보에 올랐습니다(마 1장). 거듭 말씀 드리지만 하나님의 구원 계획, 하나님의 구속사에는 차별이 없습니다. 알록달록 총천연색의 온갖 사람이 하나님의 은혜로 함께 거하는 곳이 하나님의 성읍입니다.

† 제사장들, 레위 사람들, 문지기와 노래하는 사람과 백성, 느디님 사람들과 온 이스라엘 자손이 성읍에 거주했습니다. 내가 잘나서 구원받고 교회 다니는 것이 아니라 오직 하나님의 은혜로 섬기는 자리, 은혜의 자리에 있음을 인정합니까? 교회 안에서도 학벌과 재산, 명예 등으로 사람들을 평가하지는 않습니까?

모이기를 힘써야 합니다

이스라엘 자손이 자기들의 성읍에 거주하였더니 일곱째 달에 이르러 모든 백성이 일제히 수문 앞 광장에 모여……_느 8:1a

무너진 예루살렘 성벽을 중수하는 52일 동안 외부 세력의 방해가 끊이지 않았습니다(느 4장). 먹을 것이 없어 빚을 냈다가 자녀를 종으로 파는 지경까지 가면서 내부에서 갈등이 일어나기도 했습니다(느 5장). 이런 악조건 속에서 동틀 때부터 별이 뜰 때까지 백성의 절반은 한 손에 창을 잡고 일을 했습니다.

그렇게 힘든 과정을 거쳐 성벽이 중수되었는데, 이스라엘 백성은 이 모든 일이 자기들의 힘이 아니라 하나님 은혜로 이루어진 것을 알게 됐습니다. 그리고 예루살렘 성벽을 재건하는 것, 하나님과의 관계를 회복하는 것이 자신들의 생명과 안전을 보장하는 일임을 철저히 깨달았습니다.

하나님의 은혜를 알고 하나님만이 살길임을 깨달은 이스라엘 자손이 이제 일제히 수문 앞 광장에 모였습니다. 성벽을 짓고 나서 각자 고향으로 돌아갔다가 성전의 회복, 하나님을 예배하는 본질의 회복을 원하여 다시 모인 것입니다. 수가 너무 많아 성전 안에 들어가지 못하고 강 같은 평화와 은혜의 물이 넘치는 수문 앞 광장에 모였습니다. 이때가 일곱째 달 첫날입니다. 그동안 밤잠도 못 자고 각종 음모에 시달리면서 성벽 중수를 마친 것이 엘룰 월(여섯째 달) 25일이었으니(느 6:15), 각자 고향으로 갔다가 하루 이틀 만에 다시 출발해서 이곳에 모인 겁니다. 성벽 공사가 끝났으니 이제 쉬어도 될 텐데 오히려 모든 백성이 일제히 모였습니다.

그렇습니다. 은혜를 체험한 사람들은 누가 모이라고 하지 않아도 저절로 모이게 됩니다.

왜 그런 겁니까? 유형의 성벽을 세우고 나니까 무형의 성벽을 쌓아야겠다는 생각, 하나님 나라를 세워야겠다는 비전을 품게 되었기 때문입니다.

물론 성벽 재건 과정이 힘든 만큼 그들 안에 안주하고 싶은 마음도 있었을 것입니다. 그렇지만 백성은 화려한 솔로몬 성전이 하루아

20

침에 불타 무너져 버린 역사를 이미 알고 있었습니다. 그러니 성전 건물 자체가 축복의 상징이 아니라는 것, 부적처럼 성전을 지어서는 안 된다는 것을 누구보다 잘 알았습니다.

어느 칼럼에서 풋내나는 조카 마귀와 노련한 삼촌 마귀 이야기를 읽었습니다.

조카 마귀가 교회를 박해하는데 그럴수록 성도가 더 열심히 모이고 순교자가 나오고 교회가 부흥하더랍니다. 그래서 실패한 조카 마귀가 삼촌 마귀에게 조언을 구했더니 삼촌 마귀가 "가만~히 둬!"라고 답했답니다. 교회는 가만히 두면 힘을 잃는다는 겁니다.

편안한데 누가 눈물로 기도하겠습니까? 무슨 간절함이 있어서 영성이 깊어지겠습니까? 고통과 역경 속에는 주님이 주시는 평안이 있지만, 고인 물의 평안은 썩기 쉽습니다. 아무런 핍박도 방해도 없이 편안하기만 하면 쉽게 타락할 수밖에 없는 것이 인간의 본질입니다.

이스라엘 자손들도 이런 끊임없는 사탄의 음모와 방해를 알기에 안주하지 않고 모였습니다. 모이기를 폐하는 것은 사탄의 계략입니다. 일주일에 한 번 예배를 위해 모이는 데에도 외적인 방해, 내적인 방해가 끊이지 않습니다. 골프와 여행과 맛있는 점심이 모이기를 훼방하고, 나의 게으름과 고집이 예배를 훼방합니다. 그런 음모와 방해를 이기기 위해 우리는 더욱더 모이기를 힘써야 합니다.

성벽이 다 지어진 지금, 뭔가를 이루었다고 하는 때가 가장 위험합니다. 환경이 편안할수록 예배와 목장과 양육으로 모이기에 힘쓰는 것이 나와 내 가족의 생명과 안전을 보장하는 길입니다.

† 집이 멀다고, 기도 응답을 이미 받았다고, 지금은 갈급한 고난이 없다고 예배와 공동체 모임에 소홀해지지는 않았나요?

† 은혜받기 위해 달려가야 할 나의 수문 앞 광장은 어디입니까? 예배와 나눔과 양육으로 열심히 모이며 강같이 넘치는 수문의 은혜를 누리고 있습니까?

말씀을 사모해야 합니다

……학사 에스라에게 여호와께서 이스라엘에게 명령하신 모세의 율법책을 가져오기를 청하매_느 8:1b

구약성경 전체에서 백성이 자발적으로 하나님의 말씀을 청하는 기록은 이곳뿐입니다. 그동안 이스라엘 백성은 여호와께서 명하신 모세의 율법책을 '생활지침서' 정도로 여겼습니다. 그런데 52일 만에 성벽을 짓는 대단한 역사를 이루면서 여호와께서 명하신 말씀의 위력을 체험한 겁니다. 성벽 재건의 놀라운 힘이 느헤미야에게서 나오는 것이 아니라 그가 경배하는 하나님의 말씀에서 나오는 것임을 보았습니다. 그들은 말씀대로 믿고 살고 누리는 느헤미야를 보면서 '아! 우리도 말씀을 읽어야겠구나!' 하는 동기를 얻었습니다.

진정한 목회자의 역할은 목회자 자신이 아니라 목회자가 읽는 '성경'을 보게 하는 것입니다. 목회자가 하나님의 말씀에 붙잡혀 살 때

성도들이 '나도 성경을 읽어야지!' 하고 일제히 모입니다.

하나님의 성읍에 거주하는 사람은 그 성읍의 언어를 쓰고 싶어 하고, 성읍의 규례와 법도를 알고 싶어 합니다. 하나님의 성읍에 거주하지 않는 사람, 하나님을 믿지도 않고, 거듭나지도 않은 사람이 어떻게 성읍의 언어와 법도를 이해할 수 있겠습니까? 성경은 지식으로 깨닫는 것이 아닙니다. 거듭나지 않으면 아무리 큐티를 해도 그것이 삶에서 능력으로 나오지 못합니다. 먼저 내 신분이 하나님의 성읍에 거주하는 하나님의 백성으로 바뀌어야 합니다. 그래야 성읍의 언어인 성경을 이해하고 그 말씀대로 살아갈 수 있습니다.

내가 부잣집의 상속자로 들어갔다면 빨리 그 집의 규례를 배우고 싶지 않겠습니까? 하나님 나라의 상속자로서 나도 그 규례를 배워야 하고 하나님의 재산목록인 성경을 자세히 알아야 합니다. 예수님의 신부로서 최고로 잘 사는 비법은 바로 내 남편의 재산목록인 말씀을 아는 것입니다. 돈과는 비교할 수 없는 우리의 재산이 바로 하나님의 말씀입니다.

그런데 1절을 보니 백성이 느헤미야가 아닌 학사 에스라에게 말씀을 가르쳐 달라고 청합니다. 성벽 지을 동안에는 에스라가 등장하지 않다가 다 짓고 나니까 성경을 가르치러 나옵니다.

이때 느헤미야의 입장이 어땠을까요? 느헤미야는 자신의 은사를 잘 알고 있었습니다. 자기 은사는 성벽을 짓는 것이고, 율법은 에스라가 가르쳐야 함을 인정했습니다. 그래서 백성이 에스라에게 청하는 걸 시기하지 않은 겁니다.

느헤미야에게 중요한 것은 '누가 가르치느냐'가 아니라 백성이 말씀을 사모한다는 사실입니다. 그리고 에스라는 성벽 짓는 일은 자기 전공이 아니기 때문에 그동안 물러나 있다가 자기 은사대로 성경을 가르치고자 나온 것입니다.

교회가 부흥하려면 이렇게 각자 자기 위치를 알고 은사대로 섬겨야 합니다. 직분자들이 자기 위치를 알고 월권하지 않으면 공동체가 건강하게 성장합니다. 자기 위치를 모르고 함부로 나서거나 뒤로 물러나 있기 때문에 공동체가 성장하지 못하고 문제가 자꾸 생기는 겁니다.

백성이 말씀을 사모하게 하려면 지도자의 본이 중요합니다. "저 사람이 성경을 읽으니 52일 만에 성벽이 지어지는구나", "저 사람이 성경을 읽으니 깨어진 가정이 합쳐지는구나" 하는 것을 사람들이 보고 알아야 합니다. 느헤미야는 구원과 공동체를 위해서는 자신의 모든 것을 내려놓는 사람이었습니다. 그리고 지도자로서 백성이 하나님의 성읍에 거주하며 말씀을 사모하게 하는 데 전력을 다했습니다. 그는 자기 역할에 최선을 다하고 물러서야 할 때 물러서기를 주저하지 않았습니다.

저도 느헤미야처럼 교회와 성도들에게 유익하다면 언제라도 내려놓고 떠날 수 있기를 바랍니다. 느헤미야라고 갖은 고생 끝에 성벽을 다 지어 놓고 물러서기가 어찌 쉬웠겠습니까? 이것을 생각하면 끊임없는 기도와 훈련이 필요하다는 생각이 듭니다.

서울 어느 교회에서 담임목사님이 은퇴하시는데 사택으로 쓰던 아파트와 6억 원을 퇴직금으로 드렸답니다. 그런데 목사님이 그것을 다시 교회에 헌금하셨다고 합니다. 목사님은 30명이 모이던 교회를 30년 동안 1,200명이 모이는 공동체로 성장시켰고, 재산도 없이 사택에서 사례비만으로 살아오셨습니다. 게다가 결혼하지 않은 자녀도 셋이나 있습니다.

그런데도 "두 딸은 직장 생활을 하고 있고 아들도 신학을 하니 그만하면 됐다. 각자 앞가림할 것이다" 하면서 퇴직금을 고사하셨답니다. 원래는 70세가 목회 정년인데 나이 많은 사람이 담임목사로 있으면 안 된다고 당회를 설득해서 2년을 앞당겨 68세에 은퇴하셨습니다.

아들이 신학을 하니 교회를 물려줄 법도 한데 후임 목사를 따로 택해서 그동안 목회 훈련을 시키셨습니다. 목사님은 마지막 욕심이 있다면, 할 수 있는 데까지 미자립 교회를 돕는 것이라고 하셨습니다.

이러한 목회자들이 있을 때 교회가 세상에 감동을 줍니다. 사명 때문에 살다가 사명 때문에 가는 것이 우리 인생인데 자꾸 내 욕심이 끼어드니까 성도들도, 세상도 감동을 못 받는 것입니다. 사명을 위해 최선을 다했기에 망설임 없이 자리를 내줄 수 있었던 느헤미야처럼 우리도 오늘 주어진 위치에서 최선을 다하기 원합니다. 무언가 이루었다고 안주하지 말고, 평안할수록 더욱 말씀을 사모하고 모이기를 힘쓰며 하나님 나라 확장에 쓰임받는 우리 모두가 되기를 축원합니다.

† 하나님 나라의 백성으로서 하나님 나라 언어인 성경을 얼마나 알고 사용합니까?

† 예수님을 영접하고 구원받았다고 하면서 성경은 목사님과 신학생들이나 보는 거라고 착각하고 있지는 않습니까? 자녀들에게 "큐티해라, 성경 읽어라" 잔소리하기 전에 매일 기도하고 성경 읽는 모습, 말씀의 능력이 나타나는 삶을 본으로 보이고 있습니까?

예수님의 신부로서 최고로 잘 사는 비법은
바로 내 남편의 재산목록인 말씀을 아는 것입니다.
돈과는 비교할 수 없는 우리의 재산이
바로 하나님의 말씀입니다.

하나님의 성읍에 거주하는 사람은 환경과 상관없이 천국을 누리는 사람입니다. 예루살렘 성전이 무너지고 기나긴 포로 생활을 거쳐야 했지만 하나님께서는 4만 2,360명의 이스라엘 자손을 돌아오게 하시고 그들을 통해 성전과 예배를 회복시키셨습니다. 어떤 상황에서도 하나님께서 남겨 두신 그루터기를 보고 끝까지 남은 자로 생명책에 기록되기를 원합니다.

끝까지 남은 자가 되어야 합니다(느 7:66, 70~72).

황폐하고 무너진 자리에도 생명의 그루터기를 남기시는 하나님을 기대합니다. 나를 남은 자 되게 하신 하나님께서 희망이 없어 보이는 가족과 이웃을 구원하시고 남은 자 되게 하실 것을 믿습니다. 우리 모두 끝까지 남은 자가 되어 하나님의 성읍에 거주하는 복을 누릴 수 있도록 붙잡아 주옵소서.

차별이 없어야 합니다(느 7:73).

제사장, 레위 사람들, 문지기와 노래하는 사람과 백성, 느디님 사람들과 온 이스라엘 자손이 다 자기들의 성읍에 거주하게 되었다고 합니다. 하나님의 구원 계획, 하나님의 구속사에는 이토록 차별이 없는 것을 알았습니다. 이들처럼 차별 없이 모인 하나님의 공동체에서 천국을 누리며 살아가게 도와주옵소서.

모이기를 힘써야 합니다(느 8:1a).

성벽 공사가 끝났으니 이제 쉬어도 될 텐데 오히려 모든 백성이 일제히 수문 앞 광장에 모였습니다. 모이기를 폐하는 것은 사탄의 계략입니다. 이스라엘 자손들도 이런 끊임없는 사탄의 음모와 방해를 알기에 안주하지 않고 모였습니다. 그런데 우리 삶에는 일주일에 한 번 예배를 위해 모이는 데에도 외적인 방해, 내적인 방해가 끊이지 않습니다. 환경이 편한 때일수록 예배와 목장과 양육으로 더욱 모이기에 힘쓰고자 하오니 강같이 넘치는 수문의 은혜를 더하여 주옵소서.

말씀을 사모해야 합니다(느 8:1b).

하나님의 성읍의 언어인 말씀을 사모하며 살기 원합니다. 내가 성경을 읽고 말씀으로 살아나는 삶을 보여 줄 때 믿지 않는 가족과 이웃에게 하나님을 알고 성경을 읽고자 하는 마음이 생기게 될 줄 믿습니다. 말씀의 능력이 나타나는 삶의 본을 보이며 하나님 나라 확장에 쓰임받는 우리 모두가 되게 하옵소서.

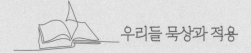

결혼 후 사업을 시작한 남편은 하는 일마다 망했습니다. 저는 그런 남편을 대신해 가정경제를 책임지며 하나님 자리에 앉아 남편을 가르치려고 했습니다. 또 수입의 대부분을 자녀 교육에 쓰면서 아이들을 숨 막히게 감시하며 공부를 시켰습니다. 그래도 아들이 늘 백 점짜리 시험지를 들고 오니 저는 매사가 잘되고 있는 줄로만 알았습니다.

그러나 아들에게는 틱 장애가 생겼고, 딸은 입시를 핑계로 주일을 지키지 않았습니다. 힘든 상황일수록 하나님의 성읍에 잘 거주해야 했는데, 저는 눈에 보이는 환경만 따지다가 믿음의 공동체를 떠나고 말았습니다. 몇 달 만에 성경을 다 가르쳐 준다는 말과 성경을 알면 육의 복을 받는다는 말에 이단에 빠진 것입니다.

그런데 그곳에서 교리 교육을 받다가 예수님보다 그들의 목자를 바라보아야 구원이 있다는 말을 듣고, 순간 정신이 번쩍 들었습니다. 이후 저는 하나님의 은혜로 다시 교회 공동체로 돌아왔습니다. 제가 하나님의 성읍을 떠나 방황하는 동안 남편은 다시 세상을 바라보고, 아들의 틱은 더 심해졌습니다.

그리고 공동체로 돌아온 첫날 골로새서 묵상이 시작됐습니다.

하나님은 "내가 너를 흑암의 권세에서 건져 나의 사랑의 아들의 나라로 옮겼다"고 말씀해 주셨습니다(골 1:13). 골로새서 말씀을 묵상하며 30년 넘게 교회를 다니면서도 단 한 번도 가져 보지 못한 영혼을 향한 애통함이 생겼습니다. 무엇보다 잔소리로 들리던 목사님 말씀이 저를 거룩하게 하시려는 하나님의 교훈과 책망으로 들리기 시작했습니다. 또 전에는 귀찮게만 여겨지던 목장예배도 사모하게 되었습니다. 포로기를 거치면서 저 자신이 변화되고 참된 인생의 목적을 깨닫게 된 것입니다.

이스라엘 백성이 성벽을 완성하고 쉬는 것이야말로 사탄의 밥이 되는 것임을 알아서 곧장 수문 앞 광장에 모인 것처럼(느 8:1), 저희 온 가족도 거실에 모여 큐티를 하며 가정예배를 드리고 있습니다. 하루는 청소년부 수련회에 다녀온 아들이 "하나님께서 예배 가운데 오셔서 나를 치료해 주셨어요. 주체할 수 없이 눈물이 났어요"라고 고백했습니다. 이제는 딸도 주일을 잘 지키고, 남편도 하나님 나라 성읍의 언어를 배우며 가장으로 세워져 가고 있습니다.

여전히 크고 작은 일로 요동하는 저이지만, 내 모습 이대로 받아 주시는 주님을 바라보며 회개와 평강의 은혜를 누리고 있습니다. 말씀의 능력이 나타나는 삶으로 본을 보이며 하나님 나라 확장에 쓰임받는 저희 가정이 되기를 기도합니다.

 영혼의 기도

하나님 아버지, 하나님의 성읍에 끝까지 거주하기를 원합니다. 저 자신을 봐도 절망적일 때가 있고, 배우자와 자녀, 부모 형제를 보면서도 절망이 될 때가 많습니다. 그러나 사람을 보지 않고 하나님을 바라봄으로써 어떤 상황에서도 하나님께서 남기신 그루터기를 보게 하옵소서. 하나님의 오래 참으심과 사랑으로 4만 2,360명의 이스라엘 백성이 돌아오고, 그 후손 가운데 예수님이 오셨습니다. 무너진 환경에서도 믿음으로 남은 자가 되어 우리 가정이 예수 그리스도가 오시는 생명의 그루터기가 되게 하옵소서.

제 힘으로는 할 수 없기에 날마다 하나님의 공동체에 모이기를 힘쓰며 은혜가 넘치는 수문 앞 광장으로 달려가기 원합니다. 나태함과 고집으로 모이기를 폐하는 악을 범하지 않게 하시고, 평안할수록 더욱 예배와 말씀 묵상에 힘쓰며 깨어 있게 하옵소서.

느헤미야에게는 자신이 드러나는 것보다 백성이 말씀을 사모하게 하는 것이 우선이었습니다. 그러기 위해 나 자신을 내려놓으라고 하시는데, 아직도 우리 삶이 본이 되지 못하는 것을 불쌍히 여겨 주옵소서. 공동체를 위해, 교회와 성도의 유익과 구원을 위해 무엇이든지 내려놓을 수 있도록 은혜를 더하여 주옵소서. 그것이 하나님의 성읍에 거주하는 자의 태도임을 알고 말씀을 사모함으로 다른 이들에게도 말씀의 능력을 나타내는 참된 하나님의 자녀가 되도록 인도하옵소서. 예수님 이름으로 기도하옵나이다. 아멘.

02

주를 기뻐하는 것이
너희의 힘!

느헤미야 8장 2~10절

_____하나님 아버지,
여호와를 기뻐하는 것이 우리의 힘이라고 하십니다.
하나님을 기뻐하는 것이 무엇인지 알게 하시고,
그것이 진정 우리에게 힘이 되도록 은혜 내려 주옵소서.
말씀해 주옵소서. 듣겠습니다.

여러분은 무엇이 가장 기쁘고 힘이 됩니까? 돈과 지위와 권세, 외모와 학벌 이런 것들이 기쁨이고 힘입니까? 교회의 기쁨과 힘은 무엇일까요? 큰 성전이 있으면 기쁠까요, 성도 수가 많으면 힘이 될까요?

우리들교회에 유명한 만화가 선생님이 출석하셨는데, 한 달에 한 번은 예배에 나오겠다고 하시더니 작품마다 히트를 치니까 여간해서는 얼굴 뵙기가 어렵습니다. 그러니 그분 일이 잘된다고 마냥 기뻐할 수 있겠습니까? 세상 성공이 잠깐인 것을 알기에 애통한 마음이 듭니다.

우리가 잘될 때 여호와를 기뻐하면 얼마나 좋을까요? 전도서 12장 1절에 "너는 청년의 때에 너의 창조주를 기억하라"고 하십니다. 원어로 보면 '청년의 때'란 모든 것이 번성하고 잘될 때입니다. 그러니까 이 말씀은 "아침에 집을 나갈 때마다 너의 무덤, 즉 마지막을 생각하라"는 뜻입니다. 우리가 모든 일이 잘될 때 마지막을 생각하기란 너무나 어렵지요. 하지만 마지막을 생각하는 것이 지혜 중의 지혜입니다.

그렇다면 그런 지혜를 통해 누리는 기쁨과 힘은 어디서 어떻게 얻을 수 있을까요?

말씀을 알아듣는 것이 기쁨이고 힘입니다

2 일곱째 달 초하루에 제사장 에스라가 율법책을 가지고 회중 앞 곧 남자나 여자나 알아들을 만한 모든 사람 앞에 이르러 3 수문 앞 광장에서 새벽부터 정오까지 남자나 여자나 알아들을 만한 모든 사람 앞에서 읽으매 뭇 백성이 그 율법책에 귀를 기울였는데_느 8:2~3

바로 앞의 8장 1절에서 성벽 건축을 마치고 자기들의 성읍에 거주하던 이스라엘 자손들은 일곱째 달에 이르자 모두가 일제히 수문 앞 광장에 모였습니다. 그리고 학사 에스라에게 율법책 가져오기를 청합니다.

그런데 2절과 3절을 보니 "알아들을 만한 모든 사람"이라는 표현이 연이어 나옵니다. 하나님의 성읍에 거주하는 백성 중에 '알아들을 만한 사람'이 많이 생긴 것이죠. 이 세상에서 가장 큰 힘은 '말씀을 알아들을 만한 힘'입니다. 지식적인 알아들음이 아니라 말씀을 통해 분별력이 생겨서 자기 실상을 파악하는 것이 말씀을 알아듣는 힘입니다.

"내가 말씀을 알아들었어"라는 말은 "내 주제를 알았어", "내 실상을 파악했어"라는 뜻입니다. 내 주제를 모르고 현실을 파악하지 못

하니까 어떤 것도 기쁨이 안 되고 힘이 없는 겁니다. 그러므로 은혜를 받았다는 것은 내 주제를 알았다는 뜻입니다. 성경 어디를 봐도 은혜 받았다는 말이 육적인 복을 뜻한 적은 없습니다. 하나님의 말씀으로 나 자신을 알고 내 실상을 파악하는 것이 은혜이고 능력입니다.

디모데후서 3장 15절에서 17절까지를 보면 "또 어려서부터 성경을 알았나니 성경은 능히 너로 하여금 그리스도 예수 안에 있는 믿음으로 말미암아 구원에 이르는 지혜가 있게 하느니라 모든 성경은 하나님의 감동으로 된 것으로 교훈과 책망과 바르게 함과 의로 교육하기에 유익하니 이는 하나님의 사람으로 온전하게 하며 모든 선한 일을 행할 능력을 갖추게 하려 함이라"고 합니다.

그렇습니다. 성경은 하나님의 감동으로 된 책입니다. 어린 사람, 늙은 사람, 남자, 여자를 불문하고 말씀을 알아들을 만한 사람이라면 차별 없이 감동이 임하는 책입니다. 하나님의 감동이 어려서부터 임하면 어려서부터 자기 실상을 파악하고 자기 주제를 알게 됩니다.

우리들교회 주일학교 학생들의 큐티 나눔 중에 "내가 게임 중독인 것을 알았다. 내 본분이 학생인데 공부는 하지 않고 게임에만 빠져 있었다"하며 고백한 내용을 보았습니다. 아이들이 말씀으로 자기 실상을 보게 된 것입니다. 죄 안 짓는 아이들이 어디 있습니까?

성경은 인간은 모두 죄인이고, 사람의 마음이 계획하는 바가 어려서부터 악하다고 말씀합니다(창 8:21). 겉으로 보이는 성품이 착하고 공부를 잘한다고 아이들의 실상을 착각해서는 안 됩니다. 우리는 다 하나님의 은혜가 아니면 선을 행할 수 없는 죄인입니다.

그러므로 인간의 본성을 알고 내 실상을 알기 위해서는 성경을 읽어야 합니다. 특별히 자녀들이 어려서부터 성경을 읽게 해야 합니다. 하나님의 감동이 임하면 남녀노소를 불문하고 성경을 알아듣게 될 줄 믿습니다.

에스라는 말씀을 읽을 때 사람들이 자신에게 주목하게 하지 않고 말씀에 귀를 기울이게 했습니다. 그랬기에 이스라엘의 뭇 백성이 알아들을 만한 자가 되었습니다. 2절에 보니 "남자나 여자나 알아들을 만한 모든 사람"이라고 했습니다. 역할에는 차이가 있지만 감동에는 차별이 없기 때문입니다.

우리들교회는 주일예배 때 교회 절기에 상관없이 본문의 순서에 따라 강해 설교를 합니다. 어떤 날이라고 해서 특별한 본문을 찾아 설교하기보다 매주 순서에 따른 본문으로 말씀을 전합니다. 그렇다 보니 몇 해 전 전도 축제일에 느헤미야의 계보를 40절이나 읽었습니다. 발음하기도 힘든 이스라엘 자손의 이름을 40절이나 읽으면서 설교했습니다. 그럴 때 누가 불평을 합니까? 오랫동안 교회 다닌 분들이 불평을 합니다. "전도 축제 때 쉬운 본문을 해야지, 왜 알아듣지도 못하는 어려운 계보를 설교하느냐?"는 겁니다. 하지만 그 어려운 본문을 듣고도 130명의 불신자가 주님을 영접했습니다.

이분들이 불평이 나오는 이유가 무엇인가요? 하나님의 감동이 없어 말씀이 들리지 않기 때문입니다. "시시껄렁하게 쓸데없는 이름을 가지고 왜 설교하느냐?", "전도 집회의 한 시간, 1분, 1초가 중요한데 왜 계보를 읽느냐?"고 하는 것은 하나님의 감동이 임하지 않아서 그렇습니다. 그러니 알아들을 만한 회중이 못 되는 겁니다.

그날 영접하신 분 중에 10년간이나 조강지처를 버리고 따로 살던 분이 있었습니다. 제가 그분 딸의 결혼 예배에서 주례로 서게 되었습니다. 그날 그분이 저와 교회에 나오기로 약속했습니다. 그런데 난생처음 교회에 오신 이분이 느헤미야 계보 설교를 듣고 자신의 죄를 회개하며 예수님을 영접했습니다.

이렇게 죄 가운데 있던 분은 바로 말씀을 알아듣고 영접하는데, 교회를 오랫동안 다녀도 말씀이 안 들리는 사람은 도대체 왜 그런 겁니까? 설교를 듣고 불평이 나왔다면 내가 왜 말씀을 알아듣지 못하는지 애통해하며 자신을 돌아보시기 바랍니다.

† 나는 말씀을 알아들을 만한 회중입니까? 말씀을 아무리 봐도 내 주제 파악이 안 되고 지식으로만 쌓여서 남을 정죄하고 판단하고 있습니까? 내 부족함과 죄를 모르기 때문에 말씀이 안 들리는 것을 알고 있습니까? 하나님의 감동으로 말씀을 알아들을 만한 귀를 주시길 기도합니까?

말씀을 아무리 오래 들어도 지치지 않습니다

수문 앞 광장에서 새벽부터 정오까지 남자나 여자나 알아들을 만한 모든 사람 앞에서 읽으매 뭇 백성이 그 율법책에 귀를 기울였는데
_느 8:3

다시 3절을 봅니다. 백성이 말씀을 들은 시간이 새벽부터 정오까지 무려 여섯 시간입니다. 말씀을 알아듣는 사람은 설교가 아무리 길어도 불평하지 않습니다. 열정이 있고 감동이 있으면 지루하지 않습니다. 우리가 연애를 해도 그렇잖아요. 사랑하기 때문에 시간이 빨리 빨리 흐릅니다. 시간 때우려고 연애하는 사람 봤습니까? 신앙생활도 마찬가지입니다. 우리들교회는 시간을 때우러 오기에는 설교가 길어서 못 오고, 거리가 멀어서 못 올 그런 교회입니다. 화려함도 없고 편안함도 없습니다. 그러나 말씀을 사모해서 모이면 온종일 교회에 있어도 지루하지가 않습니다.

통계적으로 부부가 서로 마주 보는 시간은 하루에 5분도 채 안 된다고 합니다. 어쩌다 마음먹고 빤히 쳐다보면 "내 얼굴에 뭐 묻었어? 뭐, 할 말 있어?" 하면서 괜한 시비나 붙습니다. 그러나 사랑하는 마음으로 쳐다보면 '보고 있어도 보고 싶은 그대'가 됩니다. 은혜가 충만해서 쳐다보면 상대방도 감동이 되어 마음이 열리게 돼 있습니다. 그러니 꼴도 보기 싫은 남편, 평퍼짐한 아내라도 '미운 놈 떡 하나 더 준다(?)'는 심정으로 그윽하게 바라봐 주십시오. 혹시 무시를 당하더라도 "여보, 오늘 무척 수고했어!" 하면서 사랑의 눈길을 날려 보세요. 그러면 지긋지긋하던 밉상은 사라지고 새벽부터 정오까지 바라봐도 또 보고 싶은 그대로 바뀔 것입니다.

휘문 채플에서 예배를 드리는 어떤 분이 '우리들교회 이야기'라는 제목으로 홈페이지에 글을 올렸습니다.

냉난방이 잘 안되는 우리들교회 휘문 채플. 7월 중순에 처음 우리들 교회에 왔을 때는 더워서 죽는 줄 알았다. 그런데 예배만 끝나면 "너무 좋지요?" 하면서 물어보는 지체들 때문에 더워 죽겠다는 말도 못하고 지금까지 울며 겨자 먹기로 다니고 있다. 요즘은 그나마 선선해서 다행이지만 벌써 겨울이 걱정되기 시작한다. 좋은 좌석 마련해 놓고 성도가 앉아 주기만 해도 고마워할 교회가 많은데, 이 더운 날 기껏 왔더니 불편한 간이 의자밖에 없고, 애써 참으면서 예배를 드리고 나면 "나갈 때는 자기가 앉은 의자를 치워 주십시오" 큰 소리를 친다. 그럼에도 인상을 쓰거나 불평하는 사람이 없다. 정말 이상한 교회다.

세상의 시각으로 보면 참으로 이상한 교회 맞습니다. 더욱이 우리들교회는 인간적으로 이해하기 힘든 일이 많습니다. 보통 설교가 20분이 넘으면 사람들이 인상을 쓰고, 30분이 넘으면 주보를 뒤적이며 다리를 흔들고, 40분이 넘으면 분노가 폭발한다고 합니다. 그런데 우리들교회에서는 주일예배는 한 시간 반, 목장예배는 대여섯 시간이 걸립니다. 직장 생활을 하는 남자들이 목장에 모이기가 어려울 줄 알았는데 남자들끼리 모여도 자정이 넘도록 목장 모임을 합니다. 말할 수 없이 재미있다고, 서로의 목장을 자랑하듯 매주 홈페이지에 목장 보고서가 올라옵니다.

물론 우리들교회 교인 중에도 예배가 길고, 거리가 멀고, 불편한 것이 도무지 적응되지 않는 분들이 있습니다. 그래서 몇몇 분은 그런 이유로 교회를 떠나기도 합니다. 그런데 앞에서 말씀드린 조강지처

버리고 떠났던 집사님은 오히려 '설교가 짧다'고 합니다. 평생 불신자로 살면서 자기 실상을 몰랐는데, 이제 말씀을 알아들으니 인생이 해석되어 기쁨이 넘친다는 겁니다. 이처럼 내가 죄인임을 인정하고 말씀을 들으면 한 시간 설교도 짧게 느껴집니다.

† 말씀을 사모해서 예배가 기다려집니까? 예배가 지루하고 목장 모임이 너무 길어서 '세련되지 못하다'고 불평합니까? 연애하듯이 설렘과 열정으로 예배와 공동체 모임을 기대하며 하나님의 말씀을 사모합니까?

지도자를 존경하는 것이 여호와를 기뻐하는 것입니다

> 그 때에 학사 에스라가 특별히 지은 나무 강단에 서고 그의 곁 오른쪽에 선 자는 맛디댜와 스마와 아나야와 우리야와 힐기야와 마아세야요 그의 왼쪽에 선 자는 브다야와 미사엘과 말기야와 하숨과 하스밧다나와 스가랴와 므술람이라_느 8:4

말씀을 가르쳐 달라고 청하자 에스라는 기다렸다는 듯이 앞으로 나옵니다. 존경받는 인생은 이렇게 준비된 인생입니다. "특별히 지은 나무 강단"은 많은 백성이 모였을 때 올라설 수 있는, 모두에게 보이고 모두를 바라볼 수 있도록 만든 강단입니다. 높은 강단은 투명한 인생을 의미합니다. 이처럼 지도자는 준비된 사람, 투명한 인생을 사는 사람입니다.

준비되고 투명한 지도자에게는 그 오른쪽과 왼쪽에 사람이 세워집니다. 오른쪽에 선 맛디댜는 '여호와의 선물', 스마는 '들음과 순종', 아나야는 '여호와가 응답하셨다'는 뜻입니다. 우리야는 '여호와의 등불', 힐기야는 '여호와는 나의 재산', 마아세야는 '여호와의 사역'입니다. 왼쪽에 선 브다야는 '여호와께서 구속하셨다', 미사엘은 '하나님은 어떤 분이신가', 말기야는 '나의 왕은 여호와', 하숨은 '부유함', 하스밧다나는 '친구가 되다'라는 뜻입니다. 스가랴는 '여호와께서 기억하셨다', 므술람은 '보상'이라는 뜻을 각각 가지고 있습니다.

이름만 봐도 어떤가요? 마치 말씀 운동을 펼치기 위해 준비된 사람들 같지 않습니까? 이런 사람들이 오른쪽에 여섯, 왼쪽에 일곱 총 열세 명이 준비돼 있습니다.

준비된 사람, 투명한 사람에게는 제자가 있고 지체가 있고 동역자가 있습니다. 지도자의 자리에 있는데 나를 좋아하고 따르는 사람이 하나도 없다면 자신을 돌아봐야 합니다. 지도자는 원래 외로운 자리라면서 합리화하면 안 됩니다.

하나님의 일을 할 때 하나님은 반드시 사람을 붙여 주십니다. 모든 자격을 다 갖췄어도 정작 내 옆에 사람이 없다면 저는 그 일을 하지 않는 것이 좋다고 생각합니다. 그럴 때는 내 옆에 왜 사람이 없는지, 나는 잘한다고 하는데 제자나 동역자가 왜 세워지지 않는지 심각하게 자신을 돌아봐야 합니다.

에스라가 모든 백성 위에 서서 그들 목전에 책을 펴니 책을 펼 때에
모든 백성이 일어서니라_느 8:5

백성이 자리에서 일어서는 것은 지도자에 대한 '복종, 경외, 섬
김'을 의미합니다. 이처럼 말씀을 사모하게 되면 저절로 말씀을 전하
는 목회자에 대한 존경심이 우러나옵니다. 목회자가 성도에게 영향
력을 끼치는 것은 그의 인격이 훌륭해서가 아닙니다. 말씀의 권위 때
문입니다.

그래서 하나님의 말씀을 바르게 이해하지 못한 사람이 목회자
가 되면 교회가 약해질 수밖에 없습니다. 말씀이 준비되지 않은 목회
자는 아무리 인격이 훌륭해도 교회와 공동체를 약화시킬 수밖에 없
다는 겁니다. 그리고 목회자가 성경을 열심히 봐도 정작 삶이 따라주
지 않으면 성도들에게 존경을 받을 수가 없습니다. 결국 말씀과 삶이
일치되지 않는 목회자는 목회하기가 어렵습니다. 교회는 목회자만큼
자라고, 목회자만큼 성숙하기 때문입니다.

건강한 교회는 말씀을 사모하고 말씀을 듣고 묵상하며 삶에서
적용하는 사람들이 모인 곳입니다. 이를 위해 율법책에 귀를 기울이
게 하는 것이 지도자의 역할입니다. 그러나 지도자에 대한 신뢰가 없
으면 백성은 일어서지 않습니다. 이것은 비단 목회자에게만 국한된
이야기가 아닙니다. 여러분이 부모로서 자녀에게 신뢰를 주지 못한
다면 아무리 큐티하라고 말해도 자녀들이 절대 듣지 않을 것입니다.

에스라가 위대하신 하나님 여호와를 송축하매 모든 백성이 손을 들고 아멘 아멘 하고 응답하고 몸을 굽혀 얼굴을 땅에 대고 여호와께 경배하니라_느 8:6

에스라가 자기를 나타내지 않고 하나님을 송축합니다. 이렇게 지도자가 하나님께만 영광 돌리는 것을 보고 백성이 손을 들어 '아멘'으로 응답합니다. 아멘으로 응답하고 몸을 굽히는 것은 절대적인 복종을 뜻하고, 얼굴을 땅에 대는 것은 자신을 극도로 낮추는 모습입니다. 말씀이 제대로 전파되면 이처럼 겸손할 수밖에 없습니다.

존경받는 목회자는 회중이 복음에 절대 순종하도록 인도합니다. 목회자가 큰소리쳐서 성도들이 순종하는 게 아닙니다. 내가 어떤 사람을 용서하지 못하고 내 욕심을 내려놓지 못했는데, 하나님의 말씀을 듣고 용서하고 내려놓게 되었다면 그것 때문에 하나님을 신뢰하게 됩니다. 더불어 그 말씀을 전해 준 목회자를 신뢰하고 존경하게 됩니다. 이것이 절대적인 순종입니다. 그래서 말씀이 제대로 전파되는 교회는 저절로 평안히 갑니다. 그리고 이런 공동체에는 영적 회복과 더불어 육적 회복도 반드시 따라오게 되어 있습니다.

예수아와 바니와 세레뱌와 야민과 악굽과 사브대와 호디야와 마아세야와 그리다와 아사랴와 요사밧과 하난과 블라야와 레위 사람들은 백성이 제자리에 서 있는 동안 그들에게 율법을 깨닫게 하였는데_느 8:7

에스라가 여호와 하나님을 찬양하자 레위와 그 밖의 사람들이 제자리에 서 있는 백성에게 율법을 깨닫게 합니다. 에스라는 강단에 있고, 열세 명의 사역자와 레위 사람들이 백성에게 율법을 가르칩니다. 백성에게 말씀을 풀어 주며 그 말씀이 삶에 적용되도록 돕는 것입니다. 이것이 교회의 소그룹 모임, 목장과 구역예배이고 양육이라고 할 수 있습니다.

모든 성경은 교훈과 책망과 바르게 함과 의로 교육하기에 유익하다고 했습니다(딤후 3:16). 성경은 교훈과 책망의 말씀이 압도적으로 많습니다. '잘된다, 잘된다' 하면서 무조건 위로만 하지 않습니다. 성경의 가르침을 통해 교훈과 책망을 잘 받아들이면 위로는 저절로 따라옵니다.

'잘된다', '부자 된다', '병 낫는다'는 메시지는 우리에게 본질적인 회복을 줄 수 없습니다. 그러므로 우리는 위로만 받으려 하지 말고 책망부터 잘 받아야 합니다. 인간적인 책망이 아니라 하나님께로부터 오는 책망을 잘 받고 그 말씀으로 나 자신을 돌아보시기 바랍니다. 그리할 때 막힌 것이 뻥 뚫린 듯한 위로를 받게 됩니다.

하지만 믿음이 아직 연약하고 인간적인 가치관으로 꽉 찬 사람에게는 성경의 책망이 불편할 수 있습니다. 결혼생활이 너무 힘들어서 찾아왔는데 "이혼하지 말라", "재혼하지 말라"고 하면 처음에는 아프고 분해서 화가 나겠지요. 그래서 각자의 상황에 맞게 말씀을 풀어 주고 해석해 주는 목장 공동체가 필요한 겁니다.

하나님의 율법책을 낭독하고 그 뜻을 해석하여 백성에게 그 낭독하는 것을 다 깨닫게 하니_느 8:8

존경받는 지도자는 율법을 잘 낭독해야 합니다. 낭독만 잘해도 백성이 말씀을 깨닫습니다. 믿음 없는 식구와 가정예배라도 드리려고 성경을 같이 읽자고 하면 발음을 다 뭉개 가면서 대충대충 읽는 걸 봅니다. 정말이지 믿음이 없으면 성경 읽는 것부터 잘하기가 어렵지요. 그럴 때 제대로 읽으라고 나무라기보다는 내가 진심을 담아서 낭독해 주면 됩니다. 고저와 장단을 맞춰 가며 강조해서 읽으면 듣는 것만으로도 이해가 될 것입니다.

당시에는 레위 사람만 성경을 해석할 수 있었습니다. 그러니 우리가 이렇게 성경을 가지고 읽을 수 있다는 것은 엄청난 복입니다.

우리는 지금 말씀의 홍수 속에 살고 있다고 해도 과언이 아닙니다. 그런데 아모스서에 보면 이스라엘의 멸망은 "양식이 없어 주림이 아니며 물이 없어 갈함이 아니요 여호와의 말씀을 듣지 못한 기갈이라"고 했습니다(암 8:11).

여러분, 말씀이 없어서가 아니라 말씀을 듣지 못해 기갈이라고 했습니다. 예배와 집회에서 수많은 설교를 듣고, 설교 방송을 온종일 틀어 놓는다고 '나는 말씀을 듣고 있다'고 착각해서는 안 됩니다. 각자의 상황에서 나에게 주시는 말씀을 들어야 합니다. 날마다 순간마다 나에게 주시는 하나님의 음성이 들려야 합니다. 이것이 큐티이고 나와 내가 있는 곳을 살리는 말씀 듣기입니다.

우리가 읽고 또 읽어도 늘 은혜롭고 신비한 책이 바로 성경입니다. '예수님이 나를 위해 죽어 주신 이야기'라는 구속사적 관점으로 성경을 읽으려면 우선 예수님을 인격적으로 만나야 합니다. 그러려면 공동체가 꼭 필요합니다. 목장에서 내 치부를 드러내면서 예수님 만난 이야기를 전하고, 주님을 만날 수 있도록 격려할 때, 한 영혼이 살아나기 때문입니다. 성경 지식만으로는 사람이 변화되지 않습니다.

† 준비된 인생, 투명한 삶으로 말씀을 전하고 있습니까? 직분은 좋아하면서 내 수치와 약점은 꽁꽁 싸매고 있지는 않습니까?
† 성경 말씀과 설교를 가족과 이웃에게 해석해 주는 실력이 있습니까? 먼저 내 삶에 구체적인 적용이 풍성해져서 다른 이들의 말씀 적용을 도와줄 수 있게 해 달라고 기도합시다.

내 죄를 깨닫는 것이 여호와를 기뻐하는 것이고 힘입니다

백성이 율법의 말씀을 듣고 다 우는지라 총독 느헤미야와 제사장 겸 학사 에스라와 백성을 가르치는 레위 사람들이 모든 백성에게 이르기를 오늘은 너희 하나님 여호와의 성일이니 슬퍼하지 말며 울지 말라 하고_느 8:9

"율법의 말씀을 듣고 다 우는지라!" 여러분의 예배는 어떻습니까? 설교 말씀을 듣고 눈물을 흘려 본 적이 언제인가요? 신앙에는 지식이 반드시 필요합니다. 그 지식이 하나님 나라에 대한 바른 복음이라면 바른 감동을 일으켜서 감정도 움직입니다. 그러나 말씀을 전인격으로 듣지 않고 머리로만 들으면 어떤 변화도 없습니다. 변함이 없으면 당연히 찔림도 없겠지요.

물론 우는 것이 신앙의 전부는 아닙니다. 그러나 진리를 바르게 이해하면 건강한 감정이 뒤따르기 마련입니다. 정죄감 때문에 우는 것이 아니라 자기 죄 때문에 애통하게 되는 겁니다. 그래서 하나님 앞에 회개와 감사로 우는 사람은 무거운 짐을 다 벗은 것처럼 기쁜 삶을 살 수 있습니다.

그런데 성경을 보면 잘못된 울음도 있습니다. 에스겔서 8장에서 하나님은 이스라엘 백성의 가증함 때문에 성소를 떠나십니다. 거기에 장로 70명이 있고, 여인들은 성전에서 담무스를 위해 애곡하고, 제단 사이에서 25명의 남자들이 여호와의 성전을 등지고 동쪽 태양에게 예배합니다. 이것이 이스라엘이 망하기 직전의 모습입니다. 여호와의 성전에서 울기도 하고 찬양도 하고 경배도 합니다. 문제는 그것이 다 동쪽 태양과 바벨론의 신 담무스를 위해서라는 겁니다.

예배 시간에 박수 치고 목소리를 높여 찬양하고 요란하게 기도한다고 믿음이 있는 것이 아닙니다. 말씀을 알아듣고 내 죄를 보고 우는 것이야말로 여호와 하나님을 기뻐하는 것입니다. 열심으로 봉사하고 울부짖으며 기도해도 왜 삶이 변하지 않는 것입니까? 참된 회개를 하지 않기 때문입니다.

우리들교회 성도들은 주일예배 때마다 눈물을 흘립니다. 하지만 말씀을 듣고 내 죄 때문에 우는 것이기에 예배당을 나갈 때는 다들 얼굴이 환합니다. 말씀을 듣고 내 죄 때문에 우는 사람은 온종일 슬퍼하지 않습니다. 도리어 회개의 눈물을 흘리고 나면 얼굴이 얼마나 환해지는지 모릅니다.

> 느헤미야가 또 그들에게 이르기를 너희는 가서 살진 것을 먹고 단 것을 마시되 준비하지 못한 자에게는 나누어 주라 이 날은 우리 주의 성일이니 근심하지 말라 여호와로 인하여 기뻐하는 것이 너희의 힘이니라 하고_느 8:10

정신과 의사이자 『아직도 가야 할 길』의 저자인 M. 스캇 펙(Morgan Scott Peck, 1936~2005) 박사는 한 분야의 전문가가 되는 것은 그만큼의 정신적 발전과 확대, 성장이 있기에 즐거운 일이라고 말했습니다.

그러나 그 무엇보다 가장 큰 즐거움은 하나님을 알아 가며, 하나님의 마음을 닮아 가는 것이라고 했습니다. 그래서 여호와를 기뻐하는 것이 우리의 가장 큰 힘입니다.

여호와를 기뻐하기 위해 우리는 말씀을 알아들을 만한 회중이 되어야 합니다. 말씀에 대한 열정과 기대로 오랜 시간 말씀을 듣고, 말씀을 우리에게 전하는 지도자를 존경하며, 말씀을 통해 나의 죄를 볼 때 여호와를 기뻐하게 되고 힘과 능력이 있는 인생을 살아가게 될 줄 믿습니다.

† 나의 눈물은 내 열심과 감정에서 나오는 눈물입니까, 아니면 말씀에 반응하여 흘리는 회개와 감사의 눈물입니까? 하나님 안에서 참된 눈물을 흘릴 때 그것이 나의 힘이 되고 기쁨이 되는 것을 경험했습니까?

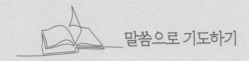 말씀으로 기도하기

우리의 힘은 여호와를 기뻐하는 것입니다. 돈과 외모와 지위가 아닙니다. 세상의 힘은 잠시면 사라지고, 세상은 그 힘 때문에 도리어 멸망할 것입니다. 오직 하나님의 말씀을 사모하며 그 말씀을 알아듣고 말씀대로 믿고 살고 누리는 것이 진정한 기쁨이고 영원한 힘임을 알기 원합니다.

말씀을 알아듣는 것이 기쁨이고 힘입니다(느 8:2~3).

하나님의 말씀을 알아듣는 것이 우리의 기쁨이요, 힘이 되게 하옵소서. 나의 죄 때문에 말씀이 들리지 않는 것을 회개합니다. 성령의 음성을 깨닫기를 기도하오니 알아들을 귀를 허락해 주옵소서.

말씀을 아무리 오래 들어도 지치지 않습니다(느 8:3).

나의 교만과 무지함으로 예배와 설교를 지루하게 여긴 것을 회개합니다. 설렘과 열정으로 예배와 공동체 모임을 기대하며 하나님의 말씀을 전심으로 사모하게 하옵소서.

52

지도자를 존경하는 것이 여호와를 기뻐하는 것입니다(느 8:4~8).

말씀을 전하는 지도자를 존경하는 것이 우리의 기쁨이고 힘인 것을 알기 원합니다. 목회자들을 위해 기도하며 그들을 진심으로 섬기게 하옵소서. 나 자신이 가정의 영적 지도자가 되어 다른 이들의 말씀 적용을 도울 수 있도록 능력을 더하여 주옵소서.

내 죄를 깨닫는 것이 여호와를 기뻐하는 것이고 힘입니다(느 8:9~10).

여호와를 기뻐하기 위해 내 죄를 깨닫기 원합니다. 회개와 감사로 하나님 안에서 참된 눈물을 흘리며 주님이 주시는 힘과 기쁨을 경험하게 하옵소서. 말씀을 통해 내 죄를 볼 때 여호와를 더욱 기뻐하게 되고, 힘과 능력이 있는 인생을 살게 될 줄 믿습니다.

저는 믿지 않는 집안에서 여섯 딸 중 넷째로 태어났습니다. 아버지는 아들을 얻으려고 두 집 살림을 하셨습니다. 그러다 제가 대학을 졸업한 후, 암으로 투병하던 어머니가 돌아가셨습니다. 저는 공포에 질린 채 임종하는 어머니의 모습을 목격한 후 극심한 불면증에 시달렸습니다. 게다가 아버지가 새어머니와 잘 사는 모습을 보는 깃도 너무 고통스러웠습니다. 그 고통을 피해 보려고 나를 좋아해 주는 사람이 있으면 무조건 결혼하리라 마음먹었습니다. 그러다 남편을 소개받고 곧장 결혼했습니다.

그러나 결혼하고 보니 '보살'로 불리던 시어머니는 가정의 법이었고, 돈을 제일로 아는 분이었습니다. 저에게 생활비를 주지 말라고 남편을 가르치고, 어떤 수를 쓰든 돈만 벌면 된다고 했습니다. 남편은 남편대로 골치 아픈 집안에는 들어오기 싫다며 대놓고 도박에 빠져지냈습니다. 저는 당장 이혼하고 싶었지만, 돌아갈 친정이 없어 이혼할 수도 없었습니다.

신앙생활을 시작했지만, 정작 말씀도 모르고 내 죄도 모르니 힘든 결혼생활을 견딜 기쁨도 힘도 제겐 없었습니다. 20여 년을 교회를 다녀도 변하지 않는 환경과 끝날 것 같지 않은 고난으로 지쳐 갈 뿐이었습니다. 그런데도 교만했던 저는 '망하는 건 내게 있을 수 없는 일'이라며 더욱 열심히 성경을 읽고 전도하고 봉사에 힘썼습니다. 그러면서 돈을 벌게 해 달라고 하나님께 부르짖었습니다. 결국 저는 주식과 다단계에 손을 댔다가 모든 것을 잃게 되었습니다.

그런데 이렇게 망하고 나서야 비로소 제게 말씀이 들리기 시작했습니다. 겉은 성전에 앉아 있지만 속은 썩은 것들로 가득한 저의 실상을 보게 된 것입니다. 무엇보다 100퍼센트 죄인인 나 때문에 남편과 시어머니가 수고한 것임을 알게 되었습니다.

이렇게 제가 말씀을 알아들을 만한 사람이 되고 예배가 회복되니 하나님은 육적인 환경도 회복시켜 주셨습니다(느 8:3). 남편이 도박중독에서 벗어나고, 많은 나이에도 불구하고 일자리를 얻게 된 것입니다. 그런데 남편은 얼마 있다가 실직하여 집으로 돌아왔습니다. 처음에는 '교회를 섬기는 것도 바쁜데 이제부터 삼시 세끼 남편 식사를 어떻게 챙겨 주나' 하는 생각에 반갑게 남편을 맞이하지 못했습니다. 그러다 하나님이 나의 기쁨이고 힘이신데, 육신의 편함만을 생각한 저의 악이 깨달아져 눈물로 회개하였습니다(느 8:10).

이후 하나님은 저의 회개를 기쁨으로 바꿔 주셨고, 전도 축제에 남편이 참석하여 영접 기도까지 하는 기적을 허락해 주셨습니다. 지금까지의 모든 일이 하나님의 은혜임을 고백합니다. 백성에게 말씀을 해석해 준 레위인들처럼, 저도 가족을 위해 말씀을 풀어 주며 진심으로 가족을 섬기길 원합니다(느 8:7~8).

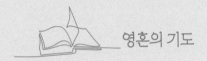 영혼의 기도

하나님 아버지, 여호와를 기뻐하는 것이 우리의 힘인 것을 알면서도 여전히 세상에서 기뻐하는 것이 너무나 많음을 고백합니다. 은근히 지위와 권세를 탐하는 모습도 있습니다. 그것이 힘이 안 되는 줄 알면서도 자꾸 착각을 합니다. 이제는 차별이 없는 하나님의 감동으로 교훈과 책망의 말씀을 잘 듣기 원합니다. 말씀을 알아듣는 회중이 되어 모든 욕심과 어리석음을 내려놓게 하옵소서.

우리의 자녀들이 어려서부터 하나님의 감동으로 교훈과 책망과 바르게 함을 알아서 자신의 실상을 알기 원합니다. 세상 가치관이 성경적 가치관으로 바뀌도록 자녀들에게 성경 보는 힘을 허락하여 주옵소서. 말씀을 알아들을 만한 아이가 되게 하옵소서.

각 교회의 지도자들이 나 자신이 아닌 하나님을 높이며 하나님의 말씀에 주목하게 하옵소서. 그리하여 성도들이 일어서서 영접하는 존경받는 지도자들이 될 수 있도록 은혜를 내려 주옵소서.

무엇보다 날마다 말씀을 통해 내 죄를 깨닫기 원합니다. 말씀을 알아들을 귀를 주시고 볼 수 있는 눈을 허락해 주옵소서. 회개와 감사의 눈물을 흘림으로 하나님의 감동을 맛보며 나의 힘이 되신 여호와 하나님을 찬양하게 하옵소서. 나의 모든 것을 아시고 붙잡아 주시는 하나님만이 우리의 힘이요, 기쁨임을 고백하오니 주여, 함께하여 주옵소서. 예수님 이름으로 기도하옵나이다. 아멘.

PART

힘든 상황에서도
기뻐하게 하소서

03

크게 즐거워하는 비결

느헤미야 8장 9~18절

_____ 하나님 아버지,
학벌과 지위, 명예, 권세 모든 것을 제게 주셔도
이 땅에서 즐거워할 일이 없음을 알았습니다.
주님의 말씀을 듣고 주의 앞에서 크게 즐거워하기 원하오니
말씀해 주옵소서. 듣겠습니다.

요즘은 건강을 생각해서 운동하는 사람이 많습니다. 그런데 몸에 좋은 운동도 지나치면 도리어 건강을 해친다고 합니다. 술도 그렇습니다. 한두 잔을 넘어서 지나치게 마셔 술이 술을 먹기 시작하면 자신도 해치고 다른 사람에게도 해를 끼칩니다.

이렇듯 아무리 좋은 것이라도 인간이 구하는 즐거움은 쉽게 중독되거나 해로움으로 변하기 쉽습니다. 건강과 쾌락, 학벌, 명예……모두가 각자의 즐거움을 향해 달려가지만, 이 땅의 어떤 것도 우리에게 진정한 즐거움을 줄 수 없습니다. 그렇다면 우리가 진정으로 크게 즐거워할 수 있는 비결은 무엇일까요?

우리 주의 성일(聖日)이니 즐거워해야 합니다

9 백성이 율법의 말씀을 듣고 다 우는지라 총독 느헤미야와 제사장

겸 학사 에스라와 백성을 가르치는 레위 사람들이 모든 백성에게 이르기를 오늘은 너희 하나님 여호와의 성일이니 슬퍼하지 말며 울지 말라 하고 10 느헤미야가 또 그들에게 이르기를 너희는 가서 살진 것을 먹고 단 것을 마시되 준비하지 못한 자에게는 나누어 주라 이 날은 우리 주의 성일이니 근심하지 말라 여호와로 인하여 기뻐하는 것이 너희의 힘이니라 하고 11 레위 사람들도 모든 백성을 정숙하게 하여 이르기를 오늘은 성일이니 마땅히 조용하고 근심하지 말라 하니_느 8:9~11

하나님께서는 엿새 동안 천지를 창조하시고, 일곱째 날에 안식하시고 그날을 거룩하게 하셨습니다(창 2:2~3). 세상일로 수고하던 내가 하나님의 생명으로 재창조되고 구별된 날, 그것이 성일의 의미입니다. 그러므로 성일은 하나님 안에서 안식을 누리는 날, 거룩한 날, 구별된 날입니다.

그렇다고 일주일에 하루, 주일만 성일이 아닙니다. 평소에는 내 마음대로 살다가 주일에 예배드리러 오면 그게 구별된 삶입니까? 사도 바울은 "너희 몸을 하나님이 기뻐하시는 거룩한 산 제물로 드리라 이는 너희가 드릴 영적 예배니라"(롬 12:1) 했습니다. 주일만이 아니라 일주일 전체의 삶을 거룩한 산 제물로 드리며 구별되게 사는 것이 우리가 드릴 영적 예배라는 것입니다.

무엇보다 주의 성일은 사망의 권세가 깨어진 날입니다. 예수 그리스도로 인해 죽음의 권세가 깨어졌기에 기쁘고 크게 즐거운 날입니다. 우리가 크게 즐거워해야 하는 이유는 오늘이 우리 하나님 여호와의 성일이기 때문입니다. 다른 조건은 없습니다. 오늘이 우리 주의 성일이기에 슬퍼하지 말고 울지 말며 근심하지 말아야 합니다.

그렇다면 또 우리가 어떻게 해야 근심하지 않을 수 있습니까? 느헤미야는 "백성이 율법의 말씀을 듣고 다 울었다"고 했습니다. 근심하지 않으려면 먼저 말씀을 듣고 울어야 합니다. 잘 울어야 근심하지 않습니다. 잘 울어야 울지 않게 됩니다. 말씀을 듣고 내 죄 때문에 울면, 내 환경 때문에 울지 않게 됩니다. 예배드리고 찬양하고 설교를 들으면서 처음에는 내 설움 때문에 우는지, 내 죄를 깨닫고 회개해서 우는지 분명하지 않을 수도 있습니다. 그러나 계속 말씀을 듣다 보면 처음에는 내 환경 때문에 울었더라도 차츰 내 죄에 대한 애통의 눈물로 바뀌게 됩니다.

우리가 천국에 갔을 때 주님께서 닦아 줄 눈물이 있는 인생은 축복받은 인생입니다. 그러니 구원받고 기쁜데 "왜 우느냐?" 이러면서 따지면 안 됩니다. 집 안에서 거울을 보면 얼굴의 주름이 잘 안 보이지만, 햇빛 아래 나와서 거울을 보면 자글자글한 주름이 다 드러납니다. 마찬가지로 말씀을 듣고 그 빛 가운데 나아갈수록 나의 죄가 더 잘 보이게 됩니다. 하나님 앞에서 내가 얼마나 큰 죄인인가를 깨달으면 날마다 눈물을 흘릴 수밖에 없습니다. 그래서 사도 바울도 자신을 소개할 때 처음에는 "사도 중에 가장 작은 자"(고전 15:9)라고 했지만, 다음에는 "모든 성도 중에 지극히 작은 자보다 더 작은 나"(엡 3:8)로, 죽기 직전에는 "죄인 중에 내가 괴수"(딤전 1:15)라고 고백한 것입니다.

그러면 우리는 어느 정도로 근심하지 말아야 할까요? 11절을 보니 '마땅히' 근심하지 말라고 합니다. 이 말은 근심이 되는 것은 입으로라도 말하지 않도록 모두 모여서 도와주라는 뜻입니다.

그런데 우리가 힘든 일이 왔을 때 근심하지 않고 울지 않기가 힘들잖아요. 그래서 공동체가 필요하고 서로 돕고자 해야 할 일이 있는 것입니다.

10절에 보니 특별히 느헤미야가 구체적인 적용 거리를 가르쳐 줍니다. "가서 살진 것을 먹고, 단것을 마시되 준비하지 못한 자에게는 나누어 주라"고 합니다.

음식을 먹을 때 위가 안 좋아서 고기를 못 먹는 사람이 있고, 당뇨가 있어서 단것을 못 먹는 사람도 있습니다. 교회에 와서 말씀을 들어도 각자의 연약함 때문에 못 먹고 못 마시는 사람이 있습니다. 그런 사람들에게 내가 먹고 마신 말씀을 잘근잘근 씹어서 나눠 줘야 합니다. 목장에서, 양육 프로그램에서 서로가 말씀을 먹고 마시고 나눠 주는 것이 크게 즐거운 인생을 사는 비결입니다.

† 요즘 내가 즐거워하는 일은 무엇이고, 근심하여 울고 있는 일은 무엇입니까? 말씀을 듣고 내 죄 때문에 울고 있습니까?

† 교회 공동체 모임과 양육에 참여해서 성경을 먹고 마시고 나누는 일에 동참하고 있습니까? 말씀뿐만 아니라 육적인 것도 함께 먹고 마시고 나눠야 할 사람은 누구입니까?

말씀을 밝히 알 때 즐거워집니다

모든 백성이 곧 가서 먹고 마시며 나누어 주고 크게 즐거워하니 이
는 그들이 그 읽어 들려 준 말을 밝히 앎이라_느 8:12

미국의 저명한 목회자인 제임스 몽고메리 보이스(James Montgomery
Boice, 1938~2000)는 말씀을 풀어서 전할 때 부흥이 온다고 했습니다. 성
경을 풀어 전하는 사역에 하나님께서 복 주시며, 역사 속에서 이와 같
은 말씀의 역사가 있을 때 부흥과 개혁이 있었다는 것입니다.

그렇습니다. 백성이 말씀을 밝히 알 때 '곧 가서 먹고 마시고 나
누어 주고 크게 즐거워'하게 됩니다. 무엇보다 자기 것을 나눠 주는 느
헤미야의 삶이 있었기에 백성도 들은 즉시 순종할 수 있었던 것입니
다. 말씀을 듣고 즉시 순종하는 사람들에게 하나님께서는 복을 주실
수밖에 없습니다.

인생의 성패가 대인관계에 달려 있다고 해도 과언이 아닌데, 성
공적인 관계 맺기를 위해 가장 필요한 것이 바로 말씀입니다. 여기서
'함께 먹고 마시고 나눈다'는 것은 본이 되는 삶을 사는 것입니다. 그
것은 곧 같이 사는 삶입니다. 한 공간 안에서 서로 관계 맺기를 하는
것이죠. 그런데 말씀이 아닌 지위와 돈으로 관계를 맺게 되면, 돈과 지
위가 사라졌을 때 그 관계도 깨져 버리고 맙니다.

고(故) 송기숙(1935~2021) 작가는 사람들이 모여서 사는 최소 단위
인 '동네'가 이 세상의 축소판이라면서 어느 동네나 다섯 부류의 사람

위하는 인생이 될 것을 믿습니다. 날마다 큐티할 때마다 들려주시는 말씀을 밝히 알기 원합니다. 공동체 안에서 말씀을 함께 먹고 마시고 나누며 서로에게 밝히 풀어 주는 인생이 될 수 있도록 은혜를 덧입혀 주옵소서.

오늘이 마지막임을 알 때 즐거워집니다(느 8:14~17).

시들어 가는 초막의 나뭇가지를 보며 영원하신 하나님을 기억하기 원합니다. 오늘을 마지막 날처럼 살며 하나님으로 인해 크게 즐거워하기를 기도합니다. 금세 시들어질 돈과 학벌과 외모를 내려놓을 수 있도록 믿음을 더하여 주옵소서.

끝날까지 말씀을 가까이해야 즐거워집니다(느 8:18).

문제 많은 배우자, 가족이라도 끌어안기로 작정합니다. 어떤 상황에서도 끝날까지 말씀을 가까이함으로 크게 즐거워하는 인생이 되기 원합니다. 하나님 안에서 한마음으로 회복되어 하나님으로 인해 크게 기뻐하고 즐거워하는 우리 모든 가정이 될 수 있도록 살펴 주시고 고쳐 주옵소서.

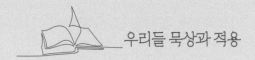

믿는 부모님 밑에서 자란 저는 일류 대학에 진학해 대학병원의 과장이 되었습니다. 겉보기엔 평탄한 삶이었지만, 어머니와 오랜 갈등으로 힘든 시간을 보냈습니다. 권사이신 어머니는 믿음 좋은 며느리가 아닌 열쇠 세 개를 가져오는 며느리를 원하셨습니다. 어머니의 반대 끝에 믿음 좋은 아내와 결혼했지만, 고부간의 갈등은 끊이지 않았습니다. 각자 믿음이 좋다고 자부하는 어머니와 아내는 서로 다투느라 집안은 하루도 조용할 날이 없었고, 저는 둘 다 바리새인이라고 비난하며 정죄했습니다.

그러나 저 역시 돈이 우상인 가짜 그리스도인이었습니다. 어머니는 아버지가 돌아가신 후 여기저기 했던 투자가 실패하면서 빚이 눈덩이처럼 불어났습니다. 그러자 제게 돈을 달라고 하셨습니다. 저는 자식에게 돈을 들인 만큼 받아 내겠다는 어머니가 지긋지긋했습니다. 그러다 급기야 어머니께 부모와 자식 간의 관계를 그만 끊자고 했습니다. 저는 돈이 제 인생의 힘이고 기쁨이었기에 어머니가 그저 빨리 돌아가시기만을 바랐습니다.

그런데 이런 저와 달리 아내는 믿음의 공동체에서 말씀으로 양육을 받으며 변화되고 있었습니다. 저에게 "나랑 살아 줘서 고마워"

라는 말을 하며 자신을 낮추었습니다. 그러면서도 즐겁게 살아가는 아내의 모습이 신기하기도 하고 혼란스럽기도 했습니다. 그러다 저도 양육을 받으며 돈이 아니라 하나님의 말씀이 깨달아지는 것 때문에 크게 즐거운 삶을 경험하게 되었습니다(느 8:12). 말씀이 들리는 기쁨을 누리게 된 것입니다.

그럼에도 눈물 한 방울을 흘리지 않는 완악한 저였습니다. 그러던 어느 날 하나님께서는 저의 죄를 직접적으로 보여 주셨습니다. 제게는 두 딸이 있는데, 중간에 경제적인 이유로 낙태시킨 아이가 또 있습니다. 10년이 넘는 세월 동안 잊고 살았는데, 어느 날 꿈에서 한 여자아이가 다가와서 "아빠, 목이 아파요" 하면서 목의 상처를 보여 주는데 목과 가슴이 찢겨 피가 나고 살이 다 드러나 있었습니다. 그제야 저는 이 아이가 예전에 낙태한 제 딸임을 깨달았습니다. 잠시의 경제적 여유를 위해 제 자식을 죽인 죄인임이 깨달아지니 한없는 회개의 눈물이 흘렀습니다(느 8:8~9). 그러면서 평소 돈 문제로 어머니를 정죄하던 제가 오히려 어머니보다 더 큰 죄인임을 깨닫고 회개했습니다.

여전히 부족한 죄인의 모습이지만, 이제는 인생의 목적을 행복이 아닌 거룩으로 두며 살아가기에 말씀을 듣는 것이 기쁘고 힘이 됩니다. 이제는 말씀 안에서 한마음으로 회복되어 하나님으로 인해 크게 기뻐하고 즐거워하는 우리 가정이 되기를 소망합니다(느 8:17~18).

하나님 아버지, 크게 즐거워하는 비결은 오늘이 주의 성일임을 아는 것이라고 하십니다. 모든 사망 권세가 깨어지고 예수님이 내 삶에 왕 되시는 것이 크게 즐거워하는 삶이라고 하십니다. 그러므로 더는 환경 때문에 슬퍼하지 않고 내 죄 때문에 슬퍼하며 울기 원합니다.

아무리 좋은 환경이라도 언젠가 초막의 나뭇가지처럼 시들어 갈 것입니다. 그러므로 환경을 바라보지 말고 다시 오실 주님을 기대하며 살기 원합니다. 오늘이 마지막인 것처럼 하루를 살아내며 날마다 말씀을 통해 세상의 것들을 내려놓게 인도하옵소서. 인간의 것은 사랑도, 건강도, 물질도 온전한 기쁨이 될 수 없음을 알기 원합니다.

하나님을 몰라서 영적 치매 환자 같은 믿지 않는 가족과 이웃들을 불쌍히 여겨 주옵소서. 그들에 대해 원망하거나 불평하지 않고, 진정한 즐거움을 그들에게 전하게 하옵소서. 믿음의 공동체에서 날마다 말씀으로 울고 웃으며 끝날까지 말씀을 붙잡고 갈 때 내게 주신 어떤 상황도, 어떤 사람도 감사하게 될 줄 믿습니다.

내 것을 움켜쥐고 불행하게 사는 것이 아니라 건강한 사람, 약한 사람, 차별 없이 모인 공동체에서 먹고 마시고 나누며 크게 기뻐하며 즐거워하는 인생을 살게 하옵소서. 오직 하나님만이 우리에게 즐거움을 주심을 고백하며 감사와 찬양을 드립니다. 예수님 이름으로 기도하옵나이다. 아멘.

04

그들의 하나님 여호와께 경배

느헤미야 9장 1~3절

_____하나님 아버지,
하나님 여호와께 경배하기 원합니다.
그들의 하나님 여호와가 나의 하나님 여호와가 되어서
하나님을 경배하는 인생을 살도록
말씀해 주옵소서. 듣겠습니다.

우리들교회에서는 매년 수능 당일 저녁에 수험생들과 학부모들, 주일학교 교사들이 모여 "붙회떨감"(붙으면 회개하고 떨어지면 감사하라!) 기도회를 합니다. 수능 전날이 아니라 시험이 다 끝난 저녁에 모입니다. 그리고 "붙회떨감" 이 글귀가 새겨진 머그컵을 수험생들에게 선물합니다. 잘 읽으셔야 합니다. '붙으면 감사하고 떨어지면 회개하라'가 아니고 '붙으면 회개하고 떨어지면 감사하라'입니다.

　이 경구(警句)는 제가 재수생 큐티 모임을 16년 동안 인도하면서 얻은 결론입니다. 고3 때나 재수할 때 아이들은 대학에 붙기만 하면 교회에 더 열심히 나가고, 큐티도 하고, 봉사도 하겠다고 다짐하면서 열심히 기도합니다. 그런데 저는 단번에 합격한 아이들이 자기들 말대로 큐티를 더 열심히 하고 교회에 잘 나가는 것을 거의 보지 못했습니다. 도리어 떨어진 아이들이 그동안 들은 말씀을 기억하면서 더욱 하나님을 의지하고 청년부 리더와 임원으로 섬기더라고요. 요즘은 밥을 굶는 아이들이 드물기 때문에 인생 최초의 고난인 입시생 시절

이 하나님을 만날 최고의 기회입니다. 그래서 붙는 것보다 떨어지는 것이 영적으로는 훨씬 더 유익합니다.

저는 대학에 붙은 아이들에게는 "네가 감당할 믿음이 안 되니까 하나님께서 네 영적 수준을 낮게 보고 붙여 주신 것이다. 그러니 회개해라" 하고 권면합니다. 떨어진 아이들에게는 "너를 정말 수준 높게 보시고 하나님께서 재수의 고난을 허락하셨구나. 너를 크게 쓰시려는 하나님의 계획이니 이보다 감사한 일이 또 있겠니. 할렐루야!" 하고 축복해 줍니다. 그렇게 해서 '붙으면 회개하고 떨어지면 감사하라!'는 말이 만들어졌습니다.

취업과 사업, 우리 인생의 모든 프로젝트도 그렇습니다. 뭔가를 이뤘을 때 하나님 여호와께 경배하려면 먼저 금식하며 회개해야 합니다. 내 힘으로 된 것이 아님을 알고, 내가 아무것도 할 수 없음을 알고 금식하며 엎드려야 합니다. 이것이 그리스도인의 삶입니다. 하나님 여호와를 경배하는 인생입니다. 그 이유를 성경에서 살펴봅시다.

성공의 자리에서 금식하고 회개해야 합니다

그 달 스무나흘 날에 이스라엘 자손이 다 모여 금식하며 굵은 베 옷을 입고 티끌을 무릅쓰며_느 9:1

바벨론의 느부갓네살 왕에 의해 남유다가 망하면서(B.C. 586년) 예루살렘 성벽은 140년 동안 무너져 있었습니다. 그 성벽을 52일 만에 중수한 이스라엘 백성은 말씀의 성회를 열고 초막절을 지켰습니다. 그러고 나서 곧장 무엇을 했나요? 다 모여서 금식하고 굵은 베옷을 입고 티끌을 무릅쓰며 회개했습니다. 성벽 공사를 하면서 숱한 음모와 방해를 겪을 때 그들은 금식하고 회개하지 않았습니다. 그런데 성벽이 완성된 지금 본격적인 회개를 하고 있습니다.

회개는 입시에 실패했을 때, 사업이 안 될 때, 일이 안 풀릴 때 하는 게 아닙니다. 우리는 대학에 붙고, 사업이 잘되고, 모든 일이 성공적으로 이루어졌을 때 회개해야 합니다. 하나님께서 고난을 주셨을 때가 아니라 눈에 보이는 복을 주셨을 때 창자가 끊어지는 회개를 해야 합니다.

하지만 우리 인생에서 뭔가 이루었을 때 죄를 자복하고 회개하기란 참으로 어렵습니다. 생각해 보세요. 내 자녀가 착하고 건강하고 공부도 잘해서 비싼 과외를 받지 않고도 일류 대학에 단번에 합격했습니다. 그럴 때 애통하며 금식할 부모가 있겠습니까? 내 남편이 승진하고 사업이 날로 번창하는데 눈물 흘리면서 회개하겠습니까?

그러나 그럼에도 그 자녀, 그 남편이 예수님을 믿지 않는다면 그때야말로 금식하고 회개해야 합니다. 하나님을 모른 채 공부도 잘하고 일도 잘하고 자기 힘으로 뭐든 할 수 있다고 생각하는 자녀와 배우자가 있으면 어떻게 하겠습니까? "하나님, 저 아이가 예수님을 안 믿는데 대학까지 붙었습니다. 저 남편이 하나님을 부인하는데 하는 일마다 잘되고 있습니다. 아, 이 일을 어쩌면 좋습니까. 어떻게 해야 저

아이기 하나님을 만날 수 있겠습니까!" 하면서 애끓는 안타까움으로 엎드려야 합니다.

복음의 진리는 단순합니다. 예수 그리스도를 믿으면 천국이고 믿지 않으면 지옥입니다. 이 진리를 모르고 지옥을 향해 가는 가족을 보면서 어떻게 안타까워하지 않을 수 있겠습니까. 여러분은 공부 잘 하고 효도해서 나를 기쁘게 하는 자녀와 돈 잘 벌어서 좋은 집에 살게 해 주는 배우자를 지옥에 가도록 그냥 내버려 두시겠습니까? 안 믿는 가족이 화려한 금 그릇일수록 깨어지기가 어렵습니다. 질그릇이 되어야 하나님 앞에 깨어지고 하나님의 뜻대로 빚어질 수 있는 겁니다. 그러므로 겉으로 화려한 금 그릇 배우자, 금 그릇 자녀를 보며 흡족해 할 것이 아니라, 그들이 금 그릇이라서 하나님을 못 만나는 것을 아파 하시기 바랍니다.

이사야서 58장 6절과 7절에 "내가 기뻐하는 금식은 흉악의 결박을 풀어 주며 멍에의 줄을 끌러 주며 압제 당하는 자를 자유하게 하며 모든 멍에를 꺾는 것이 아니겠느냐 또 주린 자에게 네 양식을 나누어 주며 유리하는 빈민을 집에 들이며 헐벗은 자를 보면 입히며 또 네 골육을 피하여 스스로 숨지 아니하는 것이 아니겠느냐"라고 했습니다.

이스라엘 자손들이 학사 에스라를 통해 말씀을 깨닫게 되니 그 동안의 죄가 생각났습니다. 그러면서 믿지 않는 주위 사람들을 보며 안타까운 마음이 생겼습니다. 그래서 티끌을 무릅쓰고 나와서 금식한 것입니다.

이렇듯 금식은 입시에 붙으려고, 새로운 사업에 성공하려고, 병

나으려고 하는 게 아닙니다. 금식은 이사야서의 말씀대로 흉악의 결박을 풀어 주며 멍에의 줄을 끌러 주며 압제당하는 자를 자유하게 하고 모든 멍에를 꺾기 위해 하는 것입니다. 주린 자에게 양식을 나눠 주고 유리하는 빈민을 내 집에 들이고 헐벗은 자를 입히며 내 골육 친척을 피하지 않고 섬기기 위해 하는 것이 금식입니다.

그런데 우리는 어떻습니까? 문제 많은 친척이 있으면 얼마나 피하고 싶습니까? 먹을 것과 입을 것 없는 가난한 친척이 찾아온다고 하면 그를 섬기기는커녕 혹시라도 도와달라고 할까 봐 "바쁘다, 시간이 없다" 하면서 피하는 것이 우리의 진심입니다. 그런 나 자신을 돌아볼 때 하나님 앞에 회개할 일밖에 없습니다. 주린 자를 먹일 마음도, 헐벗은 자를 입힐 마음도 내게 없음을 알 때, 내가 티끌보다 못한 것을 자복하며 회개하게 됩니다.

제 남편은 어느 모로 보나 금 그릇이었습니다. 의사라는 번듯한 직업에 생전 바람도 안 피우고 부모님께는 효도하는 매사에 성실하고 부지런한 사람이었습니다. 그런데 장로님, 권사님 아들이면서도 정작 본인은 예수님을 믿지 않았습니다. 제가 거듭나고 나니 금 그릇 남편이 깨어지지 않는 것 때문에 너무나 애통했습니다.

"하나님, 저 사람이 저렇게 개미처럼 일만 하다가 지옥에 가면 어쩝니까. 인생이 허무한 것을 알게 해 주세요. 병원이 망해도 좋습니다. 그렇게라도 남편이 주님을 만날 수 있다면 제 목숨을 거두어 가시더라도 남편을 구원해 주세요." 그렇게 날마다 눈물로 기도할 수밖에 없었습니다.

제가 이런 간증을 하면 듣기 싫어하는 사람이 꼭 있습니다. "어떻게 남편 하는 일이 망하게 해 달라고 기도할 수 있느냐, 꼭 그런 식으로 믿어야 하느냐?" 하면서 기분 나빠 합니다. 그러나 하나님은 제 기도가 옳다는 것을 증명해 주셨습니다. 도무지 깨어지지 않을 금 그릇 남편이 급성 간암으로 쓰러지면서 자기 죄를 회개하고 구원받고 천국에 가는 것을 보여 주셨습니다. 그리고 남편의 구원뿐만 아니라 큐티선교회와 우리들교회의 부흥으로도 응답해 주셨습니다.

교회에 다니면서 편하고 풍족한 환경만을 원할 뿐, 정작 중요한 구원은 장식물 정도로 여기는 사람들이 많습니다. 그러나 제가 남편의 성공보다, 남편을 통해 누리는 부유함과 안락함보다 오직 구원을 원했기에 저의 간절한 기도에 주님이 응답해 주셨다고 생각합니다.

물론 대학에 합격하고 사업이 번창해서 하나님께 영광 돌리게 해 달라고 기도할 수 있습니다. 그런 기도도 해야 합니다. 하지만 근본적으로 육적인 성공을 우선시하고 잘 먹고 잘살기 위한 기도를 해서는 안 됩니다. 영과 육은 이원론이 아니라 일원론이기 때문입니다. 영이 살아야 육이 삽니다. 육이 무너진 만큼 영이 세워집니다. 그러므로 육적인 성공을 이루었을 때 자복하고 회개해야 합니다. 그것이 영을 살리고 육신도 살리는 길입니다.

† 바라던 일이 이루어졌을 때 회개한 경험이 있습니까?
† 믿음 없는 가족이 하는 일마다 잘될 때 하나님을 만날 기회를 놓쳤다고 안타까워합니까? 하나님 없이 성공하는 배우자와 자녀가 제공해 주는 안

락한 환경을 포기하고, 그들이 실패해서라도 구원받게 해 달라는 기도를
할 수 있습니까?

성공의 자리에서 이방 가치관을 끊어야 합니다

모든 이방 사람들과 절교하고 서서 자기의 죄와 조상들의 허물을
자복하고_느 9:2

성공의 자리에서 죄를 회개하고 나면 모든 이방 사람과 절교하
게 됩니다. 이것을 문자적으로 해석해서 너무 배타적이라고 보면 안
됩니다. 구속사적으로 볼 때 이방 사람과 절교하라는 것은 일차적으
로는 이방 사람, 안 믿는 사람과 결혼하지 말라는 뜻이고, 더 나아가
이방 가치관, 세상적인 가치관과 절교하라는 뜻입니다.

예수님은 이 세대의 특징을 '악하고 음란하다' 이 두 가지로 정의
하셨습니다(마 12:39). 이 세상의 가치관은 아무리 그럴듯해 보여도 악
하거나 음란하거나 둘 중 하나입니다. 아무리 선하고 의로워 보이는
사람도 예수님을 믿지 않으면 악하거나 음란하거나 둘 중 하나일 수
밖에 없습니다.

그러니 안 믿는 배우자가 악과 음란을 저지르는 것은 당연한 일
입니다. 내가 이방 사람과 절교하지 못하고 안 믿는 배우자를 선택해
서 결혼했다면, 그 배우자가 거짓말을 하고 음란을 행하는 것은 자연

스러운 것입니다. 내가 선택한 내 삶의 결론인데 그것 때문에 힘들어서 못 살고 이혼하겠다는 것은 이방 가치관입니다. 따라서 이혼은 안 믿는 배우자를 선택할 때와 마찬가지로 그저 편하게 살아 보겠다고 육신의 정욕을 좇는 것입니다.

결혼생활이 슬프고 괴로운 것은 배우자와 식구들 때문이 아닙니다. 내가 인정받으려고, 편하게 살려고, 손해 안 보려고 하면서 악하고 음란한 이방 가치관으로 살고 있기 때문에 슬프고 괴로운 겁니다.

겉으로는 참고 순종한 것 같아도 내 욕심을 채우기 위한 인내와 순종은 아무런 의미가 없습니다. 내가 정말 믿음으로 순종하는지, 남편이 벌어다 주는 돈 때문에, 내 유익 때문에 순종하는지 안 믿는 배우자가 다 알고 있습니다. 어쩌다 한 번 형식적으로 "여보, 나랑 같이 교회 갈래?" 물어보았을 때 남편이 안 간다고 하면 '그래, 차라리 잘 됐다. 교회까지 와서 나 귀찮게 할 것 없이 돈이나 벌어 와라' 하는 속셈을 배우자도 다 느끼고 있다는 말입니다.

여러분, 주일마다 교회에 가서 예배드린다고 이방 가치관과 절교했다고 할 수 있습니까? 내가 전심으로 예배를 드리고 은혜를 받으면 뭣합니까? 내가 누리는 것을 포기하지 못해서 전도도 안 하고, 섬기지도 않으면서 '나는 교회 다니니까 이방과 절교했노라' 착각하지 마시기 바랍니다.

내가 이방 가치관을 끊고 나면 자기의 죄와 나아가 조상의 허물을 자복하게 됩니다. 이스라엘 자손들은 말씀과 예배가 회복되기 전에는 '조상 때문에 우리가 망하고 예루살렘 성전이 불탔다' 하며 조상

탓만 했을 것입니다. 그런데 말씀으로 스스로를 돌아보며 자신이 끊지 못한 이방 가치관을 깨닫고 나니까 조상 탓이 아니라 '내 탓'인 것을 알게 됐습니다. 그래서 조상의 죄와 허물까지도 대신 자복하게 된 것입니다.

이렇듯 예수님을 믿고 나면 가난과 무능력, 알코올의존증, 폭력, 외도, 그 어떤 문제를 가진 부모라도 탓하지 않게 됩니다. 그 부모님이 계셔서 내가 태어나고 예수를 믿게 되었다는 사실 때문에 무조건 부모님께 감사하며 부모의 죄와 허물까지도 대신 자복하게 됩니다.

그렇습니다. 내 죄와 허물을 자복하는 것이 가족을 향한 최고의 사랑입니다. 사랑하는 배우자와 내 부모 형제에게 복음을 전하려면 저절로 내 죄를 자복하게 됩니다. 억지로 죄를 자복하는 것이 아닙니다. 상대방을 진정으로 사랑하기 때문에 "나 때문이다. 내가 욕심을 내려놓지 못했다. 내가 이기적이었다" 하고 대신 죄를 자복하게 되는 겁니다. 상대방이 잘못을 저질렀다고 해도 그 죄를 대신 자복하는 것이야말로 예수 믿는 자만이 누릴 수 있는 엄청난 복입니다.

† 수험생 자녀가 주일에 학원 가기를 포기하고 교회에 갈 때 기뻐합니까? 교회에서 봉사하는 남편보다 돈 잘 버는 남편, 여행 데리고 다니는 남편을 기뻐하지는 않습니까?

† 내가 절교하지 못한 이방 가치관 때문에 가족 전도가 멀어지는 것을 인정합니까? 내가 힘든 것이 부모나 배우자 때문이 아니라 내 욕심 때문임을 알고, 그들의 죄까지도 대신 회개합니까?

말씀으로 죄를 자복해야 합니다

이 날에 낮 사분의 일은 그 제자리에 서서 그들의 하나님 여호와의
율법책을 낭독하고 낮 사분의 일은 죄를 자복하며 그들의 하나님
여호와께 경배하는데_느 9:3

이스라엘 백성은 각자의 자리에 서서 말씀을 낭독하고 죄를 자
복했습니다. 죄를 회개한 사람은 일상생활도 건강하게 합니다. 평범
한 삶을 잘 사는 것이 가장 비범한 삶을 사는 비결입니다. 그런데 일상
생활을 잘하기 위해서는 밤과 낮을 정확히 구분하여 살아야 합니다.

이스라엘 백성은 낮에 성경을 보고 죄를 자복했다고 했습니다.
공적인 일일수록 낮에 해야 합니다. 남녀가 만나도 낮에 만나면 비교
적 유혹이 적습니다. 새벽기도, 철야기도 한다고 낮에 자고 밤에 돌아
다니면 안 됩니다. 철야기도 했다고 하면서 낮에 자면 다른 사람을 만
나서 전도할 시간이 없어집니다. 모두가 활동하는 시간에 같이 움직
여야 전도도 할 수 있습니다. 잘 때 자고 일어날 때 일어나야 '잠꾸러
기 없는 나라 우리나라 좋은 나라, 하나님 나라 좋은 나라'가 됩니다.

또한 이방 가치관과 절교하고 죄에서 돌이키면 말씀이 더욱 재
미있어집니다. 이스라엘 백성은 낮 시간의 4분의 1인 세 시간은 말씀
을 보고, 또 낮 시간의 4분의 1인 세 시간은 죄를 자복했습니다. 이렇
게 여섯 시간을 보내도 지루하지 않습니다.

공부는 머리로 하는 게 아니라 엉덩이로 한다는 말이 있습니다.

어느 목사님이 성경을 오래 읽으면서 오래 앉아 있는 훈련이 되었답니다. 그래서 자녀들에게도 성경을 오래 읽고 암송하게 했더니 영어 단어도 잘 외우고 독학으로 기타도 배우는 등 학습 능력이 향상되었다고 합니다.

말씀이 지루하지 않고 재미있는 이유는 말씀으로 내 죄를 깨닫게 되기 때문입니다.

"그러므로 율법의 행위로 그의 앞에 의롭다 하심을 얻을 육체가 없나니 율법으로는 죄를 깨달음이니라"(롬 3:20), "너희 원수를 사랑하며"(마 5:44)라는 말씀 앞에서 원수는커녕 가까운 가족도 사랑할 수 없는 죄인이 바로 나임을 깨닫게 됩니다. 말씀을 보면 볼수록 죄인 된 나의 실상을 알게 되고 그래서 날마다 자복하며 하나님 앞에 엎드리게 되는 겁니다.

우리가 말씀으로 한꺼번에 다 내 죄가 깨달아지면 좋겠는데, 하나님이 그렇게 하지는 않으세요. 오늘 말씀을 보고 죄를 깨달아서 자복해도 내일 또 말씀을 보면 새롭게 회개할 죄를 생각나게 하십니다. 천국 가는 그날까지 날마다 말씀을 보고 죄를 자복하는 것이 그리스도인의 삶입니다. 그것이 하나님 여호와를 경배하는 인생입니다.

† 하루의 낮과 밤을 어떻게 보냅니까? 밤에 집중이 잘된다고 밤새 성경 보고 기도하면서 낮에 해야 할 가정생활과 공동체 생활에 소홀하지는 않습니까? 가족을 마땅히 잘 섬기며 평범한 삶 속에서 예수 믿는 사람의 비범함을 보이고 있습니까?

† 날마다 듣고 또 들어도 날마다 깨달을 것이 있는 말씀의 즐거움을 누리고 있습니까?

† 육적으로 성공하는 것이 아니라 언제나 말씀을 가까이하며 내 죄를 자복하는 것이야말로 하나님 여호와께 경배하는 것임을 알고 있습니까?

오늘 말씀을 보고 죄를 깨달아서 자복해도
내일 또 말씀을 보면
새롭게 회개할 죄를 생각나게 하십니다.
천국 가는 그날까지
날마다 말씀을 보고 죄를 자복하는 것이
그리스도인의 삶입니다.

하나님 여호와께 경배하는 것은 뭔가를 이루었을 때 금식하며 회개
하는 것입니다. 모든 것이 내 힘으로 된 것이 아님을 알고, 내가 아무
것도 할 수 없음을 알고 금식하며 엎드리게 하옵소서.

성공의 자리에서 금식하고 회개해야 합니다(느 9:1).

뭔가 되었다 하는 순간에 하나님이 아닌 나 자신을 높이려고 한
것을 회개합니다. 바라던 일이 이루어졌을 때 하나님만을 높이며 경
배하기 원합니다. 믿지 않는 가족의 성공을 위해서가 아니라 오직 그
들의 구원을 위해 진심으로 기도하오니 들어 응답해 주옵소서.

성공의 자리에서 이방 가치관을 끊어야 합니다(느 9:2).

내가 아직도 이방 가치관과 절교하지 못하기 때문에 안 믿는 가
족이 방황하고 있다는 것을 깨닫기 원합니다. 성공의 자리에서 이방
가치관을 끊어 내기로 결단하오니 도와주옵소서.

말씀으로 죄를 자복해야 합니다(느 9:3).

주님 앞에 죄를 자복하고 돌이킬 때 저의 일상생활도 자리 잡게 될 것을 믿습니다. 낮과 밤을 제대로 살며 평범한 생활을 잘하는 비범함을 허락하여 주옵소서. 천국 가는 그날까지 날마다 말씀을 읽고 죄를 자복하며 하나님 여호와께 경배하기 원하오니 날마다 은혜를 더하여 주옵소서.

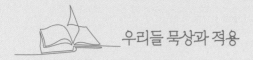 우리들 묵상과 적용

수년째 직업이 없는 남편을 대신해 돈벌이에 나섰다가 병을 얻어 쉬고 있을 때, 하나님의 은혜로 작은 빌라를 소유하게 되었습니다. 불가능한 상황에서 하나님이 집을 주셨다고 얼마나 감사를 드렸는지 모릅니다. 그런데 그 좋은 집을 대출금의 원금은커녕 이자도 제대로 내지 못해 결국 내놓게 되었습니다. 집을 내놓고 다시 세를 살게 되었는데도, 남편은 거실에 누워 주야장천(晝夜長川) TV만 봤습니다. 그럴수록 더욱 깨어 있어야 하는데도, 저는 남편을 볼 때마다 속이 터졌습니다.

이후 저는 남편을 대신해 돈을 벌기 위해 온갖 부업을 마다하지 않았습니다. 그뿐만 아니라 교회 일에, 중풍에 걸린 시어머니의 병 수발과 집안 살림까지 다 했습니다. 그런 제가 너무 불쌍해 보였는지 하나님께서 좋은 일자리를 허락해 주셨습니다. 일당을 받는 초등학교 병설 유치원 보조교사였지만, 하나님이 베푸신 손길에 감사했습니다. 그렇게 매일 출근하고 살림하고 시어머니 간병하는 평범한 일상에 최선을 다하다 보니, 돈이 없고 시간이 없어서라도 저절로 이방 가치관이 끊어지는 것을 경험할 수 있었습니다(느 9:2).

그렇다 보니 저는 믿음으로 잘 살고 있는 줄 알았습니다. 그런데 어느 날 모태신앙인에 똑똑하고 교회에서 양육까지 받고 있던 중학생 큰아들이 학교에서 약하고 공부 못하고 가난한 아이들만 골라서 괴롭힌 사건이 드러났습니다. 담임선생님으로부터 아들의 이중적인 모습에 대해 듣는데, 처음엔 그저 멍하기만 했습니다. 그런데 하나님은 이 일로 저의 이중성을 깨닫게 하셨습니다. 저는 교회에서는 믿음 좋은 집사인 척했지만, 집에서는 안 믿는 사람과 똑같이 세상 염려를 안고 사는 이중적인 엄마였습니다. 아들의 눈에도 중풍에 걸린 할머니를 대하는 엄마의 이중적인 태도가 보였을 것입니다.

정말 문제아는 없고 문제 부모만 있다는 말이 맞습니다. 아들의 죄는 결국 저의 죄가 맞습니다. 저의 이중성을 깨닫지 못하고 있으니 하나님께서 아들을 통해 내 죄를 드러내신 것이 너무도 인정됩니다. 변하지 않는 남편을 보며, 아들을 보며, 수년째 중풍으로 누워 계신 시어머니를 보며, 저를 돌아보게 하신 하나님께 감사드립니다. 제가 너무 악하다는 것을 알기에, 오직 주님만이 하실 수 있다는 것을 알기에 오늘도 주께 매달릴 뿐입니다. 이제는 어떤 상황에서도 회개하고 자복함으로 하나님을 경배하는 최고의 인생을 살기 원합니다(느 9:3).

 영혼의 기도

하나님 아버지, 수많은 음모와 방해 속에서도 예루살렘 성벽을 중수하게 하신 그들의 하나님이 나의 하나님이심을 고백하며 감사와 찬양을 드립니다.

성벽을 완성하고 모든 일이 다 되었다 할 때 금식하며 굵은 베옷을 입고 티끌을 무릅쓰고 회개하는 이스라엘 자손들을 보았습니다. 주님이 제 인생의 모든 것을 이루시고 되었다 하는 순간에 죄를 회개하는 저희가 되기를 원합니다. 내 힘으로 했다고 착각하며 안주하지 않게 하옵소서.

이제라도 나의 유익을 위해서가 아니라 흉악한 죄의 결박을 끊기 위해, 다른 사람을 먹이고 입히고 섬기기 위해 하나님이 기뻐하시는 회개의 금식을 하기 원합니다. 모든 사람이 나의 성공을 인정한다고 해도 내가 하나님 앞에서 굵은 베옷을 입고 티끌을 무릅쓰고 엎드려 회개해야 할 죄인임을 잊지 않게 하옵소서.

하나님의 은혜로 예수님을 믿고 신앙생활을 하면서 아직도 절교하지 못한 이방 가치관이 너무도 많습니다. 학벌과 외모, 교양과 인정받기를 구하며 악하고 음란한 이 세대의 가치관을 버리지 못했음을 고백합니다. 또한 믿지 않는 배우자, 가족 때문에 힘들다고 하면서도 그들이 베풀어 준 환경을 누리며 구원을 위한 순종이 아닌 내 유익을 위한 맹종을 할 때도 있습니다. 하나님 앞에 이 모든 죄와 허물을 자복합니다. 이제는 내 조상의 죄, 내 부모의 죄, 배우자의 죄, 자녀의 죄까지 대신 자복하며 믿지 않는 가족에게 감동을 주기를 원합니다. 어떤 상황에서도 예수 믿는 내가 죄를 회개하는 것이 영적 특권임을 알고 그 특권을 누리게 하옵소서.

주님 앞에 죄를 자복하고 돌이킬 때 우리의 일상생활도 건강하게 자리 잡게 될 것을 믿습니다. 낮과 밤을 제대로 살며 평범한 생활을 잘하는 비범함을 허락하여 주옵소서. 천국에 가는 그날까지 우리 모두 되었다 함이 없는 인생입니다. 날마다 말씀을 읽고 죄를 자복하며 하나님 여호와께 경배하도록 주여, 은혜 내려 주옵소서. 예수님 이름으로 기도하옵나이다. 아멘.

05

자복하는 기도

느헤미야 9장 4~8절

_____ 하나님 아버지,
여호와께 경배하는 인생은 자복하는 인생이라고 하십니다.
100퍼센트 죄인인 우리가 죄를 자복하는 기도를 드릴 수 있도록
말씀해 주옵소서. 듣겠습니다.

아주 매력적인 여자 연구원이 공원에서 남자들에게 접근해 설문지 작성을 부탁했습니다. 남자 중 절반은 깊은 협곡에 걸린 구름다리 위에서 설문지를 적고, 나머지 반은 다리를 건넌 뒤 공원 벤치에 앉아 쉬면서 설문지를 채웠습니다. 여자 연구원은 설문지 작성을 끝낸 남자들에게 자신의 전화번호를 주면서 궁금한 게 있으면 언제든지 전화해도 좋다고 말했습니다. 그 결과 구름다리 위에서 설문에 응한 남자의 65퍼센트가 여자 연구원에게 데이트를 신청했습니다. 반면 벤치에서 설문에 응한 사람 중에서는 30퍼센트가 전화를 걸어왔습니다. 왜 협곡 구름다리에 있던 남자들이 여자 연구원에게 더 많이 데이트 신청을 했을까요?

사실 협곡 위에 있다는 두려움 때문에 심장박동이 빨라진 것인데, 설문에 응답한 남자들은 자신이 여자 연구원에게 끌려서 심장이 뛴 것으로 해석하고 데이트 신청을 한 것입니다.

사람들은 이렇게 자기 자신을 잘 모릅니다. 그래서 전혀 의외의

사람에게 사랑을 품는 경우가 있습니다.

위의 이야기는 티모시 윌슨(Timothy D. Wilson)의 저서 『나는 왜 내가 낯설까?』에 나오는 실험 사례입니다. 책의 제목처럼 나도 내가 낯설 때가 많고, 내가 나를 모르고 살 때도 많습니다. 정말 그 사람을 좋아한다고 생각해서 데이트 신청을 한 것인데, 그것이 협곡에서 느낀 두려움과 착각했기 때문임을 그 누가 짐작했겠습니까? 다들 그렇게 좋아한다고 착각해서 결혼하고 후회하며 살아갑니다. 어쩌면 죽을 때까지 자기 자신을 모르고 죽을 수도 있습니다.

우리는 달리기를 잘하면 빠른 발을 가졌기 때문인 줄 알고 빠른 발을 최고로 여깁니다. 피아노 연주를 위해서는 손이 최고인 줄 알고, 손에 상처라도 날까 봐 애지중지합니다. 그러나 발과 손에 재능이 있다고 해서 달리기를 잘하고 피아노 연주를 잘할 수 있는 것이 아니죠. 머리부터 발끝까지 조화를 이룬 전체가 나인데, 그런 나 자신을 알려면 나를 지으신 이를 알아야 합니다. 나를 지으신 이를 모를 때, 툭하면 과시하고 툭하면 위축되고 끊이지 않는 근심과 두려움 속에 살게 됩니다.

저는 4대째 모태신앙인으로 고등학교 3학년 때 "대학에만 붙여 주시면 주의 일을 하겠노라" 하고 기도했습니다. 부모님의 후원이 절대적으로 필요한 피아노 공부를 거의 독학으로 했는데, 당시 제가 원하던 학교가 제 실력으로는 붙기 어려운 최고의 명문 학교였습니다. 그래서 "하나님께서 합격시켜 주시면 무슨 일이든 하겠다" 하며 뜻도 모르는 기도를 한 것입니다. 그러나 원하던 대학에 합격하고 나서는 그 기도를 까맣게 잊어버렸죠. 또 연주회를 할 때마다 연주회를 잘 마치게 해 주시면 주님을 잘 섬기겠다고 기도했습니다. 이후에도 결혼만 잘 하게 해 주시면, 유학만 보내 주시면, 이렇게 해 주시면 저렇게 해 주시면 하면서 때마다 서원 기도를 하고 때마다 그것을 잊어버리며 살았습니다.

비단 저만 그런 것은 아닐 겁니다. 많은 사람이 "이 사람이랑 결혼만 시켜 주시면 주의 일을 하겠다", "아이를 낳게만 해 주시면 주께 드리겠다" 서원합니다. 그러다 그 아이가 아파서 위급해지면 "병만 낫게 해 주시면 주께 드리겠다" 간절히 기도합니다. 또 "사업이 잘되면 재산을 주께 바치겠노라" 기도하기도 합니다. 그때마다 하나님께서 응답해 주셔서 결혼도 하고, 아이도 낳고, 병도 낫고, 사업도 잘되는데 그때마다 자기가 한 기도를 잊어버리고 나 몰라라 합니다.

그러다가 어느 날 암 선고라도 받으면 어떻게 합니까? 고칠 수 없는 말기 암을 발견하고 나니 그때는 염치가 없어서 '낫게만 해 주시면' 하는 기도가 안 나옵니다. 하나님께 죄송해서 낫게 해 달라는 기도도 못 하고 그저 눈물만 흘립니다. 그런데 기적적으로 암이 나았습니다. 하나님께서 고쳐 주신 겁니다. 그제야 처음으로 '나 같은 죄인 살리신 주님의 은혜'가 사무치게 전해져 옵니다. 병이 나아서 기쁜 것이 아니라 부족하고 연약한 나를 인도하고 살려 주신 은혜 때문에 기뻐합니다. 지금 암이 나았다고 해도 언젠가는 다른 병에 걸려 죽을 수밖에 없는 인생임을 알고 진정한 헌신을 결단하게 되는 겁니다.

이것이 자신을 아는 것입니다. 내가 대학에만 들어가면, 결혼만

하면, 병만 나으면 주님 뜻대로 살겠다고 하지만 내 힘으로는 결코 그렇게 살 수 없습니다. 이것을 아는 것이 참으로 나를 알고 하나님을 아는 것입니다. 〈나 행한 것 죄뿐이니〉라는 찬송가 가사처럼, 주님이 합격시켜 주시건 떨어지게 하시건, 병을 낫게 하시건 아니건 할 말이 없는 인생임을 알게 되는 겁니다. 그러니 내가 주님 앞에 배설물 같고, 티끌 같은 존재임을 날마다 자복할 수밖에 없습니다. 그러면 자복하는 기도는 구체적으로 어떻게 해야 할까요?

지도자가 먼저 자복해야 합니다

> 레위 사람 예수아와 바니와 갓미엘과 스바냐와 분니와 세레뱌와 바니와 그나니는 단에 올라서서 큰 소리로 그들의 하나님 여호와께 부르짖고_느 9:4

레위 사람 예수아와 바니와 갓미엘과 스바냐와 분니와 세레뱌와 바니와 그나니가 단에 올라서서 큰 소리로 여호와께 부르짖습니다. 이름의 뜻을 보면 예수아는 '여호와는 구원이시다', 바니는 '건축자', 갓미엘은 '여호와께서 앞서가신다', 스바냐는 '하나님이 번성케 하셨다', 분니는 '세워진', 세레뱌는 '여호와께서 뜨겁게 하셨다', 그나니는 '보호자'라는 뜻입니다.

우리는 인생을 살면서 학벌과 지위와 권세로 하나님께 영광을 돌릴 수 있을 것 같지만, 그것으로는 하나님께 영광 돌릴 수 없음을 경험하게 됩니다. 하나님이 내게 남들보다 나은 학벌과 돈을 주시고, 건강을 주셨는데도, 하나님의 뜻대로 살지 못하는 나 자신을 보면서 회개할 것밖에 없는 인생임을 깨닫게 됩니다. 그래서 레위 사람의 이름들처럼 "오직 하나님께서 구원자시고, 앞서가셨고, 번성케 하시며, 세우셨고, 뜨겁게 하셨고, 보호하셨다"라고 고백하게 됩니다. 일이 잘되든 잘못되든, 어떤 상황에서도 나는 죄인이고 하나님은 100퍼센트 옳으심을 선포하는 것이 자복하는 기도의 본질입니다.

4절에서 레위 사람들이 단에 올라서서 큰 소리로 부르짖었다고 했습니다. 골방에서 혼자 고백하는 것이 아니라 단 위에 올라서서 모든 사람에게 나의 부족함을 드러내며 오직 하나님만이 구원이심을 부르짖어야 합니다. 그렇게 함으로써 다른 사람을 자복으로 이끄는 것이 지도자가 할 일입니다.

> 또 레위 사람 예수아와 갓미엘과 바니와 하삽느야와 세레뱌와 호디야와 스바냐와 브다히야는 이르기를……_느 9:5a

4절에 등장한 레위 사람 다섯 명의 이름이 다시 등장합니다. 여호와께서 구원하시고, 앞서가시고, 뜨겁게 하시고, '번성케 하신다'는 뜻이 아주 중요하기 때문입니다. 대학 입시에 실패하고, 사업에 고전하고, 병에 걸리는 등 어떤 어려운 상황에 처하더라도 "우리의 구원자는 하나님이시다. 하나님이 너를 세우실 것이다. 하나님이 앞서가시고 너를 뜨겁게 하신다. 너를 번성케 하신다"고 말해 주는 지도자가 자복으로 이끄는 지도자입니다.

지도자가 그런 자복의 메시지를 전하면, 하삽느야(여호와께서 생각하신다), 호디야(여호와를 찬양하라), 브다히야(여호와께서 여셨다)가 함께 하나님을 송축합니다. 부모가 자녀에게, 목자가 목원에게 하나님이 구원이시다, 하나님이 앞서가신다, 너를 번성하게 하시고 보호하신다고 가르치면 어떤 일이든 여호와께서 돌보시고 여시는 사건이 됩니다.

그리고 하나님 앞에 자복한 결론은 단에 올라서는 간증으로 나타납니다. 하나님만이 구원이시고 나는 티끌 같은 존재라는 것을 깨닫고 나면 부끄러운 것이 없어지기 때문입니다.

앞서 말씀드린 것처럼 저는 4대째 모태신앙인으로 매주 교회에 나가 반주자로 봉사하다가 장로님, 권사님 댁 며느리로 시집을 갔습니다. 그런데 장로님 아들이어도 믿음이 없던 남편과 살림이 우상이신 시어머니 밑에서 혹독한 시집살이를 하며 저 자신이 깨어졌습니다. 하나님께서 합격시켜 주신 명문대 학벌, 피아노 실력, 제 교양으로는 어떤 문제도 해결할 수 없었습니다. 도리어 그 교양 때문에 위염과 편두통을 비롯한 온갖 병에 찌들어 가고 있었습니다.

그렇게 고난의 시집살이 5년 만에 주님을 만나고 나니 그동안 하나님 뜻대로 살지 못한 것이 너무 죄송했습니다. 대학에 합격시켜 주시면 주의 일을 하겠다고 기도하고는 피아노로 성공하고 싶은 야망을 좇아 산 것이 한없이 부끄러웠습니다. 그래서 제가 전도하는 사람들에게, 제가 인도하는 성경 공부 모임, 구역 모임, 큐티 모임에서 저의 부끄러움을 오픈하기 시작했습니다. 하나님 앞에서 저는 배설물 같고 티끌보다 못한 존재라는 것, 저의 지식과 교양으로는 남편과 시어머니를 사랑할 수도, 섬길 수도 없다는 것을 단에 올라서서 자복하게 되었습니다. 이제는 목사로서 예배 때마다 강단에 올라서서 아직도 되었다 함이 없는 저의 모습을 자복하고 있습니다.

만인 제사장 시대에 예수 믿는 우리는 모두 레위 사람이고, 단에 올라선 인생을 사는 영적 지도자입니다. 우리가 단에 올라서서 자복할 때 손가락질하는 사람이 있을지라도, 우리는 하나님께서 지도자로 세우신 인생이기에 날마다 단에 올라서야 합니다.

언젠가 방송에서 배우 권상우 씨의 인터뷰를 보았습니다. 어머니가 지방에서 혼자 지내시는데 절대로 가사도우미를 쓰지 않는다고 했습니다. 혼자되신 어머니가 가사도우미를 하면서 자식 둘을 키웠기 때문에 부유해진 지금도 다른 사람을 도우미로 쓰지 않는다는 겁니다. 세상의 공인인 연예인도 힘든 가정사를 부끄러워하지 않고 공개할 때 그 솔직함이 사람들에게 감동을 줍니다.

예수님을 믿는 우리도 공인입니다. 성도는 어느 자리에서도 빛 가운데 드러난 인생입니다. 숨을 수가 없습니다. 그러므로 나의 연약함과 부끄러움으로 예수님을 만났다면 그것은 더 이상 부끄러운 일이 아니라 자랑스러운 약재료입니다. 내 수치와 고난을 약재료로 쓰지 않고 부끄러워만 하는 사람은 세상에서 빛과 소금의 역할을 감당할 수 없습니다.

하버드 대학교의 데이비드 맥클랠런드(David C. McClelland) 교수는

"자신의 감정을 털어놓지 못해 스트레스가 쌓인 사람은 호르몬에 이상이 생겨 질병을 물리칠 수 있는 면역력이 현격히 떨어진다. 인간의 정신 구조는 자신의 고민과 고통을 누구에게든 털어놓도록 구성되어 있다"고 말했습니다. 정말 그렇습니다. 어디에도 자기 속을 털어놓지 않는 사람은 병에 걸릴 수밖에 없습니다. 한 사람이어도 좋고, 같이 기도할 수 있는 두세 사람, 믿음의 공동체가 있다면 더더욱 좋을 것입니다. 그러나 각자 믿음의 분량대로 털어놓아야지, 이야기하는 사람이나 듣는 사람이 준비되지 않은 상태에서 오픈하면 도리어 해가 될 수 있습니다.

제가 늘 '하나님 앞에서 내가 이렇게 살아선 안 되는데……' 하는 생각을 할 수 있었던 것은 친정어머니의 쉼 없는 기도 덕분입니다. 겉으로는 교양 있어 보여도 하나님 앞에 제 모습이 배설물 같고 티끌보다 못하다는 자각이 있었기에 저의 죄를 오픈하고, 그것 때문에 저를 무시한다고 해도 감당할 믿음이 생겼습니다. 제가 오픈한 죄와 수치 때문에 누가 저를 비인격적으로 대한다고 해도, 저를 힘들게 하는 상대방보다 제가 더 죄인이라는 깨달음이 있었기에 오픈할 준비가 되어 있었습니다.

제가 목사로서 예배 때마다 단에 올라서서 자복했더니 우리들교회의 목자들도 목장예배 때마다 단에 올라서서 자기 죄를 자복합니다. 그렇다고 목원들이 목자를 무시합니까? 도리어 목자를 목사만큼이나 존경합니다. 목원들이 목자를 존경하고 따르다 보니 교회에서 자신을 소개할 때 '아무개 목자님 목장의 누구누구'라고 합니다. 이처

럼 자기 욕심과 가증함을 내어놓고 단에 올라서서 자복할 때 손가락
질이 아니라 존경을 받게 됩니다.

우리들교회의 중학교 1학년 학생의 간증을 소개하겠습니다.

지방에서 서울로 이사 온 지 얼마 안 되었다. 우리 집은 너무 가난해
서 이사 비용도 친척들이 절반 이상 도와줘서 겨우 이사할 수 있었다.
부모님은 늘 돈 때문에 싸우셨다. 그런데 우리들교회에 와서 큐티를
시작하고 두 분 다 양육을 받으시더니 가끔 다툼이 있어도 돈 때문에
싸우는 일은 없어졌다.

나는 가난한 환경에서 어떻게 하면 나의 꿈인 의사가 되어 아픈 사람
을 치료하고 복음을 전할 수 있을까 고민했다. 그런데 사사기 4장을
큐티하던 중에 드보라를 통해 가나안 왕 야빈의 군대와 군대 장관 시
스라를 물리치신 하나님의 능력을 보며, 내가 열심히 공부하고 노력
한다면 하나님께서 복음을 위해 내 꿈을 이루실 것이라는 확신이 생
겼다. 꼭 의사가 아니더라도 내가 최선을 다할 때 하나님께서 선한 길
로 인도하실 것을 믿는다.

한창 사춘기를 겪는 중학교 1학년 아이가 어디 가서 "우리 집이
가난하다, 엄마 아빠가 싸운다"는 이야기를 마음 놓고 하겠습니까?
믿음의 공동체 안에서 목사, 목자, 선생님과 친구들이 모두 오픈하니
까 자연스럽게 단에 올라서 자기 마음을 털어놓은 것이죠. 그럴 때 같
은 처지의 아이들이 공감하고 이 아이에게 위로를 받는 겁니다. 일방

적인 오픈이 아니라 서로가 죄를 자복하며 나눌 때 치유의 역사가 일어납니다.

† 죄를 자복하는 것이 부끄럽다고 생각합니까? 지위와 체면만 내세우느라 모두가 할 말을 제대로 하지 못하는 병든 가정, 병든 직장, 병든 목장으로 만들고 있지는 않습니까?

† 리더로서 내가 하나님 앞에 자복하고 나의 연약함을 드러낼 때 평안하고 건강한 공동체가 되는 것을 알고 있습니까? 내가 먼저 단에 올라서는 적용을 하며, 일방적인 오픈이 아니라 서로 수치를 고백하며 진실한 공동체의 교제를 나누고 있습니까? 나를 드러내는 간증이 아니라 오직 하나님이 구원이심을 나타내는 자복의 간증을 하고 있습니까?

하나님을 알아야 자복할 수 있습니다

……너희 무리는 마땅히 일어나 영원부터 영원까지 계신 너희 하나님 여호와를 송축할지어다 주여 주의 영화로운 이름을 송축하올 것은 주의 이름이 존귀하여 모든 송축이나 찬양에서 뛰어남이니이다 _느 9:5b

하나님은 어떤 분이십니까? 영원부터 영원까지 계신 하나님, 영화롭고 존귀한 이름을 가지신 하나님, 모든 송축과 찬양에 뛰어난 하나님이십니다. 영원부터 영원까지 계신 하나님을 알아야 자복하는 기도를 드릴 수 있습니다. 이 세상에 영원한 것은 없습니다. 오직 하나님만이 영원하십니다. 영원부터 영원까지 계신 그 하나님께서 내 삶을 주관하십니다. 내 삶은 하나님이 시작하셨기에 하나님이 끝내셔야 끝이 납니다. 힘든 환경 역시 배우자, 자녀, 돈 때문에 끝나는 것이 아니라 하나님이 하셔야 끝이 납니다.

그리고 주의 이름이 영화롭고 존귀하기에 모든 송축이나 찬양에서 뛰어납니다. 하나님의 이름은 여호와, "스스로 있는 자"(출 3:14)입니다. 예수님은 자신을 소개할 때 "빛"이요(요 1:9), "생명의 떡"이요(요 6:35), "길이요 진리요 생명"(요 14:6)이라고 하셨습니다. '염려, 낙망, 근심'이라 하지 않으셨습니다.

사탄의 영역인 염려와 근심은 영원히 머물러 있지 않습니다. 어떤 큰 고통도 지나가 버립니다. 그러니 지나가 버릴 환경에 낙망하지 말고 결코 사라지지 않으시는 주님, 영원부터 영원까지 존재하시는 주님을 송축해야 합니다. 존귀하신 주의 이름을 송축하지 않고 지나가 버릴 염려와 근심을 묵상하고 있다면 그것을 자복해야 합니다. 하나님을 찬양하지 못하게 막는 내 속의 염려와 근심을 자복하는 것이 바로 하나님을 높이는 송축과 찬양입니다.

> 오직 주는 여호와시라 하늘과 하늘들의 하늘과 일월 성신과 땅과 땅 위의 만물과 바다와 그 가운데 모든 것을 지으시고 다 보존하시오니 모든 천군이 주께 경배하나이다_느 9:6

우리 주님은 오직 여호와 한 분이신 하나님, 천지 만물을 창조하신 하나님, 경배의 대상이신 하나님이십니다. 모든 것을 지으신 분이 다 보존하신다고 합니다. 여러분, 나를 지으신 하나님이 나를 그냥 내버려 두시겠습니까? 천지 만물의 주인이신 주님께서 나를 안 지키고 안 먹이고 안 입히시겠습니까?

나를 지으신 하나님이 나를 보존하십니다. 그러므로 우리는 하나님을 경배해야 합니다. 천군도 경배하는 하나님을 내가 감히 경배하지 않을 수 있습니까. 내 경배의 대상은 오직 하나님 한 분이십니다.

로마서 1장 20절에 "창세로부터 그의 보이지 아니하는 것들 곧 그의 영원하신 능력과 신성이 그가 만드신 만물에 분명히 보여 알려졌나니 그러므로 그들이 핑계하지 못할지니라"고 합니다. 하나님의 영원하신 능력과 신성이 우주 만물을 통해 나타나 있습니다. 들에 피어나는 작은 꽃 한 송이에도 하나님의 능력과 신성이 나타납니다. 그러므로 이 세상에 살고 있는 사람이라면, 하나님을 모른다고 핑계할 수 없습니다.

여러분이 가까이 지내던 사람이 어느 날 재벌 회장이라는 걸 알게 됐다고 합시다. 당연히 놀라지 않겠습니까? "알고 보니까 저 사람이 대기업 총수래. 능력 있는 장관이래." 이 소리를 듣고 놀라지 않을 사람은 없을 것입니다. 그런데 "그래? 그 사람이 회장이건 대통령이건 나랑 무슨 상관이냐?" 하면서 외면한다면 그 사람이 베푸는 능력을 누릴 수 없습니다. 우리도 마찬가지입니다. 하나님을 알아야 그분의 영원하신 능력과 신성을 누릴 수 있습니다. 나를 지으신 주님이 나를 보존하시는 줄 믿고 그것을 인정할 때 내가 티끌보다 못한 존재임을 자복하며 주님을 경배할 수 있습니다.

† '이 환경을 벗어나게 해 주시면', '더 좋은 환경을 주시면'이라고 기도하면서 내 염려와 근심으로 영원하신 하나님을 제한하지는 않습니까? 하나님을 찬양하지 못하게 막는 내 속의 염려와 근심을 자복함으로 하나님을 송축하고 있습니까?
† 잘되고 성공해서 주님을 높이기보다 내 죄를 회개하고 자복함으로 최고의 찬양을 드리고 있습니까? 하나님을 경배하지 않는 가족과 이웃을 위해 내가 자복해야 할 죄는 무엇입니까?

의로우심으로 택하고 부르신 하나님께 자복합니다

7 주는 하나님 여호와시라 옛적에 아브람을 택하시고 갈대아 우르에서 인도하여 내시고 아브라함이라는 이름을 주시고 8 그의 마음이 주 앞에서 충성됨을 보시고 그와 더불어 언약을 세우사 가나안 족속과 헷 족속과 아모리 족속과 브리스 족속과 여부스 족속과 기르가스 족속의 땅을 그의 씨에게 주리라 하시더니 그 말씀대로 이루셨사오매 주는 의로우심이로소이다_느 9:7~8

유일하신 여호와, 모든 신 중에 뛰어나신 하나님께서 아브람을 택하셨습니다. 아브람이 잘나서 그를 택하여 인도해 내신 것이 아닙니다. 갈대아 우르에서 이방의 월신(月神)을 섬기던 그를 오직 하나님의 은혜로 택하여 인도해 내셨습니다. 전적인 은혜로 '존귀한 아비' 아브람을 '여러 민족의 아버지' 아브라함이 되게 하셨습니다. 내 집에서 존귀하게 잘 먹고 잘살던 나를 여러 민족의 아버지가 되게 하시려고 택하여 부르셨습니다.

오래전 대영박물관에서 갈대아 우르 전시관을 보았습니다. 그 문명이 참으로 화려하고 대단했습니다. 그렇게 살기 좋은 곳에서 하나님이 나오라고 하시니 아브라함이 떠나기가 어찌 쉬웠겠습니까. 그는 갈대아 우르를 떠나 가나안 땅으로 가고자 했어도 하란에 머물렀습니다. 그러다가 아버지 데라가 죽은 뒤에야 떠났습니다(창 11:31~32). 게다가 그렇게 떠난 후에도 자기 목숨을 지키려고 두 번씩이나 아내를 누이라 속였습니다. 자기가 살려고 아내를 다른 남자에게 넘겼으니 바람피운 것보다 더 심하지 않습니까? 참으로 치졸하기 그지없습니다.

그러나 하나님은 잘나서 능력이 있어서 우리를 부르신 것이 아닙니다. 오히려 나의 연약함과 수치 때문에 부르십니다. 아브라함이 이렇게 연약해도, 하나님은 아브라함의 충성됨을 보시고 그와 언약을 세우시고, 그 말씀대로 이루셨습니다. 본문 8절에 쓰인 '충성됨'은 '하나님께서 충성되게 하셨다'는 사역형 동사입니다. 다시 말해, 아브라함이 의로워서가 아니라 주님이 의로우시기 때문에 그를 충성되게 하시고 그에게 언약을 주시고 그 말씀대로 이루셨다는 겁니다.

그렇다면 충성됨이란 과연 무엇일까요? 나에게 충성을 맹세한

부하가 내 말을 하나도 못 알아듣는다면 그것을 충성이라고 할 수 있습니까? 하나님께 충성됨은 하나님의 말씀을 알아듣는 것입니다. 하나님께서 아브라함에게 언약을 세우실 때 "네 자손이 사백 년 동안 이방에서 객이 되어 괴롭힘을 당한 후에야 돌아와서 땅을 차지할 것"이라고 하셨습니다(창 15:13~16). 지금 당장이 아니라 400년 고생한 후에 이 땅을 주겠다고 약속하셨습니다. 여러분이라면 당장 눈앞에 보이는 것이 없는데, 이 말씀을 알아들을 수 있겠습니까? 당연히 뭔가 보여 주셔야 알아듣겠다고 하지 않겠습니까?

그런데 아브라함이 그 말씀을 약속으로 알아들었습니다. 누구보다 자신이 연약한 죄인임을 알고 여러 고난을 거쳤기에 '내 자손들이 400년간 객이 되어 훈련을 받은 후에야 하나님께 돌아오겠구나' 하고 바로 알아들었습니다. 그래서 400년 후에라도 약속이 이루어질 것을 믿고 가나안 땅에 사라의 매장지로 막벨라 굴을 산 것입니다(창 23장).

저의 친정은 북한이 고향입니다. 일찍 복음을 받아들인 외증조부께서 교회를 세우셨다고 합니다. 자세한 믿음의 역사는 모르지만, 당시 유교 문화에서 우상을 버리고 교회를 세우는 일은 쉽지 않았을 것입니다. 그냥 예수 믿는 것도 아니고 교회까지 세우셨으니 얼마나 많은 핍박을 받았겠습니까!

그렇게 대단한 믿음의 역사를 가진 집안에서 태어났어도 어려서 믿음이 없던 저는 그 일에 관심이 없었습니다. 제가 거듭나기 전에 친정어머니가 돌아가셨으니 자세히 물어볼 기회도 놓치고 말았지요. 그러나 그때 외증조부님과 외가 어른들이 천국의 매장지를 샀기 때문에 4대가 지나서 오늘날의 제가 있다고 생각합니다.

천국의 매장지를 사는 것은 내 자식 잘되라고 하는 일이 아닙니다. 내가 살아서 자식 잘되는 걸 못 본다고 해도 400년 후에라도 내 자손들이 하나님께로 돌아올 것을 믿는 행위입니다. 내가 내려놓지 못한 세상 가치관과 욕심, 내가 점령하지 못한 가나안 땅을 내 자손들이 점령할 것을 믿음으로 바라보는 것입니다. 그래서 지금 내 자식을 위해 살지 않고 다른 사람을 위해 사는 것이 천국의 매장지를 사는 삶입니다. 주께서 의로우심으로 아브라함을 택하고 부르셨습니다. 사랑하심으로, 신실하심으로가 아니라 의로우심으로 나를 택하고 부르셨습니다. 그 의로우심으로 나의 악을 징계하시고, 매를 때려서라도 약속의 땅으로 데려가시는 것이 하나님의 사랑입니다.

그러므로 내게 주시는 징계도 채찍도 모두 하나님께서 주신 사랑의 사건입니다. 그 사랑을 알았기 때문에 아브라함이 400년 후에야 자손들이 돌아온다는 말씀을 축복으로 받았습니다. 이것이 바로 세상이 감당하지 못하는 믿음입니다.

† 힘든 자녀와 배우자를 바라보면서 낙심하고 절망해서 아무것도 못 하고 있습니까? 그럴수록 다른 사람을 돕고 힘든 지체를 위해 중보하며 말씀을 나누는 삶으로 천국의 매장지를 사들이고 있습니까?

† 피하고 싶은 지금의 사건이 하나님의 부르심인 것을 깨닫습니까? 고난의 사건 속에서 나를 인도해 가시는 하나님의 의로우심, 하나님의 옳으심을 인정하며 말씀을 알아듣는 충성된 일꾼이 되고 있습니까?

하나님을 찬양하지 못하게 막는
내 속의 염려와 근심을 자복하는 것이
바로 하나님을 높이는 송축과 찬양입니다.

어떤 상황에서도 내가 먼저 자복하는 모습을 보여 주는 것이 천국의 매장지를 사는 적용입니다. 배우자와 자녀가 문제를 일으켰다고 해도 '내가 진실하지 못했다. 내가 욕심을 내려놓지 못해서 생긴 일이다' 라고 자복할 때 믿지 않는 가족도 하나님을 알고 약속의 땅을 차지하게 될 줄 믿습니다.

지도자가 먼저 자복해야 합니다(느 9:4~5a).

가정과 공동체의 영적인 지도자로서 내가 먼저 자복하기 원합니다. 먼저 예수님을 믿은 사람으로서 자복하는 지도자가 될 때 하나님을 알지 못하는 가족도 하나님을 알고 인정하게 될 줄 믿습니다.

하나님을 알아야 자복할 수 있습니다(느 9:5b~6).

하나님이 어떤 분이신지 알 때에 자복할 수 있다고 합니다. 무엇보다 영원부터 영원까지 계신 하나님을 알게 되는 지혜를 허락해 주옵소서. 날마다 나의 죄를 자복하며 주의 영화로운 이름을 송축하며 살아가게 하옵소서.

의로우심으로 택하고 부르신 하나님께 자복합니다(느 9:7~8).

매를 때려서라도 저를 버리지 않고 이끌어 가시는 것이 하나님의 사랑임을 알게 되었습니다. 힘든 환경과 죄 속에서도 의로우심으로 나를 부르신 하나님께 자복하오니 하나님의 말씀을 알아들을 만한 충성된 일꾼이 되게 하옵소서. 날마다 약속의 말씀을 붙잡고 그 말씀에 순종하여 자복하는 삶을 살아갈 수 있도록 모든 길을 인도해 주옵소서. 약속의 땅을 허락해 주옵소서.

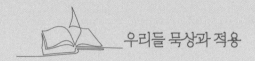

저는 4대째 믿는 가정에서 막내로 태어났습니다. 아버지는 성품이 착하셨지만, 경제적으로 무능하셨고, 어머니는 그런 아버지를 교양과 조용한 성품으로 숨통이 막히게 하셨습니다. 아버지는 어머니를 닮아 태어날 때부터 아토피가 있는 형을 미워하고, 저를 편애하셨습니다. 그러던 어느 날, 만취 상태로 집에 들어오신 아버지가 삼수 중인 형과 크게 다투고, 그날 밤 돌아가셨습니다. 이후 가족의 끊임없는 불화 속에 막내 누나까지 유명을 달리했습니다. 저는 집안의 우울한 사건들로 수치심을 느꼈고, 제 학벌과 능력으로 이 모든 아픔을 가리고자 했습니다.

그러다 회사에서 승승장구하며 경제적으로도 안정되고, 아내가 막내를 임신했을 무렵입니다. 저는 한 여자를 만나 바람을 피웠습니다. 이후 아내에게 외도를 들키고 자복하는 마음으로 함께 교회에 나왔지만, 여전히 이방 가치관과 절교하지 못했습니다(느 9:2). 일확천금을 노리는 욕심이 여전히 남아 있었기에 잘 다니던 회사를 그만두고 제 이름으로 회사를 차린 것입니다. 그런데 계획했던 일이 무산되면서 모든 자금줄이 막히게 되었습니다. 저는 '어떻게 이럴 수가 있나!

이만큼 했으면 하나님께서 물질을 좀 주셔야 하는 것 아닌가……' 하며 한없이 울었습니다. 그즈음 제게 공공기관의 신문을 만들어 달라는 제안이 들어왔습니다. 자존심 센 저로서는 썩 내키는 일은 아니었습니다. 그러나 아내는 "하나님이 낮추시는 훈련에 잘 순종하자"고 했고, 저는 아내의 권면을 받아들여 그 일을 시작했습니다. 그러자 하나님께서는 그 일로 좋은 평가와 칭찬을 받게 해 주시고, 수입도 늘어나게 해 주셨습니다.

그리고 저는 저의 외도로 무너진 가정을 중수하고자 술과 담배를 끊고, 일찍 귀가하는 적용을 했습니다. 그러자 굳게 닫혔던 아이들의 마음이 조금씩 열리기 시작했습니다. 가정예배 때 자녀들이 돈이 없음에도 있는 척한 것과 외모의 열등감이 있다고 솔직히 고백해 준 것입니다. 저는 이렇게 한 말씀으로 가정예배를 드리는 것이야말로 하나님을 믿음으로 400년 후 돌아올 자녀들을 위해 사야 할 매장지임을 알고 감사하게 되었습니다.

그동안 저는 아버지의 편애 가운데 요셉처럼 채색옷을 입고 살았으면서도 형님의 상처에는 아랑곳하지 않았습니다(창 37:3). 이런 저의 악을 30년 만에 보게 하시고, 이제라도 자복하는 기도를 드리게 하신 하나님께 감사드립니다(느 9:4). 저의 구원을 위해 수고한 형님에게 정말 미안하다는 말을 전하고 싶습니다. 이제는 날마다 나의 죄를 자복하며 주의 영화로운 이름을 송축하며 살아가기를 원합니다(느 9:5).

 영혼의 기도

하나님 아버지, 날마다 떼를 부리는 기도를 하면서 '이것만 해 주시면, 저것만 해 주시면' 하고 기도할 때가 많았습니다. 그런 부족한 기도에도 응답해 주셨는데, 그것이 전부가 아님을 알았습니다. 돈이 생기고 병이 나아서 기쁜 것보다, 돈과 건강을 주셔도 하나님 뜻대로 살지 못하는 저 자신이 티끌보다 못한 인생임을 깨달은 것이 더 큰 기쁨임을 고백합니다.

그러므로 오늘도 저의 죄를 자복하기 원합니다. '나 같은 죄인 살리신 주 은혜'를 생각하며 가정과 직장, 교회 공동체에서 자복하게 하옵소서. 먼저 예수님을 믿은 사람으로서 자복하는 지도자가 될 때, 하나님을 알지 못하는 가족도 주님을 알고 인정하게 될 것을 믿습니다.

나를 지으신 하나님께서 힘든 환경 속에 있는 나를 보존하심을 믿고, 그 하나님을 찬양하며 경배합니다. 하나님께서 의로우심으로 저를 부르셨기에 고난을 주셔서라도 인도해 가시는 것을 알았습니다. 제 자손들이 약속의 땅을 차지하기까지 400년이 걸린다고 할지라도 그 훈련을 통해 여러 민족의 아버지가 되고 지경이 넓어질 줄 믿습니다.

매를 때려서라도 저를 버리지 않고 이끌어 가시는 것이 하나님의 사랑임을 알고, 하나님의 말씀을 알아들을 만한 충성된 일꾼이 되게 하옵소서. 날마다 약속의 말씀을 붙잡고 그 말씀에 순종하며 자복하는 삶을 살기 원하오니 인도해 주옵소서. 예수님 이름으로 기도하옵나이다. 아멘.

PART

3

주가 베푸신 복을
누리게 하소서

06

주께서 주신 것

느헤미야 9장 9~22절

＿＿＿＿하나님 아버지,
하나님께서 저에게 주신 것들을 깨닫고
모든 것이 하나님께로 온 것임을 인정하기 원합니다.
말씀해 주옵소서. 듣겠습니다.

남편이 의사이고 종가의 맏며느리로 시집살이하는 한 부인을 전도한 적이 있습니다. 당시 제가 30대 초반이었는데, 시부모님이 계신 집으로 찾아가 저의 시집살이 간증을 하며 복음을 전했습니다. 명문대를 나온 부인이 아무것도 못 하고 시집살이를 하는 처지라 여러모로 저와 공감대가 있다고 생각했지요. 그런데 후에 들어 보니 제가 다녀간 후에 소금을 뿌렸다고 합니다. 그 정도로 강한 미신에 사로잡혀 있던 가정이 어떻게 변화되었는지, 주께서 그 가정에 어떤 것들을 주셨는지 한 가정의 구원 이야기를 전합니다.

위기의 때에 구원을 주셨습니다

구원 이야기가 무엇보다 중요하기 때문에 성경 전체에서 창세기 일화보다 많이 나오는 것이 출애굽 사건입니다. 저도 저의 구원 이야기를 하려면 시집살이 간증이 빠질 수 없고 그래서 복음을 전할 때마다 이 시집살이 간증을 반복하게 됩니다. 그러나 구원받은 이야기는 아무리 반복해도 지겹지 않습니다.

주께서 우리 조상들이 애굽에서 고난 받는 것을 감찰하시며 홍해에서 그들의 부르짖음을 들으시고_느 9:9

주께서 우리의 고난받는 것을 감찰하십니다. 믿음의 조상 아브라함에게 주신 약속을 기억하사 우리 조상의 고난을 감찰하시고 그 부르짖음을 들으십니다. 창세기 15장에서 하나님은 아브라함에게 약속을 주실 때, 네 자손이 400년 동안 이방에서 객이 된 후에야 돌아와 땅을 차지하리라고 하셨습니다. 그 말씀대로 이스라엘 자손은 400년 동안 애굽에서 고난을 받았지만, 하나님은 그들을 끊임없이 감찰하고 돌보셨습니다.

아브라함은 월신을 섬기던 불신가정에서 혼자 하나님을 믿었습니다. 화려한 문명의 갈대아 우르를 떠나 혼자서 믿음의 길을 가는데, 그 길이 힘들어서 돌아갈까 봐 하나님은 아브라함에게 가축과 은금을 풍부히 주셨습니다. 불신가정에서 혼자 믿음 생활을 하기가 얼마나 어렵습니까. 제사도 폐해야 하고, 결혼식, 장례식 등 온갖 집안 행사를 주일이 아닌 다른 날로 바꿔야 합니다. 그러니 애굽의 고난 못지 않은 극심한 고통이 따를 수밖에 없습니다. 그 고난 속에서도 아브라함의 믿음이 이어져서 야곱의 가족 70명이 애굽에 들어갔고, 애굽 생활 400년 동안 그 70명이 200만 명이 되었습니다. 여러분이 혼자 예수님을 믿기 시작해서 70명이 믿게 되고, 그 70명이 200만 명이 되는 것을 한번 상상해 보세요.

그래서 믿음의 조상이 대단한 것입니다. 믿음의 조상이 있기에 주께서 나를 감찰하십니다. 마찬가지로 내가 믿음의 조상이 되어 기도할 때 내 자손의 고난을 주께서 감찰하실 것입니다.

> 이적과 기사를 베푸사 바로와 그의 모든 신하와 그의 나라 온 백성을 치셨사오니 이는 그들이 우리의 조상들에게 교만하게 행함을 아셨음이라 주께서 오늘과 같이 명예를 얻으셨나이다_느 9:10

아브라함의 고난이 불신가정, 갈대아 우르의 고난이었다면, 그 자손들의 고난은 애굽에서 노예로 학대받는 것이었습니다. 믿음의 길에는 때마다 종류가 다른 고난이 있게 마련입니다. 그런데 하나님께서 이스라엘이 미워서, 내가 미워서 고난을 주신 것이 아니에요. 그 고난을 통해 하나님을 찾고 부르짖으라고 고난의 훈련을 받게 하신 것입니다.

그 고된 훈련을 받았기에 하나님께서 애굽에 열 가지 재앙을 내리실 때 이스라엘이 잘 견딜 수 있었습니다. 그러나 잘 먹고 잘살던 애굽은 재앙을 견디지 못했습니다. 똑같은 시간과 공간에 재앙이 닥치는데도 이스라엘 백성은 성령의 기름칠을 하고 있기 때문에 애굽과 달리 가축도 상하지 않고, 우박도 피해 갔으며, 장자도 죽지 않았습니다.

세상 사람들에게는 재앙의 사건이 하나님을 믿는 우리에게는 '이적과 기사의 축복의 사건'이 되는 이유가 무엇인가요? 사건이 생긴다고 위기가 오는 것이 아닙니다. 하나님께서 이적과 기사로 위기를 구원의 기회로 바꾸시고, 애굽의 노예, 죄의 노예 되었던 우리를 구원하시기 때문입니다. 그래서 세상 가치관을 가진 사람에게는 열 가지 재앙이 하나님이 '치시는 사건'이지만, 구원받은 우리에게는 '베푸시는' 사건이 되는 것입니다.

앞에서 말씀드린 의사 부인에게는 겉만 봐서는 알 수 없는 고난이 있었습니다. 남편이 결혼 초부터 다른 여자를 만나더니 아예 두 집 살림을 차린 것이죠. 그런데도 시부모님을 모시고 종갓집 맏며느리로 대가족을 거느리고 살려니 얼마나 마음고생이 많았겠습니까! 다른 여자 집에 가는 남편에게 화를 내며 드러눕기도 하고 우울해했지만, 너무 자주 그러니까 식구들도 모두 지쳤답니다. 믿음도 없는데 이런 고난까지 겪으려니 그야말로 재앙이었을 것입니다.

그런 고난이 있어도 복음을 거부하고 제게 소금까지 뿌리더니 드디어 이 부인에게도 하나님께서 베푸시는 사건이 왔습니다. 남편은 몰라도 아이들은 잘 키워서 명문대학에 보내는 것이 인생의 목적이었는데, 그게 마음대로 안 된 것입니다. 아이들에게 온갖 과외를 시키고, 아이들 선생님은 남편 병원에서 무료로 진료받게 하는 등 전심전력을 다했건만 믿었던 맏딸이 재수에 삼수까지 하게 됐습니다. 그런데 그때 제 생각이 났다고 합니다. 자식이 뜻대로 안 되니까 소금까지 뿌린 '그 여자'가 생각나서 자발적으로 저를 찾아온 것이죠. 이래서 복음은 무조건 전하고 볼 일입니다.

> 11 또 주께서 우리 조상들 앞에서 바다를 갈라지게 하사 그들이 바다 가운데를 육지 같이 통과하게 하시고 쫓아오는 자들을 돌을 큰 물에 던짐 같이 깊은 물에 던지시고 12 낮에는 구름 기둥으로 인도하시고 밤에는 불 기둥으로 그들이 행할 길을 그들에게 비추셨사오며_느 9:11~12

그 부인이 자발적으로 저를 찾아온 것을 시작으로 하나님께서는 그 가정의 홍해를 갈라지게 하셨습니다. 본인도 명문대 출신으로 자녀의 학벌로 자신을 세우고자 했는데 그것이 무너지자 복음을 받아들였습니다. 삼수하는 딸아이도 자발적으로 주님을 영접하고 재수생 큐티 모임에 참석하였습니다. 우울해하던 딸이 큐티 모임에 나가면서 얼굴이 밝아지니까 부인도 교회에 다니고 싶은 마음이 생겼답니다. 그런데 남편이 반대하니까 이 부인이 저더러 남편을 전도해 달라고 부탁했습니다.

의사에 두 집 살림을 하는 남편인지라 쉽지 않겠다 싶었지만, 약속을 하고 찾아가서 복음을 전했습니다. 그런데 직업이 버젓해도 그분에게 곤고함이 있었습니다. 두 집 살림하는 걸 숨기느라 친구도 별로 없고, 자기 약점을 감추느라 불행한 인생을 살았습니다. 그래서인지 그 남편도 제가 전하는 복음을 받아들이고 주님을 영접했습니다.

그다음에는 그 부인이 같이 사는 시어머니가 교회를 다니는 것을 반대한다면서 시어머니도 전도해 달라고 했습니다. 남편을 만나고 일주일 후에 시어머니를 찾아가 복음을 전했습니다. 그러자 그 시어머니가 "장손인 아들도 믿고 며느리, 손녀가 다 믿는데 저도 믿지요" 하고 영접 기도를 하시는 겁니다.

그렇게 온 가족이 예수를 믿고 나서 첫 제삿날이 돌아오자, 그분들이 저에게 제사를 어떻게 해야 하냐고 물었습니다. 그래서 추도예배를 드리라고 했더니 방법을 모르겠다고, 저더러 와서 예배를 인도해 달라고 하는 겁니다. 당시에는 제가 평신도 집사였기에 주저하는 마음도 있었습니다. 그래도 하나님께서 또 한 번 전도의 기회를 주시는 것이라 생각하고 가서 예배를 인도했습니다. 제가 무슨 설교를 했겠습니까. 종가의 제사라 많은 일가친척이 모인 자리에서 저의 간증을 하며 복음을 전했습니다. 우리는 다 죄인이기에 회개함으로 예수 그리스도를 영접하고 구원받으셔야 한다면서 영접하실 분은 손을 들어 보라고 했습니다. 그랬더니 그 자리에 있는 친척들이 다 손을 드는 겁니다. 그날 온 일가가 영접 기도를 했습니다. 소금을 뿌리던 미신 가정이 예수 믿는 가정이 된 것입니다. 할렐루야!

그런데 이것이 제가 잘나서 된 일입니까? 아니지요. 한때 복음을 거부했어도 자발적으로 찾아와서 복음을 청한 부인의 믿음을 하나님께서 귀히 보셨기 때문입니다. 미신과 체면의 갈대아 우르에서 빠져나온 부인의 믿음을 보시고 우상의 홍해를 가르시고 구름 기둥과 불기둥으로 이 가정을 인도하신 것입니다.

† 개인과 가정의 위기 가운데 주께서 주신 것은 무엇입니까? 반복하고 또 반복해도 지겹지 않은 나의 출애굽 이야기, 구원의 간증이 있습니까? 세상에서는 재앙으로 여기는 배신과 부도, 질병의 사건이 구원을 위해 하나님께서 내게 베푸신 이적과 기사였음을 선포하고 있습니까?

영과 육의 양식을 주십니다

> 또 시내 산에 강림하시고 하늘에서부터 그들과 말씀하사 정직한 규례와 진정한 율법과 선한 율례와 계명을 그들에게 주시고_느 9:13

우리를 구원하신 주께서 영의 양식인 율법을 주십니다. 정직한 규례와 진정한 율법, 선한 율례와 계명을 주셔서 우리를 양육해 가십니다.

세상 애굽에서 벗어나 이제 하나님 나라의 백성이 되었으니 마땅히 그 나라의 법을 잘 알아야 합니다. 출애굽기가 중요한 또 하나의 이유는 하나님께서 이스라엘 백성에게 구원과 함께 율법을 주셨기 때문입니다. 그런데 왜 출애굽 이후에 율법을 주신 겁니까? 거듭난 사람만이 말씀을 알아들을 수 있기 때문입니다. 도덕적이고 윤리적인 설교는 거듭남이 없어도 누구나 쉽게 알아들을 수 있습니다. 그렇다고 그런 설교를 좋은 설교라고 하면 안 됩니다. 좋은 설교는 출애굽 후에, 거듭난 후에 성경을 나의 구속사로 알아듣게 하는 메시지입니다.

거룩한 안식일을 그들에게 알리시며 주의 종 모세를 통하여 계명과
율례와 율법을 그들에게 명령하시고_느 9:14

십계명의 제4계명은 "안식일을 기억하여 거룩하게 지키라"입니다(출 20:8). 우리 인생의 목적은 거룩입니다. 그런데 홍해를 건너지 않고 어떻게 세상과 구별된 거룩의 가치관을 가질 수 있겠습니까. 악하고 음란한 이 세대 속에서, 거듭나지 않은 사람은 인생의 목적이 행복이 아닌 거룩이라는 것을 결코 이해할 수 없습니다.

구속사를 모르고 도덕과 윤리로 설교를 듣는 사람은 주께서 명령하신 율법을 받아들이지 못합니다. 이런 사람은 "교회에도 율례가 있으니 목장에 참석해 양육을 받으라"고 하면 거부감을 보이며 듣기도 싫어합니다. "일주일에 하루 교회 가면 됐지 왜 개인 시간을 뺏느냐"며 언짢아합니다.

여러분, 일주일에 하루, 주일날만 안식일이 아닙니다. 세상과 구별된 가치관으로 매일의 삶에서 쉼을 누리는 것이 안식일의 참된 의미입니다. 아무것도 안 하고 노는 것이 안식이 아니라 악하고 음란한 내 생각을 하나님의 뜻대로 바꾸는 것이 구별된 삶입니다. 그것이 안식을 누리는 삶입니다. 그래서 안식일을 지키는 것은 삶의 변화로 나타납니다.

안식일의 본질이 중요한 만큼 본질을 담는 형식도 잘 갖추어야 하기에 일주일에 하루를 구별해서 주일을 지키는 것도 얼마나 중요한지 모릅니다. 그러므로 반드시 주일 성수를 해야 하고, 재물을 구별

하여 드리는 헌금도 해야 합니다. 어려서부터 이것을 익히고 홍해를 건넌다면 장차 흔들리지 않는 신앙을 갖게 될 것입니다.

> 그들의 굶주림 때문에 하늘에서 그들에게 양식을 주시며 그들의 목마름 때문에 그들에게 반석에서 물을 내시고 또 주께서 옛적에 손을 들어 맹세하시고 주겠다고 하신 땅을 들어가서 차지하라 말씀하셨사오나_느 9:15

영의 양식을 주신 주께서 육의 양식도 주십니다. 그들의 굶주림 때문에 먹을 것을 주시고, 그들의 목마름 때문에 물을 주시며 약속의 땅을 차지하게 하십니다.

사도 바울은 "그러므로 너희가 그리스도와 함께 다시 살리심을 받았으면 위의 것을 찾으라"(골 3:1) 했습니다. 주께서 주시는 양식은 땅의 것이 아닌 하늘의 양식입니다. 그래서 먼저 영이 회복되어야 합니다. 영의 양식으로 예배가 회복되면 육적인 것은 저절로 회복됩니다. 모든 문제의 해결은 예배의 회복에 있기 때문입니다. 땅의 것으로는 어떤 문제도 해결할 수 없습니다. 내가 말씀의 양식을 먹고 예배가 회복될 때 가정도 직장도 다 회복됩니다.

그래서 어느 곳보다도 교회에서 가정 문제, 인간관계 문제를 이야기해야 합니다. 왜 설교에서 외도나 이혼이나 빚진 이야기를 하느냐고 타박을 하면 안 됩니다.

기독교 상담소건 일반 상담소건 상담 내용의 대부분이 가정 문제이고 내담자의 80퍼센트 이상이 여성이라고 합니다. 그들이 상담하는 문제 1위가 배우자의 외도이고, 2위가 자녀 교육, 3위가 부부간의 성격 차이로 인한 갈등입니다. 남자들이 상담하는 문제도 대부분 아내의 외도입니다. 나라와 민족을 위해 상담하는 사람은 좀체 찾아보기 어렵습니다.

그런데 사람 살리기 위해 세워진 교회에서 거의 모든 사람이 겪는 문제를 외면해서야 되겠습니까. 그러니 영의 양식을 공급받는 예배에서 말씀으로 결혼 문제, 인간관계의 문제를 해석해야 합니다. 그래야 실재적인 치유와 회복이 일어납니다.

† 날마다 주께서 주시는 말씀, 정직하고 선하며 진정한 영의 양식을 공급받고 있습니까? 도덕과 윤리를 초월하는 하나님의 계명을 삶에 적용했을 때 육적인 필요가 채워진 적이 있습니까?
† 하나님께서 정해 주신 안식일을 귀히 여기며 내 시간과 재물을 구별하여 드리고 있습니까?
† 날마다 말씀으로 나의 인간관계, 부부관계, 가정생활의 문제들을 해석받고, 말씀의 인도함을 받고 있습니까?

불순종하고 배반해도 끝까지 은혜와 긍휼을 베푸십니다

16 그들과 우리 조상들이 교만하고 목을 굳게 하여 주의 명령을 듣

지 아니하고 17 거역하며 주께서 그들 가운데에서 행하신 기사를 기억하지 아니하고 목을 굳게 하며 패역하여 스스로 한 우두머리를 세우고 종 되었던 땅으로 돌아가고자 하였나이다 그러나 주께서는 용서하시는 하나님이시라 은혜로우시며 긍휼히 여기시며 더디 노하시며 인자가 풍부하시므로 그들을 버리지 아니하셨나이다

_느 9:16~17

앞서 10절에서 "이적과 기사를 베푸사"에 쓰인 '베풀다'와 15절에 "그들의 굶주림 때문에 그들에게 양식을 주시며 그들의 목마름 때문에 그들에게 반석에서 물을 내시고"에 쓰인 양식을 '주시다'와 물을 '내시다'는 히브리어로 같은 동사입니다. 그리고 17절에서 "한 우두머리를 세우고"에서의 '세우다' 역시 같은 동사입니다. 하나님께서 우리에게 기적과 이사를 베푸시고 선한 율법을 주시고 먹을 것과 마실 것을 주셨는데도 우리는 한 우두머리를 세우는 것으로 하나님께 돌려 드렸습니다. 느헤미야는 주께서 주신 것과 우리가 드린 것을 비교하라고 이렇게 같은 동사를 쓴 것입니다.

하나님께서 애굽의 노예 상태에서 구원해 내셨음에도 이스라엘 백성은 잘살던 애굽을 그리워했습니다. 그래서 "애굽에서는 고기라도 양껏 먹었는데, 왜 우리를 구원해서 고생시키느냐"며 교만한 소리를 해 댑니다. 하나님께서 먹여 주시고 입혀 주시니까 목이 굳어져서 우두머리를 세우고 인간이 왕 노릇을 하려고 합니다. 하나님의 구원 사역에 정면으로 맞서는 것입니다.

이때 이스라엘의 패역에 분노하신 하나님은 이스라엘을 다 멸하시고 모세를 통해 다른 한 민족을 세우겠다고 하셨습니다. 모세의 간절한 중보기도로 그 뜻을 돌이키고 이스라엘을 멸하지는 않으셨지만, 그 후로 40일 광야 길이 40년 광야 생활이 되었습니다. 그리하여 출애굽 1세대는 광야에서 모두 죽고 그 자손만 약속의 땅 가나안에 들어갔습니다(민 14:11~35). 그래서 내가 당한 일은 살아온 날의 결론입니다.

그럼에도 사유(赦宥), 즉 죄를 용서하시는 하나님은 은혜와 긍휼로 우리를 버리지 않으셨습니다. 무조건 용서하신 게 아니고, 생각하고 또 생각하심으로 우리에게 긍휼을 베푸셨습니다. 하나님께 불평하고 원망하던 광야 1세대는 광야에서 죽고 그다음 세대만 가나안에 들어가게 하신 것이 하나님의 극진하신 은혜입니다. 한 우두머리를 세우고 마음대로 살려던 부모 세대의 죄를 따르지 말고, 주께서 행하신 기사를 기억하라는 하나님의 긍휼입니다.

> 또 그들이 자기들을 위하여 송아지를 부어 만들고 이르기를 이는 곧 너희를 인도하여 애굽에서 나오게 한 신이라 하여 하나님을 크게 모독하였사오나_느 9:18

첫딸의 입시 실패를 통해 온 가족이 예수를 믿게 된 의사 부인은 열심히 교회에 다니고 큐티 모임에 참석하며 신앙생활을 시작했습니다. 그런데 아이들이 모두 대학에 붙고 나니 큐티 모임에 발길을 뚝 끊었습니다. 남편은 여전히 두 집 살림을 하고 있었지만 워낙 잘살던 집이고, 아이들 입시도 끝나 환경이 편해지니까 예배의 감격이 사라진 것이죠. 나머지 가족도 형식적으로 주일예배만 겨우 참석하는 것 같 았습니다.

그 가족 서른 명이 저의 전도로 예수님을 영접했기에 연락이 끊겼어도 늘 궁금했는데, 어느 날 그 부인이 암에 걸렸다는 소식을 들었습니다. 그래서 말기 암으로 시한부 인생을 살고 있다는 부인을 서둘러 찾아갔습니다. 지금 살아날 길은 말씀밖에 없다고, 병이 낫는 것보다 남편과 아이들이 진정으로 예수님을 만나고 구원받는 것이 마지막 소원이 되어야 한다고 안타깝게 말씀을 전했습니다. 암을 치료하지 못해 세상을 떠나게 되더라도 "엄마의 소원은 너희가 예수 잘 믿는 것밖에 없다"는 한마디를 남기고 가야 한다고 권면했습니다.

하지만 부인은 결국 그 한마디 말을 하지 못했습니다. 죽기 전의 마지막 소원이 자녀가 예수 믿는 것이 아니고 아들 결혼시키는 것이었습니다. 아들이 만나는 여성은 믿음은 없지만 학벌이 정말 좋다고, 그 학벌 좋은 며느릿감과 결혼시키는 일에만 온 에너지를 쏟았습니다. 암이라는 엄청난 고난 속에서도 학벌의 금송아지를 부어 만들고 있었습니다.

암 투병 기간이야말로 구원을 전할 최고의 기회인데 안타깝게도 그 기간을 아들 결혼 준비로 다 보내고, 결국 아들을 결혼시킨 직후에 세상을 떠났습니다. 그러나 학벌 좋은 며느리는 시어머니의 장례예배에도 참석하지 않았습니다. 결국 아들도 교회 생활을 지속하지 못하고 공동체를 떠났습니다.

19 주께서는 주의 크신 긍휼로 그들을 광야에 버리지 아니하시고 낮에는 구름 기둥이 그들에게서 떠나지 아니하고 길을 인도하며 밤에는 불 기둥이 그들이 갈 길을 비추게 하셨사오며 20 또 주의 선한 영을 주사 그들을 가르치시며 주의 만나가 그들의 입에서 끊어지지 않게 하시고 그들의 목마름을 인하여 그들에게 물을 주어 21 사십 년 동안 들에서 기르시되 부족함이 없게 하시므로 그 옷이 해어지지 아니하였고 발이 부르트지 아니하였사오며 22 또 나라들과 족속들을 그들에게 각각 나누어 주시매 그들이 시혼의 땅 곧 헤스본 왕의 땅과 바산 왕 옥의 땅을 차지하였나이다_느 9:19~22

광야 1세대가 패역함으로 가나안 땅에 들어가지 못했어도 하나님은 그다음 세대는 들어가게 허락하셨습니다. 약속의 땅에 들어가 그 땅을 차지하기까지는 시간이 걸립니다. 아브라함이 갈대아 우르에서 나와 야곱의 가족이 70명이 되기까지도 오랜 시간이 필요했습니다. 그토록 오랜 시간 동안 주님은 계속 긍휼을 베풀어 주셨습니다. 그렇습니다. 아무리 오래 걸려도 주님은 결코 우리를 버리지 않으시고, 결국은 약속의 땅에 들어가게 하십니다.

하나님께서는 의사 부인의 가정에도 지속적으로 긍휼을 베푸셨습니다. 부인이 세상을 떠난 후, 입시 실패로 구원의 초석이 된 큰딸이 교회에서 목자로 섬기고 있습니다. 그리고 얼마 전 저에게 이런 편지를 보내왔습니다.

목사님, 제가 처음 예수님을 믿을 때 그러셨지요. 제가 저희 집안의 복의 근원이라고요. 왜 그러셨어요. 복의 근원이 되려니 제 인생이 참 힘이 듭니다. 육적·정신적으로 저와 아빠에게 더할 수 없이 좋은 엄마였기에 처음엔 목사님 말씀을 인정하기 어려웠어요. 그런데 믿음을 떠난 남동생과 가족을 지켜보면서 그 말씀을 이해하게 됐습니다. 그래서 며칠 전, 목장 지체의 어머니께 병문안하며 울면서 말씀드렸어요.

"우리 어머니는 돌아가시기 전에 남동생을 불신자와 결혼시키시고, 남편과 자녀에게 예수 믿으라는 말씀을 안 하셨습니다. 그래서 지금 가족이 다 믿음을 떠나 흩어져 버렸어요. 제발 이 기회를 놓치지 마세요. 구원을 위해 이만큼 좋은 기회가 없으니 가족에게 다른 무엇보다 예수님을 열심히 믿으라고 말씀하세요."

목사님, 왜 저는 뭐든지 더디 갈까요? 어떤 것보다 믿음을 전하고 가야 한다는 걸 진작 알았다면 아빠도, 남동생과 여동생도 신앙을 유지할 수 있었을 텐데……. 그걸 깨닫지 못하는 엄마와 저 때문에 목사님도 하나님도 얼마나 답답하셨을까요?

믿음 안에서 엄마를 객관적으로 보게 된 자매는 이제야 다른 가족에 대한 애통함이 생겼다고 했습니다. 형제간의 재산 다툼으로 소송 중에 있는 아버지가 재산을 잃더라도 믿음으로 돌아오기만을 바란다고 기도를 부탁했습니다. 그러기 위해서 구체적으로 아버지가 두 집 살림을 하는 여자, 아버지와 함께 살고 있는 분을 '엄마'라고 부르겠다고 적용했습니다. 인간적으로는 정말 인정하기 싫지만 아버지의 구원을 위해 순종하겠냐고 했습니다. 얼마 전에는 찾아가서 "얼마나 힘드시냐"고 안부도 묻고 이런저런 이야기를 나눴다고 합니다.

연약해도 그 어머니가 첫 믿음이 되어 주님을 영접했기에 주께서 그 믿음을 인정하시고 자녀를 감찰해 주셨다고 생각합니다. 저는 자매의 메일에 답장하면서 "이 땅에서 별 인생이 없지만 예수 믿는 네가 별 인생이다. 안 믿는 가족에게 별을 나눠 주는 사람이 되라"고 했습니다. 자매가 그 여자분을 '엄마'라고 부르는 것만으로도 아버지와 형제들에게 믿음의 본이 될 것입니다. 위기의 때에 구원을 주시는 주님께서 자매를 통해 그 가정에 구원을 베푸시고, 미움과 상처의 홍해를 건너게 하실 것을 믿습니다.

† 내가 수고해서 집도 장만하고, 돈도 벌고, 자식도 잘 키운 것 같아서 목이 굳어졌습니까? 주께서 주신 것을 누리지 못하고 학벌과 외모, 재물의 금송아지를 부어 만들고 있지는 않습니까? 그럼에도 불구하고 계속 긍휼을 베푸시는 주님 때문에, 내가 죽은 후에라도 내 자손들이 약속의 땅을 차지하고 구원받게 될 것을 믿습니까?

주께서 주시는 양식은
땅의 것이 아닌 하늘의 양식입니다.
그래서 먼저 영이 회복되어야 합니다.
영의 양식으로 예배가 회복되면
육적인 것은 저절로 회복됩니다.
모든 문제의 해결은
예배의 회복에 있기 때문입니다.

 말씀으로 기도하기

나를 자녀 삼으신 주께서 모든 것을 내게 주십니다. 위기의 때에 구원으로 나를 살리시고, 영과 육의 양식으로 먹이고 입히십니다. 주께서 주신 것을 잊어버리고 깨닫지 못하기에 영과 육이 가난하고 굶주린 삶을 사는 것을 알게 하옵소서. 내가 불순종해도 끝까지 긍휼을 베푸시고 구원해 주시고 약속의 땅을 차지하게 하신 하나님을 찬양합니다.

위기의 때에 구원을 주셨습니다(느 9:9~12).

위기의 때에 구원을 주신 주께 감사드립니다. 배신과 부도, 질병의 고난 속에서 주께서 베푸신 구원을 간증하며 하나님을 선포하기 원합니다. 인생의 바다 가운데를 육지같이 통과하게 하시고, 낮에는 구름 기둥으로 인도하시고, 밤에는 불 기둥으로 우리가 행할 길을 비추어 주옵소서.

영과 육의 양식을 주십니다(느 9:13~15).

날마다 영과 육의 양식을 주시는 주께 감사드립니다. 말씀을 삶에 적용할 때 육적인 필요까지 채워 주실 줄 믿습니다. 감사함으로 안식일을 지키고 내 시간과 재물을 드리기 원합니다. 무엇보다 날마다 주시는 말씀을 나의 구속사로 알아듣는 믿음을 허락해 주옵소서.

불순종하고 배반해도 끝까지 은혜와 긍휼을 베푸십니다(느 9:16~22).

내가 불순종하고 배반해도 끝까지 은혜와 긍휼을 베푸시는 주님을 찬양합니다. 주께서 주신 것으로 내 배를 채우는 교만과 불순종을 회개합니다. 그럼에도 긍휼을 베푸시는 주님으로 인해 나와 가족이 약속의 땅을 차지하게 인도하옵소서.

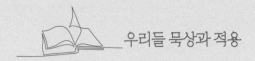

유복한 불신가정에서 태어난 저는 부모님의 사랑을 받으며 자랐습니다. 그러다 사업을 하던 아버지께서 갑자기 간암으로 돌아가시고, 회사는 공중분해 되었습니다. 이후 저는 학벌 좋은 남편을 만나 함께 외국 유학을 가기로 하고 서둘러 결혼했습니다. 그 후 계획대로 유학을 다녀왔지만, 남편은 시간강사 봉급으로는 도저히 살 수 없다며 주식을 시작했습니다. 결국 주식으로 빚만 지고 생활이 더 어려워지자, 비로소 제게 말씀이 들리기 시작했습니다. 나의 고난을 감찰하시며 나의 부르짖음을 들으시는 주께서 내 안의 애굽 가치관을 끊으려고 망하는 사건을 주셨음이 깨달아진 것입니다(느 9:9).

남편은 전임교수가 될 것 같다가도 매번 임용에 탈락했습니다. 게다가 주식 손해로 저희 가정은 아파트 보증금도 잃고 변두리로 이사를 해야만 했습니다. 이렇게 더는 내려갈 곳이 없게 되자 남편은 억지로 교회에 나오기 시작했습니다. 남편과 제가 구속사의 말씀을 들으며 영적으로 회복되니 하나님은 육의 양식도 해결해 주셨습니다. 남편이 장학금과 연구비를 받게 해 주셔서 굶주리지도 목마르지 않도록 저희 가정에 은혜를 베풀어 주신 것입니다(느 9:15).

그런데 정작 문제는 저였습니다. 두 아이를 키우며 힘겨워하던 중 생각지 못한 임신을 하게 되자 저는 낙태를 하고 말았습니다. 이 사실을 고백하자 남편은 부부간의 신뢰가 깨졌다며 당장 저와 이혼하고 싶다면서 교회에 발길을 끊었습니다. 이후 저는 교회에 가도 떳떳하지 않고 사람들을 피하고만 싶었습니다. 그런데 그즈음 목사님께서 남편의 안부를 물으시며 "집사님이 더디 가는 만큼 남편도 더디 오는 거예요"라고 말씀해 주셨습니다. 그 말씀을 듣고 제가 얼마나 위선자에 죄인인지 마음이 찔려 견딜 수가 없었습니다. 그래서 그날 교회 홈페이지의 큐티 나눔에 "나의 죄악이 중대하오니 주의 이름으로 사해 달라"는 글을 올렸습니다. 교회 지체들은 저를 위해 함께 울어 주었고, 저는 저 자신이 100퍼센트 죄인인 것이 인정되어 주님께 뜨거운 회개와 감사의 기도를 드렸습니다.

그동안 남편의 수모와 비난이 저를 치는 것 같았는데, 회개와 감사의 기도를 드리니 섬기는 것이 저절로 되고 남편을 향한 원망과 미움도 없어졌습니다. 참으로 이 모든 사건이 하나님께서 치시는 사건이 아닌 베푸시는 사건이었음을 고백합니다(느 9:10). 은혜로우시며 더디 노하시는 주님이 저 같은 죄인에게도 긍휼을 베푸셨듯이, 남편에게도 동일한 은혜를 베풀어 주시기를 기도합니다(느 9:17).

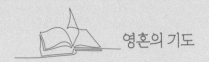 영혼의 기도

하나님 아버지, 주께서 우리에게 베푸신 것을 생각할 때마다 한없는 감사와 찬양을 드려도 부족함을 고백합니다.

그런데도 힘든 일을 당하면 주님이 베푸시는 사건으로 받지 못하고 편하게만 살고 싶은 마음이 있습니다. 주께서 주신 것을 돌아보지 못하고, 더 주시기만 바라는 마음도 있습니다.

우리 인생의 순간마다 주께서 모든 것을 주셨는데, 스스로 우두머리를 세우고 자꾸 세상으로 돌아가려는 저희를 불쌍히 여겨 주옵소서.

그런 우리를 돌이키시려고 우리에게 허락하신 고난이 주께서 치시는 사건이 아니라 베푸시는 구원의 사건임을 믿사오니, 영의 양식인 말씀을 잘 받아먹게 하옵소서. 말씀의 힘으로 예배가 회복될 때 육적인 문제도 해결될 줄 믿습니다.

내가 할 수 있는 것은 아무것도 없고, 오직 긍휼을 베푸시는 주님 때문에, 나를 버리지 아니하시고 떠나게 아니하시는 주님 때문에 살아가는 것임을 알게 하옵소서.

모든 것을 주신 주께서 앞으로도 모든 것을 주시고 구름 기둥, 불

기둥으로 인도하실 것을 믿습니다. 감당하기 힘든 환경 가운데 있을지라도 주께서 주신 것들을 누리며 약속의 땅을 차지할 수 있도록 인도하옵소서. 예수님 이름으로 기도하옵나이다. 아멘.

07

주께서 베푸신 큰 복

느헤미야 9장 22~38절

_____하나님 아버지,
주께서 베푸신 큰 복을 받기 원합니다.
각자의 환경에서 베푸시는 복을 받기 원하오니
말씀해 주옵소서. 듣겠습니다.

평생 모은 재산을 사회에 환원한 기부자들에 대한 기사를 읽었습니다. 어느 신문사에 10년 동안 1억 원 이상 기부한 사람이 25명인데, 그 중 68퍼센트인 17명이 60대에서 80대 할머니라고 합니다. 서울대학교 곽금주 교수는 "힘들고 가난한 시절 기억을 가진 할머니들이 다른 사람의 아픔을 공감하는 능력이 뛰어나기 때문"이라며 이 현상을 분석했습니다.

내가 아픈 기억을 가졌다는 것 자체가 남을 도울 수 있는 능력입니다. 남자들은 대부분 외부의 요청으로 기부를 하는데, 할머니들은 자발적으로 기부를 한다고 합니다. 할머니들처럼 자신의 힘든 경험을 바탕으로 다른 힘든 사람을 도울 때, 도움받는 사람들은 얼마나 기쁘겠습니까!

여러분은 인생을 살면서 어떤 도움을 받고 감사했습니까? 어떤 것을 베풀어서 남을 기쁘게 했습니까? 우리는 살면서 누군가의 장학금 기부로 학자금 도움을 받기도 하고, 십시일반으로 기부하는 손길의 도움을 받기도 합니다.

여러분은 장학금 정도가 아니라 평생을 책임져 주시는, 아니 우리 영혼을 책임져 주시는 주께서 베푸신 큰 복에 감사하고 있습니까? 주께서 어떤 큰 복을 여러분에게 베푸셨습니까?

주께서 베푸신 큰 복, 첫째는 자손의 복입니다

22 또 나라들과 족속들을 그들에게 각각 나누어 주시매 그들이 시혼의 땅 곧 헤스본 왕의 땅과 바산 왕 옥의 땅을 차지하였나이다 23 주께서 그들의 자손을 하늘의 별같이 많게 하시고 전에 그들의 열조에게 들어가서 차지하라고 말씀하신 땅으로 인도하여 이르게 하셨으므로 _ 느 9:22~23

하나님은 아브라함에게 "내가 너로 큰 민족을 이루고 네게 복을 주어 네 이름을 창대하게 하리니 너는 복이 될지라"(창 12:2) 약속하셨습니다. 그리고 그 약속을 이루시고 자손의 복을 베풀어 주셨습니다. 아브라함 한 사람을 갈대아 우르에서 불러내시고, 3대 만에 그 자손이 70명이 되어 애굽에 들어가고, 다시 70명이 400년 만에 200만 명이 되어 출애굽했습니다. 그리고 광야 1세대를 거쳐 그 자손들이 젖과 꿀이 흐르는 가나안 땅에 들어갔습니다. 이것이 기적 아니면 무엇이겠습니까.

154

한 명이 70명이 되기까지도 너무 어려웠습니다. 하나님은 아브라함의 아들 이스마엘과 이삭 중에서 능력 있는 이스마엘이 아니라 이삭을 골라내셨습니다. 이삭의 아들인 에서와 야곱 중에서는 사냥 잘하고 효자인 에서가 아니라 돈 좋아하고 여자 좋아하는 야곱을 골라내셨습니다. 결국 이스마엘은 떠나고, 에서는 자기 곳으로 갔습니다. 내 아들이라도 믿음으로 데리고 가기가 이렇게 어렵습니다. 하나님께서 때마다 골라내고 가지치기를 하신 결과, 야곱이 아들들을 데리고 애굽으로 간 것입니다. 그때 야곱과 함께한 사람이 70명입니다.

나 한 사람 믿어서 가족을 전도하기가 이토록 힘듭니다. 그래서 모태신앙이 중요하고 믿음의 결혼이 중요한 겁니다. 내가 그 집안을 전도하겠다면서 불신자와 결혼해도 평생 전도를 못 하는 경우가 허다합니다. 게다가 이스라엘 백성이 출애굽하여 가나안에 들어가기까지도 쉽지 않았습니다. 수많은 전쟁을 거치며 약속의 땅을 차지했고, 이어지는 이스라엘의 역사를 통해 추리고 또 추려서 예수님이 이 땅에 오셨습니다.

초대교회 시절 로마의 박해를 받을 때는 또 어땠습니까? 그리스도인들은 지하 공동묘지 카타콤에서 믿음의 역사를 이어 갔습니다. 당시 최고의 풍요를 누리던 로마 문화가 너무 방탕했기 때문에 로마 여인의 순결을 믿지 못한 로마인들이 히브리 처녀를 데려다가 결혼했다고 합니다. 그렇게 결혼한 히브리 여인들은 로마인 남편을 변화시키지는 못해도 그 자녀들을 믿음으로 양육했습니다. 이런 과정을 거쳐 A.D. 313년에 기독교가 공인되고 A.D. 380년에는 마침내 기독교가 로마의 국교가 된 것입니다.

이후로도 끊임없는 하나님의 가지치기로 루터의 종교개혁이 일어나 개신교가 세워졌습니다. 무엇보다 선교사들을 통해 복음이 우리나라에도 전해져 우리도 믿음의 후손이 되었습니다. 지금 이 순간에도 세계 곳곳에 복음이 선포되고 믿음의 자손들이 늘어 가고 있습니다. 하나님은 한 사람 아브라함에게 주신 약속의 말씀대로 하늘의 별같이 많은 믿음의 후손을 허락하셨습니다.

24 그 자손이 들어가서 땅을 차지하되 주께서 그 땅 가나안 주민들이 그들 앞에 복종하게 하실 때에 가나안 사람들과 그들의 왕들과 본토 여러 족속들을 그들의 손에 넘겨 임의로 행하게 하시매 25 그들이 견고한 성읍들과 기름진 땅을 점령하고 모든 아름다운 물건이 가득한 집과 판 우물과 포도원과 감람원과 허다한 과목을 차지하여 배불리 먹어 살찌고 주의 큰 복을 즐겼사오나_느 9:24~25

아브라함 한 사람이 70명이 될 때까지 200년이 걸렸는데, 애굽에서 400년을 지내면서는 70명이 200만 명이 됐습니다. 처음보다 하나님께 돌아오는 시간이 빨라지고 숫자도 많아졌습니다. 왜 그렇습니까? 노예 생활 400년의 훈련을 거치면서 이스라엘의 영적 실력이 높아졌기 때문입니다.

마찬가지로 광야 40년의 고난의 훈련을 통해 믿음의 실력이 늘어나면 견고한 성읍들과 기름진 땅을 점령할 수 있게 됩니다. 견고해서 도저히 복음을 받아들일 것 같지 않던 사람에게도, 기름진 땅처럼 부족할 게 없는 사람에게도 담대히 복음을 전하게 되는 것입니다. 그렇게 영적으로 강성해지면 육적으로도 풍성함을 누리게 됩니다.

믿음의 조상 아브라함과 이삭과 야곱을 통해 그 자손이 주의 큰 복을 즐기게 되었지만, 정작 아브라함이나 이삭, 야곱은 살아서는 이 복을 보지 못했습니다. "너는 복이 될지라"(창 12:2)는 약속의 말씀을 믿고, 자손이 누릴 큰 복을 믿음의 눈으로 바라보고 갔을 뿐입니다.

저는 4대째 모태신앙인이고 자녀들과 손녀들까지 헤아리면 믿음의 5대, 6대를 이루었습니다. 그렇다고 온 가족이 다 믿음을 갖게 된 것은 아닙니다. 아직 믿지 않는 가족도 많고 믿기는커녕 제가 목회를 한다고 무시하는 가족도 있습니다. 그러나 믿음의 조상이 있어 저와 자녀들이 영육 간에 복을 누리게 된 것처럼, 저 한 사람을 통해 하늘의 별같이 많은 사람이 믿음의 자손이 될 것을 믿습니다. 당장 내 눈앞에 보이지 않더라도 내가 믿음을 물려주고 갈 때 내 자손들이 주의 큰 복을 즐기게 될 줄 믿습니다.

오늘 예수님을 믿고 따르는 나 한 사람으로 인해 하늘의 별같이 많은 믿음의 후손이 세워집니다. 그것을 믿음의 눈으로 바라볼 때 지금 당하는 고난 중에도 주의 큰 복을 누리게 됩니다.

† 가족 중에 혼자 예수님을 믿으면서 힘들게 영적 전쟁을 치르고 있습니까? 400년 노예 생활, 40년 광야 훈련을 거쳐도 전도가 안 될 것 같은 사람에게 복음을 전해 본 적이 있습니까?

† 내 자녀가 지금 당장 변하지 않는다고 낙심하고 있지는 않습니까? 힘들수록 내 곁의 힘든 다른 지체들을 돕기로 결단합니까? 그럴 때 언젠가 내 가족도 믿음으로 돌아오고 나로 인해 하늘의 별같이 많은 믿음의 자손이 세워질 것을 믿습니까?

주께서 베푸신 큰 복, 둘째는 긍휼의 복입니다

25 그들이 견고한 성읍들과 기름진 땅을 점령하고 모든 아름다운 물건이 가득한 집과 판 우물과 포도원과 감람원과 허다한 과목을 차지하여 배불리 먹어 살찌고 주의 큰 복을 즐겼사오나 26 그들은 순종하지 아니하고 주를 거역하며 주의 율법을 등지고 주께로 돌아오기를 권면하는 선지자들을 죽여 주를 심히 모독하였나이다
_느 9:25~26

주께서 큰 복을 주셔서 아름다운 물건으로 가득한 집과 우물과 포도원, 감람원을 차지하고 온갖 것으로 살이 쪘는데 25절 마지막을 보니 "즐겼사오나"로 끝납니다. 성경에서 '그러나'가 나올 때는 항상 긴장해야 합니다. 뭔가 수상한 겁니다.

하나님께서 이스라엘 백성에게 기막히게 좋은 환경을 주셔서 이들이 주의 큰 복을 즐겼습니다. '그러나' 곧 그들이 하나님을 거역하기 시작했습니다. "주의 율법을 등지고"에서 '등지다'는 긴요하게 입던

옷도 도망갈 때는 다 버리고 간다는 뜻입니다. 또 이 말은 제물로 쓸 짐승을 잡으면서 몸속의 더러운 것을 꺼내어 버릴 때 쓰는 표현입니다. 이스라엘이 그런 식으로 하나님의 율법을 버렸다는 겁니다.

그들이 광야에서 애굽을 그리워하고 불평하며 불순종했던 이유가 무엇인가요? 배고프고 힘들었기 때문입니다. 그런데 본문에 나오는 불순종은 하나님께서 배불리 먹여 주셔서 살이 찌니까 교만해져서 행한 불순종입니다. 다시 말해, 이들의 행위는 주의 율법을 더럽고 거추장스러운 것처럼 버리고 교만하게 행하는 '극도의 패역'입니다.

게다가 그들이 주께로 돌아오기를 권면하는 선지자를 죽였다고까지 합니다. 여러분, 이 말씀을 문자적으로 해석하여 '나는 선지자를 죽인 적이 없어. 나하고는 상관없는 말씀이야' 하고 지나치면 안 됩니다. 선지자를 죽였다는 것은 선지자가 전하는 말을 무시하고 듣기 싫어하는 태도까지 포함한 것입니다. 지체들이 불신결혼을 하면 안 되고, 이혼은 하나님의 뜻이 아니라고 권면할 때 배부르고 교만해져서 "나는 불신결혼을 해도 얼마든지 전도할 수 있고, 이혼해도 얼마든지 잘살 수 있다"고 반박하는 것이야말로 율법을 버리고 선지자를 죽이는 행동입니다.

> 그러므로 주께서 그들을 대적의 손에 넘기사 그들이 곤고를 당하게 하시매 그들이 환난을 당하여 주께 부르짖을 때에 주께서 하늘에서 들으시고 주의 크신 긍휼로 그들에게 구원자들을 주어 그들을 대적의 손에서 구원하셨거늘_느 9:27

긍휼은 '창지가 끊어지는 것 같은 고통'입니다. 율법을 버리고 선지자를 죽여 주를 모독하는 우리, 긍휼히 여길 가치가 없는 우리에게 주께서 긍휼을 베푸십니다. 패역한 우리에게 대적을 붙이신 것도 주의 긍휼이고, 그 대적의 손에서 구원하신 것도 주의 긍휼이라는 겁니다. 나를 사랑하시기에 나를 돌아오게 하시려고 크신 긍휼을 베푸시는 주님이십니다.

> 그들이 평강을 얻은 후에 다시 주 앞에서 악을 행하므로 주께서 그들을 원수들의 손에 버려 두사 원수들에게 지배를 당하게 하시다가 그들이 돌이켜 주께 부르짖으매 주께서 하늘에서 들으시고 여러 번 주의 긍휼로 건져내시고_느 9:28

그런데 평강을 얻고 나니까 다시 주 앞에서 악을 행합니다. 환경에 장사가 없습니다. 뒷마당에 있는 재래식 화장실을 쓸 때는 수세식 화장실만 있어도 소원이 없겠다고 했는데, 이제는 화장실이 안방까지 들어왔습니다. 아이러니하게도 환경이 좋아지고 편해질수록 게을러지고 환경에 만족하지 못하는 것이 우리의 실상입니다.

그래서 주님이 다시 악을 행한 우리를 버리셨을까요? 크신 긍휼로 우리를 구원하신 주님은, 우리가 다시 악을 행할지라도 여러 번 긍휼을 베푸십니다. 우리가 선지자를 죽이면 대적을 붙이셔서 부르짖게 하시고 크신 긍휼을 베푸십니다. 그리고 또 우리는 악을 행하고 주님은 또 긍휼을 베푸시고, 우리는 악을 행하고 주님은 또다시 긍휼을 베푸시고…….

이토록 우리를 사랑하시는데도 우리는 늘 주님을 배반합니다. 28절을 다시 보세요. 그들이 "주 앞에서" 악을 행했다고 했습니다. 그런데 여러분, 눈앞에서 내가 신뢰하는 사람에게 배반당한다고 생각해 보세요. 그 고통은 두고두고 잊지 못할 것입니다. 마찬가지로 우리가 주님을 배반하는 것이 얼마나 주님의 마음을 아프게 하는지 모릅니다. 사람에게 배반당한 경험은 하나님의 마음을 이해하는 데 여러모로 도움이 됩니다. 그러니 남편이, 아내가 나를 배신했다고 슬퍼하지 마세요. 자식이 나를 배반했다고 화내지 마세요. 그렇게 수도 없이 주님을 배반한 나를 주님은 끝없이 긍휼히 여기십니다. 창자가 끊어지는 애통함으로 나를 돌아보시고 대적의 손에서 건져 내십니다.

> 다시 주의 율법을 복종하게 하시려고 그들에게 경계하셨으나 그들이 교만하여 사람이 준행하면 그 가운데에서 삶을 얻는 주의 계명을 듣지 아니하며 주의 규례를 범하여 고집하는 어깨를 내밀며 목을 굳게 하여 듣지 아니하였나이다_느 9:29

주께서 나를 경계하시는 목적이 무엇입니까? 나로 주의 율법을 복종하게 하시려는 것입니다. 우리는 사업이 부도나고 실연을 당하는 등 내 힘으로는 어찌할 수 없는 고난을 만나면 저절로 율법에 복종하게 됩니다. 큐티도 열심히 하게 되고, 안 나가던 새벽기도도 나가고, 설교 말씀도 다 내게 주시는 말씀으로 들립니다. 그렇게 주께서 나로 율법을 복종하게 하시려고, 즉 말씀대로 살아가게 하시려고 고난으로 나를 경계하시는 것입니다.

우리가 그것을 알고 미리 말씀에 복종하면 얼마나 좋겠습니까? 그러나 우리는 워낙 고집이 세서 고난 없이는 말씀에 복종하기가 어렵습니다. 고난이 와서 잠시 복종하는 듯해도 조금만 편안해지면 말씀을 등지는 게 우리 믿음의 현주소입니다. 큐티도 등지고, 성경책도 일주일 내내 가방 속에서 꺼낼 생각조차 하지 않습니다. 고난 중에는 꿀송이처럼 달던 말씀이 이제는 듣기도 싫어집니다. 자꾸 순종하라니까 듣기 싫어서 어깨를 내밀며 목을 굳게 합니다. 29절에 '어깨를 내미는 것'은 황소가 멍에를 지지 않으려고 고집스럽게 구는 행동입니다. 주님의 멍에가 지기 싫어서 고집을 피우며 어깨를 내미는 모습입니다.

죄는 내 소견에 옳은 대로 행하는 것입니다. 율법에 복종하지 않고 내 뜻대로 살려는 것입니다. 그래서 우리가 죄를 짓지 않으려면 말씀을 봐야 하고 공동체에서 그 말씀을 나눠야 합니다. 말씀을 보지도 않고 나누지도 않으면서 주님이 내 가정을 지키고 내 사업을 지켜 주시길 원한다면 그것이야말로 어깨를 내밀고 고집을 피우고 있는 것입니다. 그런 어리석은 고집 때문에 고통의 멍에를 지는 사람이 너무나 많습니다. 불륜을 저지르고는 들킬까 봐 쉬쉬하면서 '이것이 사랑의 고통이라면 고통을 택하겠다'는 것이 어리석은 황소고집입니다. 주식과 도박으로 돈을 잃고 힘들어하면서도 대박의 꿈을 버리지 못해 전전긍긍하는 것이 고통의 멍에를 지는 황소고집입니다.

예수님은 "수고하고 무거운 짐 진 자들아 다 내게로 오라 내가 너희를 쉬게 하리라 나는 마음이 온유하고 겸손하니 나의 멍에를 메고 내게 배우라 그리하면 너희 마음이 쉼을 얻으리니 이는 내 멍에는 쉽고 내 짐은 가벼움이라"(마 11:28~30) 하셨습니다.

주님은 '나의 멍에를 메고 배우라'고 하세요. 그러니 고집을 피우며 멍에를 지지 않으려고 내 어깨를 내밀지 말고, 이제부터라도 세상 멍에가 아닌 하나님의 멍에를 지시기 바랍니다. 주님의 멍에를 메면 주님께 배울 수 있습니다. 주님의 멍에를 메고 율법에 복종하는 것이 쉼을 얻는 비결입니다.

> 그러나 주께서 그들을 여러 해 동안 참으시고 또 주의 선지자들을 통하여 주의 영으로 그들을 경계하시되 그들이 듣지 아니하므로 열방 사람들의 손에 넘기시고도_느 9:30

내가 주님의 말씀을 거부하고 어리석게 황소고집을 피워도 주께서 여러 해 동안 참으십니다. 여기서 '참다'는 '메다, 이끌다, 당기다'라는 뜻을 가지고 있습니다. 단순히 일회적인 참음이 아니라 적극적으로 메고, 이끌고, 당겨서 옳은 데로 돌아오게 한다는 의미입니다. 크신 긍휼을 베풀고 또 긍휼을 베푸셔도 내가 여전히 돌아오지 않으니까, 주님이 온갖 방법으로 메고 이끌고 당기시며 나를 참으십니다.

나를 적극적으로 이끌어 가시려고 선지자를 보내서 경계하시는데 그래도 듣지 않으니까 열방 사람들의 손에 붙이신 겁니다. 그러나 주님의 멍에를 지지 않으려고 자꾸 어깨를 내밀면 고통의 멍에를 질 수밖에 없습니다. 계속 고집을 피우고 율법에 복종하지 않으면 열방 사람들의 손에 넘겨져서 더 비참한 길로 가게 될 뿐입니다. 그러니까 여러분, 내가 지금 고난당하는 것은 경계의 말씀을 듣지 않은 내 삶의 결론이 맞습니다. 부도도, 부부 갈등과 자녀 문제도 내가 하나님의 명령을 듣지 않아서 생긴 일이라는 겁니다.

> 주의 크신 긍휼로 그들을 아주 멸하지 아니하시며 버리지도 아니하 셨사오니 주는 은혜로우시고 불쌍히 여기시는 하나님이심이니이 다_느 9:31

성도의 역사는 죄의 역사입니다. 우리는 하나님의 은혜가 없으면 잠시도 올바르게 서 있을 수 없는 존재입니다. 그래서 앉으나 서나 하나님은 창자가 끊어지는 긍휼로 우리를 위해 애통해하십니다. 나를 아주 멸하지도 버리지도 않으시고 한없는 은혜와 긍휼을 베풀어 주십니다. 하나님께로 영영 돌아오지 못하고 지옥의 영벌에 처해질까 봐 멸하지도 버리지도 않으시고 고난을 주셔서라도 나를 인도해 가십니다. 내가 결혼도 못 하고 집도 없고 돈도 없고 병에 걸렸어도 그렇습니다. 어떤 고난 가운데 있더라도 예수님을 믿어 주의 크신 긍휼을 받은 나는 이 세상에서 가장 귀한 사람입니다.

† 나는 어떤 고난으로 말씀을 사모하고 율법에 복종하게 됐습니까? 그 은

혜를 잊어버린 채 평강을 얻은 후에 슬며시 다시 악을 행한 적은 없습니까?
† 요즘 내가 어깨를 내밀고 목을 굳게 하여 듣지 않으려는 하나님의 말씀
은 무엇입니까? 그래서 때마다 고난을 주시는 것이 나를 아주 멸하지도 버
리지도 않으시는 주의 크신 긍휼임을 인정합니까?

주께서 베푸신 큰 복,
셋째는 주님과 진실한 관계를 맺는 것입니다

> 우리 하나님이여 광대하시고 능하시고 두려우시며 언약과 인자하
> 심을 지키시는 하나님이여 우리와 우리 왕들과 방백들과 제사장들
> 과 선지자들과 조상들과 주의 모든 백성이 앗수르 왕들의 때로부터
> 오늘까지 당한 모든 환난을 이제 작게 여기지 마옵소서_느 9:32

이스라엘 백성은 자신들이 불순종하고 선지자를 죽이는 악을 행
했어도 주께서 참으시고 긍휼을 베푸셨다고 고백합니다. 그리고 "오
늘까지 당한 모든 환난을 이제 작게 여기지 마옵소서"라고 기도합니
다. 비록 내가 주님의 말을 듣지 않아서 고난당했지만, 내가 당한 고난
은 작은 게 아니라는 것이지요.

남편이 네 번이나 바람을 피우고 밖에서 아들까지 낳은 한 권사
님은 고난 중에도 말씀에 의지해서 살아온 자신이 스스로 기특하게
여겨졌다고 했습니다. 이제 남편이 돌아와서 부부가 함께 목자로 섬

기고 있지만, 자기가 당한 고난은 결코 작은 게 아니라고 했습니다.

> 그러나 우리가 당한 모든 일에 주는 공의로우시니 우리는 악을 행
> 하였사오나 주께서는 진실하게 행하셨음이니이다_느 9:33

이렇게 내가 당한 고난이 작은 것이 아니라고 말한 뒤에는 "그 모든 일에 주는 공의로우시다!"는 고백이 뒤따라 나와야 합니다. 우리가 이렇게 고백할 수 있는 이유는 "나는 악을 행했으나 주는 진실히 행하셨기" 때문입니다.

앞서 말한 권사님은 남편이 돌아와서 잘해 주는데도, '너는 실컷 재미 보고 돌아왔으니 앞으로는 나와 아이들에게 종처럼 헌신해야 한다'는 이기적인 마음을 품었다고 합니다. 그런데 교만하고 이기적인 자신의 모습이 깨달아지니 '내가 당한 모든 일에 주는 공의로우시다'는 고백이 나오게 되었다는 겁니다.

느헤미야 9장의 주제는 '우리는 악을 행하였으나 주님은 진실히 행하셨다'입니다. 여러분의 고난이 작지 않을지라도 그 모든 일에 주는 공의로우십니다. 나에게 돈을 안 주시는 것도 그렇습니다. 돈이 생기면 내가 악을 행할 것을 주님이 아시기 때문입니다. 내가 건강하고 시간이 많으면 음란에 빠질 것을 아시고 건강을 안 주시는 것입니다. 나의 악함을 아시는 주님께서 내게 진실히 대하심으로 돈도 건강도 허락하지 않으신 것을 알아야 합니다.

우리 왕들과 방백들과 제사장들과 조상들이 주의 율법을 지키지 아니하며 주의 명령과 주께서 그들에게 경계하신 말씀을 순종하지 아니하고_느 9:34

가정과 기업, 나라, 어느 공동체든 지도자만큼 성장하고 성숙하게 마련입니다. 교회도 목사만큼 자라고 성숙하게 돼 있습니다. 그래서 지도자가 정말 중요합니다. 그런데 왕들과 방백들과 제사장들이 주의 율법을 지키지 않았다고 합니다. 지도자가 앞장서서 말씀에 순종하지 않았다는 겁니다. 우리가 사는 현실도 그래요. 자기 이익을 따라 율법을 거스르고 교회 내에서도 정치와 이해타산이 판을 칩니다.

2007년 대통령 선거를 앞두고 한 주간지 칼럼에 이런 글이 실렸습니다.

이번 대통령 선거공약을 보면 수준이 초등학교 반장 선거보다 못한 것 같다. 농어민에게도, 중소기업인에게도, 노인에게도, 맞벌이 부부에게도 장밋빛 약속을 남발한다. 이명박 후보는 정부 보증을 통해 신용불량자를 대사면해 주겠다고 약속했고, 정동영 후보는 청년 백수에게 취업장려금을 주고 해외연수도 보내 준단다. 돈은 펑펑 쏟아지는 바닷물이 아닌데 정치인들은 국민 호주머니를 우습게 알고 있다.

양식이 있는 후보자라면 '공짜 약속' 대신 국민에게 고통 분담을 호소해야 한다. 표가 떨어질 줄 알지만 농민과 중소기업은 더 이상 보호와 지원 대상이 아니라고 단호히 말할 수 있어야 한다. 교육·의료 개혁에

칼을 들겠다고 약속해야 한다. 지역 균형 개발이 중요하지만 경제 성장부터 서둘러야 한다고 목소리를 높여야 한다.

노벨 경제학상 수상자인 밀턴 프리드먼 교수가 말한 '공짜 점심은 없다(탄스타플 TANSTAAFL, There Ain't No Such Thing As A Free Lunch)'는 명언 중의 명언이다. 뉴저지의 러트거스대를 고학으로 다닌 그는 끼니를 위해 식당 아르바이트를 하면서 세상에 공짜 점심은 없다는 생각을 했다. 어떤 사람이나 사회가 공짜로는 아무것도 취할 수 없다는 얘기다. 설사 공짜인 것처럼 보여도 감춰진 비용이 발생한다. 북한도 공짜 때문에 거덜 났다고 시인하는데, 이제까지 잘해 오던 한국이 거꾸로 달리고 있으니 안타까운 노릇이다.

선거가 얼마 남지 않았다. 누구를 뽑아야 할지 어려운 선택이 놓여 있다. 공권력과 언론은 흥행 정치나 부추기고 있고, 시민단체들은 특정 이익이나 후보자들의 하수인으로 전락한 느낌이다. 점잖은 학자였던 프리드먼은 공무원 늘리고, 예산 마구 쓰며, '공짜 점심' 약속을 남발하는 정부를 '도둑'이라고까지 악담을 퍼부었다. 화끈한 공약이 아니라 진실을 말하는 후보, 이게 이번 선거의 판단 기준이 돼야 한다.*

* '공짜 점심은 없다'(윤영걸), 매경이코노미(제1434호), 2007. 12. 12

내가 진실을 말할 때 모두가 나를 좋아할 수는 없습니다. 그렇더라도 진실을 말하는 것이 지도자의 책임이며 역할입니다. 귀에 쓴소리를 해서 표를 한 장을 잃는다고 해도 상황을 제대로 파악하고 진실을 말하는 지도자가 세워져야 하고 그런 지도자를 뽑아야 합니다.

> 35 그들이 그 나라와 주께서 그들에게 베푸신 큰 복과 자기 앞에 주
> 신 넓고 기름진 땅을 누리면서도 주를 섬기지 아니하며 악행을 그
> 치지 아니하였으므로 36 우리가 오늘날 종이 되었는데 곧 주께서
> 우리 조상들에게 주사 그것의 열매를 먹고 그것의 아름다운 소산을
> 누리게 하신 땅에서 우리가 종이 되었나이다_느 9:35~36

이스라엘은 주께서 베푸신 큰 복을 받고 눈앞에 주신 기름진 땅
을 누리면서도 주를 섬기지 않고 악행을 그치지 않았습니다. 그러니
이 땅에서 누리는 것이 그리 좋은 게 아닙니다. 예수님도 "낙타가 바
늘귀로 들어가는 것이 부자가 하나님의 나라에 들어가는 것보다 쉬
우니라"(마 19:24) 하셨습니다. 그만큼 천국 가는 길에 가장 방해가 되
는 것이 재물이라는 말입니다. 결국 재물 욕심은 육신의 정욕, 안목의
정욕, 이생의 자랑과도 연결됩니다.

서두에 언급된 기사에서 1억 원 이상 기부자의 삶을 취재하면서
기부 후의 삶을 살펴봤는데, 그 내용이 주목할 만합니다. 한 할머니의
아들은 손자가 다니는 학교에 장학금을 기부한 어머니를 긍정적으로
생각했다고 합니다. 그러다 IMF 외환 위기로 형편이 어려울 때는 잠
시 어머니가 원망스러웠다고 합니다. 하지만 자기 아들이 학교에서
할머니의 동상을 봤다며 할머니를 자랑스러워하는 걸 보면서 자신도
어머니가 자랑스러웠다고 했습니다.

다른 할머니 한 분은 재산을 기부한 후에 아무도 찾아오는 사람이 없고 유일한 외출이 병원에 다녀오는 것이라고 합니다. 남편의 전처가 낳은 아들까지 공부시키고 손자들을 생선 가시 발라 먹여 가며 사랑으로 키웠는데, 재산을 기부한다고 하니까 어머니가 제정신이 아니라면서 정신병원에 보내야 한다고 했답니다. 그래도 할머니가 기부한 돈으로 장학금을 받은 학생들이 이따금 인사를 드리러 온다고 합니다.

또 다른 분은 힘들게 모은 재산을 기부했더니 돈이 많은 줄 알고 사방에서 기부와 후원을 부탁하더랍니다. 하도 귀찮게 해서 "이제는 내가 먹고 죽으려고 해도 돈이 없다"고 항변했다고 합니다. 다른 할머니도 오랫동안 알던 지인 몇 외에는 주위에 사람들이 다 떠나 버리고, 본인도 다가오는 사람들을 경계하고 의심하게 되었답니다. 결혼한 딸에게 집까지 사 줬지만, 기부한 후에는 딸도 발길을 끊어 지난 추석도 홀로 보냈다고 합니다. 또 몇백억을 기부한 어느 분은 전 재산을 기부했는데도 "자식들에게는 얼마쯤 남겨 주지 않았겠느냐"면서 도움을 요청하는 친지들 때문에 곤란을 겪고 있다고 합니다.

재산을 사회에 환원하고 좋은 일을 했어도 이런 어려움들이 있습니다. 왜 그럴까요? 기부한 분들을 판단하는 것이 아니라, 사람의 이름으로 하는 좋은 일에는 한계가 있기 때문입니다. "너는 구제할 때에 오른손이 하는 것을 왼손이 모르게 하여"(마 6:3)라는 성경 말씀은 모든 것이 주께서 주신 것이지 내 것이 아니라는 걸 생각하라는 뜻입니다. 재산도, 기부도 하나님께서 하게 하시는 것이지 내 힘으로 하는

170

게 아닙니다.

　기부로 도움을 주는 것보다 중요한 것은 관계 맺기에 성공하는 것입니다. 재산을 기부해서 어려운 사람을 도왔는데 가족과 원수가 된다면 그 의미가 퇴색되지 않겠습니까?

　그래서 도움을 베풀기 전에 먼저 할 일은 가족과 자녀에게 주께서 베푸신 복을 알게 하는 것입니다. 우리 앞에 주어진 넓고 기름진 땅이 우리 힘으로 얻은 것이 아니라 주께서 베푸신 큰 복임을 알려 줘야 합니다. 어려서부터 먹을 것, 입을 것, 모든 것이 주께서 베푸신 복임을 가르쳐야 합니다. 그러지 않으면 부모 재산도 다 내 것인 줄 알고 감사를 모릅니다.

　부모의 수입에 따라 부모를 찾는 자녀의 방문 횟수가 결정된다고 하는데, 그토록 효(孝)를 부르짖는 우리나라 사람들이 부모를 방문하는 빈도수가 OECD 국가 중에서 최하위라고 합니다. 요즘 자녀들이 인간성이 나빠서 그런 걸까요? 윤리 도덕적으로 손가락질할 일이 아닙니다. 자식들을 그렇게 키운 게 우리 부모들 아닙니까. 뭐든지 내 힘으로 이룬 줄 알고 감사함을 모르니 자녀들도 받는 걸 당연하게 여깁니다. 그래서 재산을 물려주든 기부를 하든 부모·자식 간에 서로 욕심과 원망의 종노릇을 하는 겁니다.

　　우리의 죄로 말미암아 주께서 우리 위에 세우신 이방 왕들이 이 땅
　　의 많은 소산을 얻고 그들이 우리의 몸과 가축을 임의로 관할하오
　　니 우리의 곤란이 심하오며_느 9:37

이스라엘이 수고한 소산을 이방 왕들이 가져가고 그들의 몸과 가축들까지 임의로 관할한다고 합니다. 승진하고 인정받으려고 몸바쳐 일하다 보니 회사가 나를 임의로 관할합니다. 재산을 모으려고 아득바득 살았더니 돈이 가족을 멀어지게 하고 나를 지배합니다. 평생 회사를 위해 일해도, 전 재산을 기부해도 곤란이 심합니다. 쾌락을 좇다 보니 술 중독, 음란 중독이 되어 쾌락이 나를 임의로 관할하여 곤란이 심합니다.

욕심과 야망을 좇아 달려가는 인생은 결국 죄에 종노릇할 수밖에 없습니다. 내가 쾌락의 종노릇, 돈의 종노릇, 미움과 원망의 종노릇을 하는 것은 결국 내 죄로 인한 것입니다. 내가 하나님을 떠나 돈과 명성과 쾌락을 좇았기 때문에, 곤란을 겪고 있다는 걸 알아야 합니다.

우리가 이 모든 일로 말미암아 이제 견고한 언약을 세워 기록하고 우리의 방백들과 레위 사람들과 제사장들이 다 인봉하나이다 하였느니라_느 9:38

내 죄로 인한 곤란을 어떻게 피할 수 있겠습니까? 그것 역시 내 힘으로는 할 수 없습니다. 내가 당하는 모든 일을 인하여 이제는 하나님과 견고한 언약을 세워야 합니다. 이제라도 하나님과의 관계를 바르게 하겠다고 인봉해야 합니다. 하나님 뜻대로 살겠다고 도장을 꽝꽝 찍어야 합니다.

그러면 어떻게 하는 것이 도장을 찍는 걸까요? 매주 주일예배에 참석하는 것이 하나님 앞에 도장을 찍는 것입니다. 매일 큐티하고, 목장에 참석하고, 믿음의 공동체에 들어가는 것이 하나님과 언약을 세우고 인봉하는 적용입니다.

하나님의 사랑이 느껴지지 않는다는 한 자매가 있습니다. 부잣집에 양녀로 들어가 사랑을 모르고 산 어머니 때문에 자신도 딸을 사랑할 줄 몰랐다는 자매는, 그 딸의 자살을 겪으면서 사랑을 받지도 주지도 못하는 죄의 악순환을 깨달았습니다. 그래서 자신이 죄인인 것은 인정하는데 그 죄를 사해 주시는 하나님의 사랑은 느낄 수 없다고 합니다. 시아버지와 남편도 자살하고, 끊어지지 않는 죄와 고통으로 자매의 삶도 피폐해졌습니다. 공예배와 목장 모임에 적극적으로 참여하면 도움이 될 텐데 집이 멀어서 다니기도 힘든 형편이었습니다. 이 자매가 어떻게 해야 하나님의 사랑을 알고 하나님과의 관계를 바르게 할 수 있을까요?

자매의 목장 지체가 이런 처방을 내렸습니다. 간병인으로 일하는 그 지체는 중병을 앓는 환자들이 다만 몇 년이라도 더 살기 위해 전적으로 의사를 의지하는 걸 보았습니다. 아무리 치료를 잘 받아도 10년, 20년 더 사는 것인데 그 치료에 모든 것을 아낌없이 쏟아붓는다는 것입니다. 그 지체는 "육신의 회복을 위해서도 그만큼 투자하는데 영혼의 회복은 평생이 걸리는 일이고 영원히 살 수 있는 투자이니, 집이 멀어서 다니기 힘들다면 다만 6개월이라도 교회 근처에 방을 얻어 살아보라"고 권했습니다.

주께서 베푸신 큰 복은 이런 것입니다. 우리 인생에 무슨 큰 기쁨이 있겠습니까? 중병이 걸렸다가 나아도 언젠가는 죽을 수밖에 없는 것이 인생입니다. 제한적인 육신의 생명을 위해서도 전 재산을 아끼지 않는데 하물며 영원한 생명을 위해 아낄 것이 무엇이겠습니까?

모든 것이 내 죄로 인한 곤란임을 깨달았다면 이제는 하나님과 언약을 세우고 도장을 찍어야 합니다. 말씀을 듣고 따르겠다고, 예배를 드리겠다고, 목장과 양육에 참석하겠다고 도장 찍고 하나님과의 관계 맺기를 바르게 해야 합니다.

† 내가 저주처럼 여기는 가난과 가족의 자살, 중독의 환난이 있습니까? 그 환난을 작게 여기지 말아 달라고 하나님께 외치고 싶습니까? 그럼에도 주님은 우리에게 진실히 행하셨습니다.

† 주님의 진실함을 외면하고 욕심과 야망을 좇았기에 곤란이 심하다는 걸 깨닫고, 예배와 큐티로 하나님과의 관계를 바르게 하는 데 주력하고 있습니까? 하나님과 언약을 세우고 도장 찍기 위해 내가 당장 적용할 것은 무엇입니까?

남편이, 아내가 나를 배신했다고 슬퍼하지 마세요.
자식이 나를 배반했다고 화내지 마세요.
그렇게 수도 없이 주님을 배반한 나를
주님은 끝없이 긍휼히 여기십니다.
창자가 끊어지는 애통함으로
나를 돌아보시고
대적의 손에서 건져 내십니다.

 말씀으로 기도하기

재산이나 명성을 물려주기보다 주가 베푸신 큰 복을 알게 하는 것이
자손에게도 가장 큰 복입니다. 내 자식이 잘되는 것을 못 보고 떠날지
라도 주가 베푸신 큰 복을 알려 주고 가면 언젠가 믿음의 자손들이 나
를 통해 무수히 세워질 것을 믿습니다.

주께서 베푸신 큰 복, 첫째는 자손의 복입니다(느 9:22~25).

주께서 베푸신 자손의 복으로 인해 감사합니다. 아직은 가족 중
에 믿음의 자녀가 없어도 복음으로 영적 자녀를 낳고 섬기며 갈 때 우
리 가정에도 믿음의 자손이 이어질 것을 믿고 기도합니다. 하늘의 별
같이 많은 믿음의 자손을 허락해 주옵소서.

주께서 베푸신 큰 복, 둘째는 긍휼의 복입니다(느 9:25~31).

끝없이 베풀어 주신 긍휼의 복으로 인해 감사합니다. 나의 고집
을 꺾기 위해 고난으로 훈련하시는 것이 하나님의 긍휼이고 사랑인
것을 깨닫기 원합니다. 주께서 그토록 긍휼히 여기시고 용서하셨음
에도 달라진 것이 없는 저희를 불쌍히 여겨 주옵소서. 이제 더는 세상

에서 종노릇하지 않고 하나님과 견고한 언약을 세우게 하옵소서.

주께서 베푸신 큰 복,
셋째는 주님과 진실한 관계를 맺는 것입니다(느 9:32~38).

나를 끝까지 진실하게 대하시는 하나님으로 인해 감사합니다. 크게만 느껴지는 환난 속에 있어도 그것이 주님께서 진실히 행하시는 은혜임을 깨닫기 원합니다. 하나님을 외면함으로 곤란이 심한 것을 인정하고 하나님의 언약 안에 바로 서기를 기도합니다. 주께서 베푸신 큰 복을 생각하며 이제는 진실함으로 하나님을 섬기고 사람을 섬길 수 있도록 은혜를 내려 주옵소서.

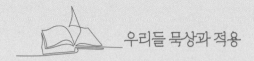 우리들 묵상과 적용

저는 유년 시절 부모님을 따라 교회에 다녔지만, 하나님과의 인격적인 만남은 없었습니다. 그러다 아버지에게 아들 같은 사위를 얻어 드리겠다면서 믿지 않는 사람과 불신결혼을 했습니다. 하지만 남편에게는 신혼 초부터 여자가 끊이지 않았습니다. 저는 배신감으로 만신창이가 되어 하나님을 원망하며 몸과 마음이 황폐해져 갔고, 결국 남편과 이혼했습니다.

그런데 막상 이혼하고 나니 경제적인 어려움은 물론이고 원망과 분노로 죽을 것만 같았습니다. 외로움을 이기지 못하던 저는 이혼자 모임에서 지금의 남편을 만나 사귀었습니다. 그러다가 우리들교회에 와서 "불신결혼과 이혼은 안 된다", "재혼은 천 번 만 번 생각하고 또 생각하라"는 설교 말씀을 듣고 큰 충격을 받았습니다. 그러나 당시 이미 남편과 동거하고 있었기에 목사님의 말씀이 우리와는 상관없다고 여기며 마음속으로 선지자를 죽이는 악을 범했습니다(느 9:26).

이후 교회에서 양육을 받고 '이 정도면 됐겠지' 하는 마음에 목사님께 재혼 승낙을 받으러 갔습니다. 하지만 목사님은 지금의 남편을 전 부인과 재결합시키라는 청천벽력 같은 말씀을 하셨습니다. 그리

고 재혼이어도 이미 혼전순결을 잃은 정욕적인 만남이기에 재혼 주
례를 세 번이나 거절하셨습니다. 그러자 남편은 다른 교회에 가서 결
혼하고 다시 오자고까지 했습니다. 결국 우여곡절 끝에 공동체의 격
려 가운데 경고의 말씀이 있는 목사님의 주례사를 들으며 겨우 결혼
예배를 드렸습니다.

그렇게 원하던 재혼을 했건만, 남편의 두 아이와 저의 아이가 함
께하는 재혼 생활은 결코 평탄할 수 없었습니다. 술, 담배, 가출과 집
단 폭행을 일삼는 남편 아이의 반항이 시작되면서 저는 점점 지쳐 갔
습니다. 그러면서 재혼한 죄책감으로 전처소생의 아이들에게 "No"
하지 못하는 남편의 양육 태도 때문에 숨이 막혔습니다. 결국 부부 사
이에도 불화가 생겼습니다.

저는 목사님이 "재혼은 아프리카 선교보다 힘든 일"이라고 하실
때, 그래도 언어와 풍습이 같은 선교지 아니냐며 고집스럽게 어깨를
내밀던 자였습니다(느 9:29). 결국 멍에를 지지 않으려고 이혼하고, 정
욕으로 재혼했기에 저의 아이도, 남편의 아이들도 상처로 피멍이 들
었습니다. 이제는 상처로 울부짖는 자녀들에게 '이혼 불가'의 교훈을
삶으로 보이기를 원합니다. 재혼의 고난 가운데 저의 죄를 깨닫고 자
복하게 된 것이 저를 진실하게 대하신 하나님의 사랑임을 고백합니
다(느 9:33). 그 사랑으로 아이들을 사랑하며 섬기겠습니다.

하나님 아버지, 주께서 베푸신 큰 복을 생각해 봅니다. 아브라함 한 사람을 통해 하늘의 별같이 많은 믿음의 자손을 허락하시고 약속의 땅을 차지하게 하셨습니다. 그 베푸신 복으로 말미암아 오늘날 우리가 믿음의 자손이 되었습니다.

그럼에도 조금만 배가 부르면 하나님의 법을 멀리할 때가 있음을 고백합니다. 주께서 베푸신 것을 잊고 뭔가 이룬 것 같아서 선지자를 죽여 주를 모독하며, 내 소견에 옳은 대로 행하는 죄가 있습니다. 그래서 도저히 긍휼히 여김받을 수 없는 인생인데, 그럼에도 주님은 크게 긍휼히 여기시고, 또 여러 번 긍휼히 여기시며 여러 해 동안 참아 주셨습니다. 그러므로 내가 당한 고난이 작지 않다고 큰소리치고 싶어도 참으로 할 말 없는 인생입니다.

주님은 제게 참으로 진실하셨습니다. 우리는 악을 행하였으나 주님은 항상 진실하셨습니다. 결국 모든 것이 내 죄로 인한 것임을 고백합니다. 아직도 내려놓지 못한 욕심과 야망 때문에 미움과 쾌락과 중독이 나를 임의로 관할하고 곤란이 심한 것을 알았습니다. 주께서 그토록 긍휼히 여기시고 용서하셨음에도 달라진 것이 없는 우리를 불쌍히 여겨 주옵소서.

　이제 더는 세상의 종노릇하지 않고, 하나님과 견고한 언약을 세
우게 하옵소서. 예배와 큐티로, 목장 모임과 양육으로 도장을 찍으며
하나님의 뜻을 따르겠다고 결단하게 하옵소서. 주께서 베푸신 큰 복
을 생각하며 진실함으로 하나님을 섬기고 사람을 섬길 수 있도록 은
혜를 내려 주옵소서. 예수님 이름으로 기도하옵나이다. 아멘.

08

견고한 언약

느헤미야 9장 37절~10장 30절

_____ 하나님 아버지,
약속을 남발하는 세상에서
자발적으로 주님과 언약을 맺고 인봉하기 원합니다.
말씀해 주옵소서. 듣겠습니다.

우리는 살면서 참으로 많은 약속을 남발합니다. 결혼식에서는 기쁠 때나 슬플 때나 건강할 때나 병들 때나 배우자를 영원히 사랑하겠다고 약속합니다. 새해를 맞이하면 금연과 금주, 일찍 일어나기, 다이어트 등 자신과 약속을 합니다. 가족과 약속하고, 친구와도 약속을 합니다. 나라의 지도자는 국민 앞에서 여러 가지 정책을 추진하기로 약속합니다. 그런데 그 많은 약속이 잘 지켜지지 않는 이유는 무엇일까요? 어떻게 하면 우리의 약속이 견고한 언약이 되어 지켜질 수 있을까요?

하나님과 견고한 언약을 세워야 합니다

우리의 죄로 말미암아 주께서 우리 위에 세우신 이방 왕들이 이 땅의 많은 소산을 얻고 그들이 우리의 몸과 가축을 임의로 관할하오니 우리의 곤란이 심하오며_느 9:37

선기 때마다 정치 지도자들이 부르짖는 공약(公約)이 공약(空約)이 되는 이유, 우리가 하는 많은 약속이 지켜지지 않는 이유가 무엇입니까? '우리의 죄로 인하여 우리의 곤란이 심하다는 것'을 모르기 때문입니다.

내가 죄인이라는 것을 모르는 결혼과 인간관계는 결국 깨질 수밖에 없습니다. 상대방이 못 믿을 인간이어서가 아니라 내 죄로 인하여, 우리의 죄로 인하여 결혼 관계가 깨지고 동업 관계가 깨지는 것입니다.

> 우리가 이 모든 일로 말미암아 이제 견고한 언약을 세워 기록하고 우리의 방백들과 레위 사람들과 제사장들이 다 인봉하나이다 하였느니라_느 9:38

그러므로 이제는 사람이 아닌 하나님과 견고한 언약을 세워야 합니다. 지금까지 하나님께서 우리에게 언약을 베푸셨다면 이제는 우리가 하나님께 언약을 드리고 맹세하여 견고한 언약을 세우고 인봉해야 합니다.

내가 당하는 곤란이 모두 내 죄로 인한 것임을 인정하고, 이제부터 내 뜻이 아닌 주님의 뜻대로 살겠다고 하나님께 약속드려야 합니다. 우리가 먼저 하나님과의 약속을 지킬 때 타인과의 약속도 나 자신과의 약속도 지킬 수 있습니다.

† 순결과 헌신을 맹세한 결혼 언약을 잘 지키고 있습니까? 성실과 발전을 다짐한 회사와 언약을 지키고 있습니까? '나는 잘하는데 당신이 잘못해서', '나는 최선을 다하는데 회사가 안 알아줘서' 언약이 깨졌다고 생각합니까?

† 나와의 언약, 타인과의 언약을 끝까지 지키는 비결은 어떤 상황에서도 내 죄를 먼저 보는 것입니다. 약속을 못 지켜서 깨진 관계를 회복하고자 내가 회개해야 할 죄는 무엇입니까?

지도자와 백성이 하나되어 언약을 지켜야 합니다

그 인봉한 자는 하가랴의 아들 총독 느헤미야와 시드기야,_느 10:1

느헤미야 10장 1절부터 29절까지 보면 견고한 언약에 인봉한 사람들이 나옵니다. 네 부류의 지도자가 인봉하고, 남은 백성이 지도자를 따라서 맹세하고 서원했습니다. 백성은 도장까지 찍을 위치는 아니지만 지도자의 본을 따라 맹세했습니다. 도장을 찍는 것은 약속에 대해 책임을 지겠다는 표시입니다. 지도자 네 부류가 27절까지 84명이 나오는데, 그 이름의 뜻을 살펴보면 50명 이상이 하나님과 관계된 이름을 가지고 있습니다.

네 부류 중 제일 먼저 인봉한 사람이 느헤미야입니다. 느헤미야는 총독으로서 공직자의 신분입니다. 공직자가 항상 중요하기에 먼저 본을 보여야 합니다.

느헤미야의 아비지 하가랴는 '여호와의 흑암'이라는 뜻입니다. 아들 느헤미야의 이름의 뜻은 '여호와의 위로'입니다. 우리가 아무리 힘든 사건이 와도 그렇습니다. 이 일이 하나님께서 베푸시는 사건임을 알 때 흑암 같은 상황에서도 하나님의 위로를 얻을 수 있습니다.

그리고 시드기야는 '여호와는 의로우시다'라는 뜻입니다. 모든 사건이 의로우신 하나님께서 나를 징계하실 필요가 있어서 왔다는 것을 말씀으로 해석할 수 있어야 합니다.

우리나라의 공직자들이 이 느헤미야와 시드기야처럼 어떤 상황에서도 하나님의 옳으심을 인정하며, 견고한 언약에 도장을 찍고 인봉하는 지도자가 되기를 기도합니다.

> 2 스라야, 아사랴, 예레미야, 3 바스훌, 아마랴, 말기야, 4 핫두스, 스바냐, 말룩, 5 하림, 므레못, 오바댜, 6 다니엘, 긴느돈, 바룩, 7 므술람, 아비야, 미야민, 8 마아시야, 빌개, 스마야이니 이는 제사장들이요
> _느 10:2~8

견고한 언약에 인봉한 두 번째 부류는 제사장 가문입니다. 제사장 개인이 아니고 가문으로 모두 21명입니다.

이들 이름의 면면을 살펴보면 '여호와께서 권세를 잡으셨고', '여호와께서 도우셨고', '여호와께서 일어나실 것'이고, '여호와는 나의 왕'이시고, '여호와께서 자라게 하셨고', '하나님은 나의 재판관이 되시고', '여호와는 나의 아버지'이시고, '여호와께서 들으신다' 등으로

186

과연 제사장다운 이름입니다. 하나님만이 권세를 가진 재판관이시며, 말씀하고 도우시는 분임을 고백하는 사람들이 제사장 그룹으로 도장을 찍었습니다.

공직자에 이어 제사장 가문이 인봉한 것을 보면, 정부의 개혁과 더불어 먼저 개혁을 단행해야 할 대상이 교계 지도자임을 알 수 있습니다. 견고한 언약에 동참하는 것은 개혁을 하겠다는 의지이고, 거기에 제일 먼저 본을 보일 사람이 교계 지도자인 것입니다.

우리나라가 선진국 대열에 올라서려면 교계부터 하나님의 견고한 언약에 도장을 찍고 개혁해야 합니다. 기독교와 그리스도인들이 원칙을 지키고 내부의 개혁을 감행할 때 사회와 나라의 개혁을 일으킬 수 있습니다.

에스라 시대에도 이방 여인과 결혼한 제사장이 있었습니다(스 10:18). 예레미야서 6장 13절을 보면 "이는 그들이 가장 작은 자로부터 큰 자까지 다 탐욕을 부리며 선지자로부터 제사장까지 다 거짓을 행함이라"고 증언합니다. 사사시대의 삼손과 기드온도 완전하지 않았습니다. 그런데 이렇게 제사장이 유혹을 많이 받는 이유가 무엇입니까? 그들이 백성의 영적 생활을 책임지는 자들이기 때문입니다. 제사장 하나를 무너뜨리면 교회가 다 무너지기 때문에 사탄이 총공격을 가하는 것입니다. 따라서 영적 지도자는 먼저 자기 자신에게 개혁의 칼날을 대야 합니다.

9 또 레위 사람 곧 아사냐의 아들 예수아, 헤나닷의 자손 중 빈누이,

갓미엘과 10 그의 형제 스바냐, 호디야, 그리다, 블라야, 하닌, 11 미가, 르홉, 하사뱌, 12 삭굴, 세레뱌, 스바냐, 13 호디야, 바니, 브니누요_느 10:9~13

그다음으로 레위 가문의 17명이 도장을 찍습니다. 그 이름의 뜻은 '여호와께서 들으시고', '여호와께서 구원하실 것이고', '여호와께서 나의 영광이 되시고', '여호와께서 구별하시고', '여호와께서 생각하시고', '여호와께서 자라게 하셨다' 등입니다. 13절 마지막에 나오는 '브니누'는 '우리의 아들들'이라는 뜻입니다.

제사장보다 하나님과 관련된 이름이 조금 줄었지만 9장에서 단에 올라서서 부르짖고 기도한 사람 중 몇 명이 여기에 속해 있습니다. 또 에스라가 율법을 낭독했을 때 백성 중에서 가르친 사람들도 이 명단에 있습니다.

레위인은 제사장 밑에서 일하는 실무 담당자입니다. 교계가 도장을 찍고 나면 실무 담당자들 즉, 단에 올라선 지도자가 공개적으로 죄를 고백하며 내적 개혁을 보여 줘야 합니다. 마찬가지로 정치 지도자들이 공약을 실현하려면 실무 담당자들이 레위인처럼 메시지를 전달하고 설득할 실력을 갖춰야 합니다. 정권이 한 번 바뀔 때마다 자리가 200개 바뀌고, 거기서 파생되는 또 다른 자리들이 2만 개가 넘는다고 합니다. 이 자리에 앉는 사람들이 기본에 충실하여 내적 개혁을 보이기를 바랍니다.

14 또 백성의 우두머리들 곧 바로스, 바핫모압, 엘람, 삿두, 바니, 15 분니, 아스갓, 베배, 16 아도니야, 비그왜, 아딘, 17 아델, 히스기야, 앗술, 18 호디야, 하숨, 베새, 19 하립, 아나돗, 노배, 20 막비아스, 므술람, 헤실, 21 므세사벨, 사독, 얏두아, 22 블라댜, 하난, 아나야, 23 호세아, 하나냐, 핫숩, 24 할르헤스, 빌하, 소벡, 25 르훔, 하삽나, 마아세야, 26 아히야, 하난, 아난, 27 말룩, 하림, 바아나이니라

_느 10:14~27

이번에는 백성의 우두머리들이 나옵니다. 그 이름은 제사장이나 레위 사람과는 달리 하나님과 연관되지 않은 이름이 많습니다. '도망치는', '모압의 통치자', '말 못하는', '부유한', '풍부한', '가을 소나기', '완고한', '동맹한', '돼지', '하나님께 구출', '여호와께서 구원하셨고', '사려 깊은', '수군거리는 자', '버림', '자유', '동정심 많은', '헌신된', '고통 중에'…… 이렇게 일반적인 이름을 가진 사람들도 하나님과의 언약에 도장을 찍었습니다.

그런데 느헤미야 7장에 나오는 포로 귀환자 33가문 중에서 18가문만 도장을 찍었습니다. 15가문은 다 어디로 갔을까요?

정부가 세워지고 회사와 교회 조직이 세워질 때 모두가 열심히 공을 세웠어도 33가문 중 18가문만 도장을 찍고 15가문은 이름을 올리지 못할 수 있습니다.

수고한 사람 중에 절반쯤은 자리를 못 얻을 수도 있다는 말입니다. 오히려 모두가 자리를 얻고 이름을 내려 들면 문제가 일어날 수밖

에 없습니다. 열심히 뛰었다면 그것으로 만족하고 자리에 연연하지 말아야 개혁을 이룰 수 있습니다.

15가문이 없어진 반면에 지금까지 알지 못한 이름들도 등장합니다. 아마 이 사람들은 포로로 가지 않았거나 돌아와서 새로운 가문을 세운 사람들로 추측됩니다. 그동안에는 두각을 나타내지 않다가 새롭게 등장해서 믿음의 본을 보이고 있습니다. "나중 된 자로서 먼저 되고 먼저 된 자로서 나중 되리라"(마 20:16)는 말씀처럼, 인생은 마지막까지 가 봐야 압니다. 의외의 사람들이 일을 할 수도 있고, 열심히 했는데 자리를 못 얻는 사람들이 생길 수도 있습니다.

> 28 그 남은 백성과 제사장들과 레위 사람들과 문지기들과 노래하는 자들과 느디님 사람들과 및 이방 사람과 절교하고 하나님의 율법을 준행하는 모든 자와 그들의 아내와 그들의 자녀들 곧 지식과 총명이 있는 자들은 29 다 그들의 형제 귀족들을 따라 저주로 맹세하기를 우리가 하나님의 종 모세를 통하여 주신 하나님의 율법을 따라 우리 주 여호와의 모든 계명과 규례와 율례를 지켜 행하여
> _느 10:28~29

네 부류의 지도자가 본을 보이고 도장을 찍으니까 백성이 저절로 맹세하게 됐습니다. 도장까지 찍을 신분은 안 되지만 지도자가 본을 보이니 백성이 저주로 맹세까지 하면서 율법을 지키겠다고 서원합니다. 세계 일류 국가의 원동력은 오직 국민 화합입니다. 지도자와

백성이 한마음이 될 때 나라도 발전합니다. 자발적으로 백성이 지도 자를 따르고, 성도가 목회자를 따르고, 목원들이 목자를 존경하고 사 랑하고 따라가면 그 나라와 교회, 목장은 강해집니다.

여기서 백성이 저주로 맹세까지 한 것은 내가 저주받더라도 약 속은 꼭 지키겠다는 뜻입니다. 이렇게 맹세할 수 있는 이유는 '우리의 죄로 말미암아 우리가 곤란을 당한 것'을 알기 때문입니다(느 9:37). 나 라의 형편이 힘든 것은 단순히 정부가 잘못해서만이 아닙니다. 각 기 관과 국민 개개인도 우리의 죄로 말미암아 온 곤란을 인정하고 함께 회개해야 합니다.

어떤 상황도 '누구 때문'이 아닙니다. 우리가 그리스도인 지도자 를 가질 그릇이 안 된 탓이고, 교계가 그만큼 사람을 키워 내지 못한 탓입니다. 정직한 기독교 문화를 정착하지 못한 우리의 죄로 말미암 아 곤란을 겪는 것입니다. 이런 공감대가 형성되고 개혁 운동이 일어 날 때 공약이 실현될 수 있고 백성이 견고한 언약에 도장을 찍게 될 것 입니다.

이것을 위해 수문 앞 광장에서 에스라가 율법을 낭독하고 예수 아, 바니 등 레위 사람들이 거듭해서 백성에게 율법을 깨우치게 한 것 입니다. 이처럼 말씀이 제대로 들리면 백성이 자복하고 회개합니다. 지도자와 백성의 화합이 저절로 이루어집니다.

† 나는 가정에서 자녀들이 자발적으로 따르고 싶어 하는 부모입니까?
† 성도들이 따르고 싶은 사역자, 직원들이 따르고 싶은 상사입니까?

자발적으로 견고한 언약을 지키기로 맹세해야 합니다

그 남은 백성과 제사장들과 레위 사람들과 문지기들과 노래하는 자들과 느디님 사람들과 및 이방 사람과 절교하고 하나님의 율법을 준행하는 모든 자와 그들의 아내와 그들의 자녀들 곧 지식과 총명이 있는 자들은_느 10:28

견고한 언약에 맹세한 백성 중에는 어떤 사람들이 있을까요?

첫째, 문지기들과 노래하는 자들과 느디님 사람들입니다.
이들의 특징은 비천하고 자기를 내세울 줄 모른다는 것입니다. 느디님 사람들은 여호수아를 속이고 이스라엘 공동체 안으로 들어왔지만(수 9장), 그때부터 비천한 종으로 살면서 한결같이 이스라엘과 함께했습니다. 구약의 마지막 역사서인 느헤미야서에 느디님의 이름이 몇 번씩 등장하는 것을 보니 제사장 가문보다 더 스타 가문입니다. 그리고 문지기들은 성문을 지키는 자들입니다. 성벽을 다 지었어도 문짝이 없으면 성을 지킬 수 없습니다. 노래하는 자들도 성전과 예배를 위해 꼭 필요한 사람들입니다. 이들처럼 이름도 없이 빛도 없이 섬기면서 "나는 부족합니다", "나는 죄가 많습니다"라고 고백하는 사람들이 공동체에는 꼭 필요합니다.

둘째, 이방 가치관을 끊겠다고 결단하는 사람들입니다.

이방 사람과 절교하라는 뜻이 아닙니다. 내 속에 있는 악하고 음란한 이방 가치관, 우리 가정에 대물림되는 세상 가치관을 끊어 내고, 믿지 않는 사람들을 주께로 인도하라는 것입니다.

이 말을 또 문자적으로 보고 국제결혼을 하지 말라는 뜻으로 오해하면 안 됩니다. 마태복음 1장에 나오는 예수님의 계보를 보면 이방 여인들이 다 올랐습니다. 모압 여인 룻, 여리고 기생 라합, 시아버지와 동침한 다말이 올라 있습니다.

셋째, 하나님의 율법을 준행하는 모든 자입니다.

최고의 지도자는 말씀을 경외하고 말씀대로 사는 사람입니다. 미국에서 최고로 존경받는 지도자가 링컨 대통령입니다. 그는 초등학교 학력이 고작이지만, 성경을 늘 읽었기 때문에 백악관을 기도하는 집으로 만들었습니다. 말씀이 있고, 기도가 있고, 기도하는 어머니가 있었기 때문에 존경받는 지도자가 되었습니다.

넷째, 그 백성의 아내와 자녀들입니다.

부모의 믿음이 확실하기에 자녀들도 맹세에 동참한 것입니다. 그래서 집안의 가장, 부모의 믿음이 중요합니다. 가정이 믿음으로 바로 설 때 공동체도 나라도 건강하게 설 수 있습니다.

마지막으로 모두 지식과 총명이 있는 자들입니다.

이방 사람과 절교하고 말씀을 준행하며 가정 중수를 잘하는 사람에게는 지식과 총명이 있을 수밖에 없습니다. 율법을 준행하는 자가 총명한 자입니다. 학벌이 없고 배움이 부족해도 말씀을 읽고 즐거워하며 준행하려는 사람에게 하나님께서 지식과 총명을 주십니다.

저는 목회를 하면서 하나님께서 창조적인 지혜를 주시는 것을 많이 느낍니다. 장례예배나 결혼예배를 인도할 때, 화려한 언변이 없어도 성경 말씀을 같이 읽고 나누다 보면 전하는 자나 듣는 자나 모두 은혜를 받는 것을 경험합니다. 예배에서 대표 기도를 할 때도 그날 성경을 묵상한 사람은 말씀으로 지식과 총명이 있는 기도를 드릴 수 있습니다.

> 다 그들의 형제 귀족들을 따라 저주로 맹세하기를 우리가 하나님의 종 모세를 통하여 주신 하나님의 율법을 따라 우리 주 여호와의 모든 계명과 규례와 율례를 지켜 행하여_느 10:29

저주로 맹세한다는 것은 '하나님의 말씀을 지키지 않으면 저주를 받아도 좋다'는 강한 의지의 표명입니다. 목사가 강단에서 강요한다고 이런 맹세를 하겠습니까? 지도자가 삶으로 보여 준 것이 있을 때 백성 가운데 이런 자발적인 맹세가 이루어지는 겁니다. '이혼은 안 된다, 불신결혼은 안 된다'고 설교만 해서는 안 됩니다. 이혼과 불신결혼으로 고난을 겪은 사람들, 그럼에도 하나님의 말씀으로 회복된 사람들의 간증을 들려줄 때 성도들이 자발적으로 말씀을 지키기로 결단하게 됩니다. 중독과 상처 속에서 말씀으로 살아난 사람들을 볼 때, 자발적으로 술을 끊고 게임을 끊고 음란을 끊겠다고 맹세하게 되는 것입니다.

† 지도자의 자리에 있지 않아도 공동체와 나라의 언약에 한마음으로 동참합니까? 내 상황을 합리화하면서 멋대로 언약을 깨고 있지는 않습니까?
† 느디님처럼 자신을 낮추며 질서에 순종하는 것이 언약에 동참하는 방법임을 압니까?
† 하나님과의 언약, 사람과의 약속을 지키기 위해 악하고 음란한 세상 문화와 절교하고 출세와 돈의 우상을 끊기로 결단합니까?
† 내 힘으로는 끊을 수 없지만 날마다 성경을 묵상하며 말씀을 준행할 때 저절로 끊어질 것을 믿습니까?
† 세상 가치관을 끊고 말씀대로 살고자 할 때 하나님이 주시는 지혜와 총명을 경험하고 있습니까?

구체적인 적용이 따라야 합니다

우리의 딸들을 이 땅 백성에게 주지 아니하고 우리의 아들들을 위

'말씀을 잘 지켜야지', '큐티해야지' 다짐한다고 해서 삶이 변화되는 것은 아닙니다. 예배와 큐티와 양육이 삶으로 이어지려면 구체적인 적용이 따라야 합니다.

느헤미야의 인도로 견고한 언약에 동참한 백성이 이제부터 구체적으로 어떤 적용을 합니까? 가장 먼저 자녀들을 이방인과 결혼시키지 않겠다고 적용합니다. 저주로 맹세하면서 첫 번째 지키기로 적용한 것이 바로 자녀들에게 불신결혼을 안 시키겠다는 것입니다.

자녀의 결혼을 위해 부모들이 맹세했습니다. 자녀가 불신결혼을 하는 것은 일차적으로 부모의 책임입니다.

여러분, '자기들이 알아서 하겠지' 하는 것은 틀린 생각입니다. 부모의 믿음이 확실하다면 어려서부터 자녀들에게 성경을 읽어 주고 하나님의 가치관을 심어 줘야 합니다. 부모가 자녀를 말씀으로 키우지 않으면 자녀가 이방인 같은 불신자를 데려올 수밖에 없습니다. 여러분이 아무리 열심히 신앙생활을 하며 새벽기도를 드리고, 헌금을 많이 해도 자녀들이 불신결혼을 하는 것은 부모 인생의 결론임을 기억하시기 바랍니다.

불신결혼을 막는 것이 목회자 개인의 뜻이라고 생각하는 분도 있을지 모르겠습니다. 그런데 느헤미야서뿐만 아니라 성경 곳곳에 불신결혼을 막으시는 하나님의 말씀이 기록돼 있습니다.

골로새서를 보면 "그러므로 땅에 있는 지체를 죽이라 곧 음란과 부정과 사욕과 악한 정욕과 탐심이니 탐심은 우상 숭배니라 이것들로 말미암아 하나님의 진노가 임하느니라"(골 3:5~6) 했습니다. 여호수아서에도 "너희가 만일 돌아서서 너희 중에 남아 있는 이 민족들을 가까이 하여 더불어 혼인하며 서로 왕래하면 확실히 알라 너희의 하나님 여호와께서 이 민족들을 너희 목전에서 다시는 쫓아내지 아니하시리니 그들이 너희에게 올무가 되며 덫이 되며 너희의 옆구리에 채찍이 되며 너희의 눈에 가시가 되어서 너희가 마침내 너희의 하나님 여호와께서 너희에게 주신 이 아름다운 땅에서 멸하리라"(수 23:12~13) 했습니다.

모든 악의 총체(總體)가 바로 불신결혼입니다. 하나님께서 이토록 불신결혼을 싫어하시는 이유가 무엇입니까? 불신결혼에는 신앙적 타락이 필연적으로 따라오기 때문입니다. 유명한 사사 삼손을 보십시오. 삼손이 좋아한 딤나 여인이나 가사의 기생, 들릴라가 다 불신자였습니다(삿 14장, 16장). 사사 입산도 아들딸 60명을 모두 이방인과 결혼시켰습니다(삿 12:8~9).

솔로몬처럼 지혜로운 왕도 정략적으로 이방 왕의 딸들을 데려다 결혼했습니다. 인본주의로 나라를 위해 결혼했는데 후궁이 700명에 첩이 300명이나 되었습니다(왕상 11:3). 그 1천 명의 여자들이 솔로몬만 기다리면서 얼마나 외로웠겠습니까. 그 외로움을 이기기 위해 각자 자기가 섬기던 이방 신들을 가져와서 음란하게 섬겼습니다. 결국 우상숭배의 결론으로 이스라엘이 남북으로 갈라지고, 북이스라엘은 앗수르에 의해 멸망하고, 남유다는 바벨론에 의해 멸망했습니다. 이 모든 것의 시작이 불신결혼이었습니다.

우리는 정략적으로, 육신의 정욕으로, 탐심으로 결혼합니다. 사욕은 수동적인 악입니다. 그래서 이미 몸을 버렸으니 결혼해야 한다며 불신결혼을 합니다.

또 외모에 빠져서 음란으로 불신결혼을 합니다. 이래저래 합리화하면서 불신결혼을 합니다. 악한 정욕, 적극적 정욕, 수동적 정욕 등모든 것을 포함한 총체적인 악이 불신결혼입니다.

어떤 분들은 교회 내 남녀의 성비(性比)가 안 맞는데 무조건 불신결혼을 금하면 어떻게 하느냐고 합니다. 느헤미야 당시 사람들도 얼마든지 합리화할 이유가 있었습니다. 바벨론 포로기를 거치면서 하나님을 믿는 사람들이 줄어들었기 때문에 어쩔 수 없이 이방인과 불신결혼을 시켰다고 할 수 있습니다. 그러나 어떤 경우에도 불신결혼을 합리화하면 안 됩니다. 하나님께서 나에게 주신 인생의 목적이 뚜렷하다면 그 목적을 위해 결혼을 할 수도 있고, 안 할 수도 있습니다. 내 옆에 믿는 사람이 없다면 스스로 고자가 되어도 그 길로 가야 합니다(마 19:12).

결혼도 선물이지만 독신도 선물입니다. 하나님께서 주신 사명만 바라보고 갈 때 독신으로 살든 결혼하든 하나님께서 정확하게 인도하십니다.

이스라엘 자손들은 바벨론 포로 생활을 겪고 나서 불신결혼이 악인 것을 알았습니다.

저는 4대째 모태신앙인이지만 불신결혼에 대한 설교를 별로 들어 보지 못했습니다. 더욱이 이혼에 대한 설교는 아예 못 들어 본 것 같습니다. 저는 목사님의 주례로 결혼했어도 주례사 내용이 뭐냐고 물으면 기억이 나지 않습니다. 주례사가 문제가 아니라 그때 저에게 믿음이 없었기 때문입니다. 결혼과 인생에 대한 성경적 가치관이 전혀 없었기 때문입니다.

그럼에도 하나님의 은혜로 용광로 같은 결혼의 고난을 겪고 인생의 목적이 행복이 아니라는 것을 알았습니다. 행복하기 위해 결혼하는 것이 아니라 하나님께서 원하시는 거룩을 이루기 위해 결혼하는 것임을 알았습니다. 인생의 목적, 결혼의 목적이 거룩임을 제 삶에서 절실히 깨달았기에 날마다 결혼과 이혼에 대한 메시지를 외치고 있는 것입니다.

100퍼센트 죄인인 남녀가 만나 거룩을 이루기까지 그 과정이 얼마나 어렵고 힘들겠습니까! 그만큼 결혼이 힘들기에 믿음의 결혼을 하겠다고 저주로 맹세해야 합니다. 불신결혼은 하지 않겠다고 자녀들에게도 맹세를 시켜야 합니다.

쉽게 만나서 쉽게 헤어지는 세상 가치관으로 불신결혼하면 거기에서 또 다른 상처와 악을 낳아서 저주가 대물림될 뿐입니다. 하나님과의 언약을 목숨처럼 지키며 성경적 가치관으로 자녀를 양육할 때 가정이 견고해집니다.

가정이 견고해야 교회도 견고하고 사회도 건강해집니다. 하나님과의 언약을 지키는 믿음의 가정에서 교회의 부흥, 사회의 개혁, 나라의 발전이 시작됩니다.

† 부모로서 자녀의 결혼과 관련해 어떤 맹세를 합니까?

† 능력이 있어야 한다, 집안이 좋아야 한다, 성품이 좋아야 한다고 세상 것에 맹세하며 헛된 기대를 합니까?

† 불신결혼을 하지 않겠다고 저주로 맹세하며 믿음의 결혼을 지키는 것이 거룩과 진정한 행복을 이루는 길임을 알고 있습니까?

모든 악의 총체(總體)가 바로 불신결혼입니다.
하나님께서 이토록 불신결혼을
싫어하시는 이유가 무엇입니까?
불신결혼에는 신앙적 타락이
필연적으로 따라오기 때문입니다.

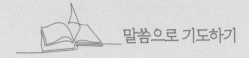
말씀으로 기도하기

가정과 교회, 직장, 나라에서 약속이 지켜지려면 각자 자기 죄를 봐야 합니다. 죄를 고백하는 사람들이 모여서 화합할 때 견고한 언약을 지킬 수 있습니다. 이것이 공동체와 나라가 발전하는 길임을 깨닫기 원합니다.

하나님과 견고한 언약을 세워야 합니다(느 9:37~38).

가정과 공동체에서 약속이 깨어지는 이유가 내 죄 때문인 것을 알기 원합니다. 결혼의 언약, 타인과의 언약을 지키고자 먼저 내 죄를 회개하게 하옵소서. 내 뜻이 아닌 주님의 뜻대로 살기로 결단하오니 하나님과의 약속을 잘 지킬 수 있도록 붙잡아 주옵소서.

지도자와 백성이 하나되어 언약을 지켜야 합니다(느 10:1~29).

약속을 지키기 위해 지도자와 백성이 화합하라고 하십니다. 가정에서 직장에서 공동체에서도 지체들과 한마음이 되기 원합니다. 이를 위해 먼저 내 부족함을 회개하고 헌신의 본을 보일 수 있도록 도와주옵소서.

자발적으로 견고한 언약을 지키기로 맹세해야 합니다(느 10:28~29).

느디님 사람, 문지기, 노래하는 자들처럼 자신을 내세우지 않고, 세상 가치관을 끊어 내며, 하나님의 율법을 준행하는 사람이 언약을 지킬 수 있다고 하십니다. 변명과 합리화로 언약을 깨뜨리지 말고 주어진 질서에 순종하며 언약에 동참하기 원합니다. 내 힘으로는 지킬 수 없지만 말씀대로 살고자 결단하고 맹세하오니 우리의 모든 언약이 견고히 지켜지게 하옵소서.

구체적인 적용이 따라야 합니다(느 10:30).

하나님 안에서 견고한 언약을 지키기 위해 불신결혼을 하지도, 시키지도 않겠다는 구체적인 적용을 하기로 결단합니다. 외모와 능력에 기대어 헛된 맹세를 하지 않고, 믿음의 결혼을 지키고, 자녀에게 믿음의 결혼을 시키기를 원합니다. 하나님과의 언약을 지키는 믿음의 가정되게 하옵소서.

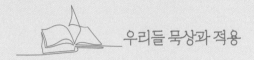 우리들 묵상과 적용

모태신앙인인 저는 어려서부터 습관적으로 교회에 다녔습니다. 무학 (無學)이신 아버지는 청년 시절 기계에 손가락이 절단되는 사고를 당하고, 말을 더듬으셨습니다. 그로 인해 열등감이 심했던 아버지는 평소에 술을 많이 드셨습니다. 가정경제가 어려워지자 어머니는 화장품 외판원으로 일하며 집안의 대소사를 독단으로 결정하셨습니다. 그러면서 저에게 "아버지같이 살지 말라"고 당부하셨습니다. 저는 '아버지처럼은 살지 않겠노라' 늘 다짐했지만, 결국 그 약속을 지키지 못했습니다.

저는 세상에서 일류가 되겠다는 야망으로 술 접대로 밤을 지새우며 아버지처럼 술에 젖어 살았습니다. 죄책감으로 '이건 아닌데' 하는 마음도 있었지만, 그때뿐이었습니다. 이후 세상과 하나님 사이에서 방황하며 갈등하고 있을 때 아내와 함께 구속사의 말씀을 듣게 되었습니다. 그러다 저는 심장 부정맥으로 두 번이나 쓰러져 심장 박동기를 몸에 달게 되었습니다. 그런데 이렇게 내 힘으로 어찌할 수 없는 건강 고난을 겪으면서 비로소 말씀이 들리기 시작했습니다.

그 무렵 부모님은 모든 형제가 모인 가운데, 그간 자신들을 모시고 산 저희 부부에게 집을 물려주려고 유언공증까지 받았다고 하셨습니다. 그러나 그 일로 형제간에 격한 몸싸움이 벌어졌습니다. 가족이 화합하지 못하는 것은 내 죄 때문임을 알아야 하는데, 오히려 저는 부모님과 형제자매, 아내를 탓하며 배신감과 외로움을 느꼈습니다. 느디님처럼 나의 비천함을 알고 낮아지기보다 내가 잘하고 있다는 생색과 의로움으로 가득했기 때문입니다(느 9:37, 10:28).

그런데 하나님께서는 제가 인정받기 좋아하는 우상을 끊을 수 있도록 저희 가정에 의로운 사건을 베풀어 주셨습니다. 뇌출혈로 쓰러지신 아버지가 10일 만에 돌아가시는 사건을 겪으며 그날의 큐티 말씀으로 구체적인 적용을 할 수 있도록 인도해 주신 것입니다(느 10:30). 아버지가 돌아가신 날, 기드온의 막내 요담이 어리고 연약해도 예수님의 계보를 이었다는 사사기 말씀을 묵상했습니다(삿 9장). 그날 저는 연약해도 아버지의 믿음을 통해 우리 가정에 믿음의 계보가 이어진 것을 확신하며, 말씀을 준행하는 삶을 살겠다고 결단했습니다(느 10:28). 그러자 지금껏 형제들을 제 잣대로 판단했기에 형제들과 불화할 수밖에 없었음이 깨달아져 회개의 눈물이 흘렀습니다. 그리고 "가족 간에 물질 때문에 불화하지 말라"는 설교 말씀에 따라 매장지 구입비와 부의금, 부모님이 물려주신 집까지 내려놓기로 결단할 수 있었습니다. 내 힘으로는 견고한 언약을 지킬 수 없지만, 말씀대로 살고자 결단했을 때 언약을 지킬 수 있도록 인도해 주신 하나님, 감사합니다(느 9:38).

 영혼의 기도

하나님 아버지, 많은 약속을 하고도 지키지 못하는 것은 우리의 죄악 때문임을 알았습니다. 다른 누군가로 인해 곤란을 당하는 것이 아니라 내 죄로 인해 우리가 곤란을 당하게 된 것을 깨닫기 원합니다. 그런데도 날마다 남의 탓만 하는 우리를 불쌍히 여겨 주옵소서. 먼저 나 자신에게서 말씀의 개혁, 가치관의 개혁이 일어나게 하옵소서. 그리스도인으로서 단에 올라선 투명한 인생을 살기를 원합니다.

느디님 사람, 문지기, 노래하는 자처럼 먼저 나의 부족을 알고 지도자를 도우며 화합하게 하옵소서. 가정과 교회가 화합하고 사회와 나라가 발전하기 위해 음란과 돈을 좇는 이방 가치관과 절교하며 하나님의 말씀을 준행하게 하옵소서. 내 힘으로는 끊을 수도 없고 지킬 수도 없사오니 하나님의 지식과 총명으로 채우시고 힘을 주옵소서.

견고한 언약을 지키기 위해 구체적으로 적용해야 할 것이 불신 결혼을 하지 않는 것이라고 하십니다. 성경의 인물들을 봐도 세상의 유혹에 쉽게 넘어간 이유가 결혼 문제에 있음을 알았습니다. 불신결혼으로 하나님을 저버리는 총체적인 악을 행하지 않게 하옵소서.

앞으로의 일을 장담할 수 없지만 날마다 하나님과의 언약을 지키겠다고 저주로 맹세하며 오늘 저 자신을 지키고 자녀를 지키기를 원합니다. 자녀가 불신결혼하지 않도록 먼저 이웃을 섬기며, 예수 믿는 사람은 이렇게 사는 것이라고 본을 보이게 하옵소서. 그 나머지는 오직 주께 맡깁니다. 참으로 우리의 가정과 교회, 사회와 나라가 화합을 이루고, 말씀을 준행하기를 원합니다. 여호와를 경외하는 견고한 공동체가 되도록 주여, 복을 내려 주옵소서. 예수님 이름으로 기도하옵나이다. 아멘.

PART

거룩한 삶이
되게 하소서

09

우리 하나님의
전을 위하여

느헤미야 10장 31~39절

_____ 하나님 아버지,
돈과 학벌, 명예가 아니라
우리 하나님의 전을 위해 사는 것이
인생의 목적이 되고 사명이 되기를 원합니다.
말씀해 주옵소서. 듣겠습니다.

신문에서 방선기 목사님의 칼럼을 읽었습니다. 검사 출신으로 변호사 개업을 하신 분과 이야기를 나누었는데, 그분에게 들은 검사 시절의 한 사건이 조금은 충격이었다고 합니다. 거액의 은행 돈을 횡령한 사건을 맡아 수표를 추적해 보니 그 사람이 횡령한 돈의 10분의 1을 정확하게 교회에 헌금했다는 사실을 발견했답니다. 은행 돈을 횡령해서 십일조를 낸 겁니다. 방선기 목사님은 십일조 신앙을 가진 사람이 어떻게 은행 돈을 횡령했는지, 횡령한 사람이 어떻게 십일조를 드릴 생각을 했는지 놀라웠다고 했습니다.

이렇게 회삿돈을 횡령하면서도 교회에 열심히 출석하고 헌금을 드리며 하나님의 전(殿)을 위하여 산다는 사람이 있습니다. 교회에서도 당연히 그를 하나님의 전을 위하여 사는 사람으로 여겼을 것입니다. 10장 본문에는 '우리 하나님의 전'이라는 구절이 아홉 번이나 반복됩니다. 이토록 중요한 우리 하나님의 전을 위하여 우리가 할 일은 무엇일까요? 어떻게 사는 것이 우리 하나님의 전을 위하여 사는 걸까요?

우리 하나님의 전을 위하여 안식일을 지켜야 합니다

혹시 이 땅 백성이 안식일에 물품이나 온갖 곡물을 가져다가 팔려
고 할지라도 우리가 안식일이나 성일에는 그들에게서 사지 않겠고
일곱째 해마다 땅을 쉬게 하고 모든 빚을 탕감하리라 하였고
_느 10:31

불신결혼을 하지 않기로 구체적인 적용을 한 이스라엘 백성이
이제 안식일을 지키겠다고 결단합니다. 이스라엘 백성이 바벨론 포
로로 지내는 동안 이방 세력들이 팔레스타인 지역에 들어와 기득권
을 형성했습니다. 이방인들은 많고 유대인들은 적으니 이스라엘 백
성은 불신결혼하기 쉬웠을 것입니다. 그리고 경제생활도 이방인들이
주축이 되다 보니 안식일에도 장사와 사업을 했습니다. 거래처와 고
객이 대부분 안 믿는 사람들이니 안식일에 일하지 않으면 먹고살기
가 힘들지 않겠습니까.

　이런 상황에서 불신결혼을 하지 않는 것도, 안식일을 지키는 것
도 결코 쉽지 않았겠지요. 그러나 하나님의 명령은 쉬우니까 하고 어
려우니까 안 해도 되는 것이 아닙니다. 명령을 따르기 쉽지 않은 상황
에서도 하나님 때문에 포기하고, 하나님 때문에 결단해야 합니다. 그
랬을 때 하나님께서 책임지고 지켜 주시는 것을 체험하게 됩니다.

　창세기 2장 3절에 "하나님이 그 일곱째 날을 복되게 하사 거룩하
게 하셨으니 이는 하나님이 그 창조하시며 만드시던 모든 일을 마치

시고 그 날에 안식하셨음이니라"고 합니다. 하나님께서 천지를 창조하실 때 일곱째 날을 복 주사 거룩하게 하신 날이 '안식일'입니다. 다시 말해, 안식일은 우리에게 복 주시려고 하나님이 구별하신 날입니다. 그리고 그 복의 개념이 바로 거룩입니다. 결국 구별된 가치관으로 사는 것이 안식입니다. 육신의 복이 아니라 거룩을 이루기 위해 구별된 삶을 사는 것이 안식이라는 겁니다.

주일에 장사해서는 안 되고, 밥을 사 먹어서도 안 된다는 율법적인 개념으로 안식일을 지키라는 말이 아닙니다. 주일 성수를 통해 나밖에 모르던 삶에서 다른 사람에게 나눠 주는 삶을 배우게 됩니다. 내 죄를 깨닫고 하나님의 은혜를 더욱 절감하게 됩니다. 주일을 지킬 때 나를 위해 희생하신 예수님의 은혜로 다른 사람을 위해 희생하고 나누는 삶을 살게 됩니다. 이것이 주일 성수와 안식일의 개념입니다. 이기적인 가치관이 이타적인 가치관으로 바뀌는 것, 그것이 곧 거룩이고 안식입니다.

그래서 안식일과 관련된 두 가지 사항이 7년마다 쉬는 것과 7년마다 빚을 탕감해 주는 것입니다. 땅도 7년마다 한 번씩 쉬면 효율성이 있는 토지로 바뀝니다. 쉬는 동안에 가난한 사람이 와서 소산을 가져가고 들짐승들이 와서 먹이를 얻습니다. 나는 쉬어서 좋고, 가난한 사람들은 와서 먹으니 좋습니다. 이렇게 모두가 잘사는 길이 안식입니다. 여기서 7년마다 빚을 탕감하는 것은 7이 완전수이기에 최선을 다해 갚으려고 해도 안 되는 사람은 그냥 탕감해 주라는 의미입니다.

신명기 15장 4절과 5절에 "네가 만일 네 하나님 여호와의 말씀만 듣고 내가 오늘 네게 내리는 그 명령을 다 지켜 행하면 네 하나님 여호와께서 네게 기업으로 주신 땅에서 네가 반드시 복을 받으리니 너희 중에 가난한 자가 없으리라" 합니다. 이처럼 안식일의 개념은 결국 가난한 자를 돕는 것으로 연결됩니다. 이어서 10절에서는 "너는 반드시 그에게 줄 것이요, 줄 때에는 아끼는 마음을 품지 말 것이니라 이로 말미암아 네 하나님 여호와께서 네가 하는 모든 일과 네 손이 닿는 모든 일에 네게 복을 주시리라" 합니다.

'하나님을 기억하자'는 것이 안식년의 법칙입니다. 내 힘으로 한 것이 없고, 모든 것이 하나님께서 주신 것이기에 6년 동안 벌어서 1년은 복지와 구제에 쓰고, 빚 갚을 능력이 없는 사람은 탕감해 주라는 것입니다.

저는 이러한 원칙이 교회에서도 지켜져야 한다고 생각합니다. 우리들교회는 모든 절기 헌금을 구제에 쓰고 있습니다. 건축과 선교 등 목적이 있는 헌금 외에는 대부분의 헌금을 거의 구제에 쓴다고 해도 과언이 아닙니다. 때마다 재난을 당한 지역을 돕기도 하고, 정신과 상담 등 마음이 아픈 분들의 치료를 돕기도 하고, 교회 식구들 중에 생계가 어려운 분들을 돕기도 합니다.

구제를 하는 데 액수의 많고 적음은 문제가 되지 않습니다. 왜 그런가요? 헌금보다 중요한 것이 구별된 가치관이기 때문입니다. 그런데 우리가 교회 안에서, 주일 하루만 거룩하게 산다고 구별된 가치관을 가진 것입니까? 교회에 오면 모두가 거룩한 표정으로 예배당에 앉아 있고, 헌금도 하고 기도도 드립니다. 그러나 교회를 벗어나면 세상

관행과 방식을 따라 살아가는 분들이 많습니다. 그래서 앞서 칼럼에 나온 사람처럼 회사에서는 공금을 횡령하고 교회에 와서는 정확하게 십일조를 드리는 겁니다. 우리가 주일예배를 통해 성경적 가치관을 배웠다면, 그 가치관을 실천해야 할 곳은 다름 아닌 내 삶의 현장입니다. 가정과 직장, 사회 속에서 세상과는 다른 가치관, 세상과는 다른 하나님의 원칙을 가지고 살아야 한다는 것입니다. 하나님께서는 십일조를 강조하시고 헌금과 봉사와 구제를 기뻐하십니다. 하지만 그 전에 개인의 정직과 성실을 먼저 요구하신다는 걸 알아야 합니다.

† 말씀을 나누고 삶을 나누고 소유를 나누는 예배를 드리고 있습니까? 형식과 습관에 따라 주일예배에 출석하면서 '이 정도면 됐다'고 생각하지는 않습니까?
† 교회 안에서도 내게 이익이 될 것만 찾아다니고 교회를 비즈니스 장소로 사용하지는 않습니까? 예배가 회복되어야 가정도 사업도 회복됩니다.
† 이기적인 내가 이타적으로 변하는 것, 내게 주신 것으로 힘든 사람을 돕는 것이 가장 큰 안식임을 깨닫습니까?

우리 하나님의 전을 위하여 헌신해야 합니다

우리가 또 스스로 규례를 정하기를 해마다 각기 세겔의 삼분의 일을 수납하여 하나님의 전을 위하여 쓰게 하되_느 10:32

백성이 하나님의 전을 위하여 매년 3분의 1세겔(약 3.8그램)을 드리겠다고 합니다. 이것은 일종의 성전세입니다. 바벨론 포로기 동안 성전세가 사라졌는데 이제 성전의 회복, 예배의 회복과 함께 성전세도 내겠다는 겁니다. 여러분, 성전세가 무엇입니까? 이스라엘 백성이 출애굽의 열 가지 재앙 중 장자를 죽이는 마지막 재앙에서 자신들을 살려 주신 것에 감사해서 하나님께 드리기로 한 것이 속전, 성전세입니다. 한마디로 성전세는 예수께서 나의 죄를 대신하여 죽으심으로 내가 살아난 것을 감사해서 드리는 것입니다. 예수님이 모든 인류를 위해 죽으셨기에 이 세상에 속전을 드리지 않아도 되는 사람은 없습니다. 그러므로 속전은 우리가 마땅히 드려야 하는 것입니다. 그런데도 이스라엘 백성은 마땅히 해야 할 일을 안 하고 있었습니다. 그러다가 성벽 중수를 마치니 성전세를 드리기로 결단한 겁니다.

한 사람이 태어나면 의식주 외에도 여러 경비가 필요합니다. 믿음으로 거듭난 사람도 마찬가지입니다. 말씀으로 양육을 받으려면 그 터전이 되는 교회를 유지하기 위해 필요한 경비가 있습니다. 그래서 우리의 생명을 위해, 하나님 나라를 위해 속전, 성전세는 마땅히 드려야 하는 것입니다.

곧 진설병과 항상 드리는 소제와 항상 드리는 번제와 안식일과 초하루와 정한 절기에 쓸 것과 성물과 이스라엘을 위하는 속죄제와 우리 하나님의 전의 모든 일을 위하여 쓰게 하였고_느 10:33

성전의 진설병과 소제, 번제 준비에 성전세가 쓰입니다. 교회는 구제와 선교를 위해 모일 공간이 필요하고 무엇보다 예배 처소가 필요합니다. 이렇게 나와 다른 사람의 거룩을 이루어 가기 위해 성전세를 내고, 성전세를 사용해야 합니다.

> 또 우리 제사장들과 레위 사람들과 백성들이 제비 뽑아 각기 종족대로 해마다 정한 시기에 나무를 우리 하나님의 전에 바쳐 율법에 기록한 대로 우리 하나님 여호와의 제단에 사르게 하였고_느 10:34

하나님의 전을 위하여 헌신할 때 예배를 미리 준비하겠다고 합니다.

레위기 6장 12절과 13절에 보면 "제단 위의 불은 항상 피워 꺼지지 않게 할지니 제사장은 아침마다 나무를 그 위에서 태우고 번제물을 그 위에 벌여 놓고 화목제의 기름을 그 위에서 불사르며 불은 끊임이 없이 제단 위에 피워 꺼지지 않게 할지니라" 합니다. 하나님께서는 단 위의 불을 꺼지지 않게 하라고 명령하셨습니다.

번제와 소제, 화목제를 드리려면 불이 필요합니다. 교회에서도 그렇습니다. 기도의 불, 성령의 불, 열정의 불이 꺼지면 아무것도 드릴수가 없습니다. 불이 꺼지지 않도록 항상 주의하고 예비해야 불같은 성령이 임하는 예배를 드릴 수 있습니다.

그리고 예배를 위한 나무를 준비할 때 제비를 뽑아 순서를 정합니다. 특정한 사람에게 맡기지 않고 제비를 뽑아 하나님의 뜻에 따랐습니다. 나무를 준비하는 것은 육체적으로 고된 일이기 때문입니다. 그래서 남보다 힘든 일을 한다고 생색내거나 불평하지 않도록 하나님의 뜻에 따라 제비를 뽑은 것입니다.

우리들교회는 휘문 고등학교 체육관에서 예배를 드리다 보니 교구별로 제비를 뽑아서 예배를 준비합니다. 판교 채플이 세워졌지만, 여전히 휘문 채플에도 성도들이 많이 모이다 보니 한 번 예배를 드릴 때마다 준비할 것이 정말 많습니다. 바닥에 카펫을 깔고, 간이 의자, 영상·음향 시설 등 필요한 모든 장비를 예배 때마다 새롭게 설치합니다. 냉난방이 잘 안 돼서 겨울에는 커다란 난방기기를 들여놓고 내놓기를 반복합니다.

그러나 우리들교회에만 이런 헌신이 있는 건 아닙니다. 여러 번 말씀드린 것처럼 후원도 없이 시작한 개척교회이다 보니, 돈이 없어서 처음부터 학교 건물을 빌려 썼습니다. 그런데 개척 몇 년 만에 수천 명의 사람들을 보내 주셔서 학교 건물처럼 큰 곳이 아니면 마땅히 갈 곳도 없었습니다. 제가 무슨 신념을 가지고 교회 건물 없이 사역을 시작한 게 아니었어요. 그저 하나님께서 상황을 인도하셔서 여기까지 온 것뿐입니다.

어떤 교회가 "우리 교회는 예배당 건물을 소유하지 않겠다", "목회자 사례비는 당분간 없다", "헌금은 모두 구제에 쓴다"고 호기롭게 선언하고 시작했다가 곧 교회가 분열됐다는 이야기를 들었습니다. 그 약속을 지킬 수만 있다면 좋았겠지만, 저도 우리들교회도 그런 약속은 일절 하지 않았습니다. 하나님께서 허락하시면 계속 교회 건물이 없는 채로 있는 것이고, 또 하나님께서 허락하시면 예배당을 세울 수도 있기 때문입니다.

이상적으로는 교회 건물을 소유하지 않으면서 건축에 쓰일 헌금을 구제와 선교에 쓰는 게 좋겠지만, 예배와 성도의 양육을 위해서는 물리적인 공간도 필요하다고 생각합니다. 이상적으로 좋은 것만 생각해서 허황된 약속과 계획을 세우기보다는 하나님께서 주신 환경에서 최선을 다해 헌신하고, 최선의 것을 드리기로 결단하는 것이 더 중요합니다. 그것이 각자 상황에서 하나님의 전을 위하여 살아가는 방법입니다.

† 나는 어떤 마음으로 헌금을 드립니까? 우리 교회의 헌금은 다른 이들의 구원을 위해 어떻게 쓰입니까? 나 혼자서는 구제도 선교도 할 수 없지만 헌금으로 하나님의 사역에 동참하는 것에 감사합니까?
† 주일예배를 위해 무엇을 준비합니까? 세련된 옷차림, 명품 가방을 잊지 않고 챙겨 둡니까? 주일에 교회에서 나의 은사와 경험이 필요한 곳을 찾아다니며 궂은일도 자원하여 섬깁니까?

우리 하나님의 전을 위하여 십일조를 드립니다

35 해마다 우리 토지 소산의 맏물과 각종 과목의 첫 열매를 여호와의 전에 드리기로 하였고 36 또 우리의 맏아들들과 가축의 처음 난 것과

소와 양의 처음 난 것을 율법에 기록된 대로 우리 하나님의 전으로 가져다가 우리 하나님의 전에서 섬기는 제사장들에게 주고 37 또 처음 익은 밀의 가루와 거제물과 각종 과목의 열매와 새 포도주와 기름을 제사장들에게로 가져다가 우리 하나님의 전의 여러 방에 두고 또 우리 산물의 십일조를 레위 사람들에게 주리라 하였나니 이 레위 사람들은 우리의 모든 성읍에서 산물의 십일조를 받는 자임이며

_느 10:35~37

하나님의 전을 위하여 헌신하는 백성이 스스로 십일조를 드리겠다고 맹세합니다. 바벨론 포로 생활에서 회복시켜 주신 하나님께 신앙고백으로 십일조를 드리겠다는 겁니다. 하나님의 사랑과 은혜가 진심으로 감사하기에 성전세와는 달리 자기 은사별로 가진 만큼 드리고 싶은 마음이 백성에게 생겼습니다. 그런데 아직도 헌금과 십일조가 아깝게 느껴진다면, 그것은 아직 내가 거듭나지 못했거나 교회가 건강하지 못하거나 둘 중 하나입니다.

종교 개혁자 칼빈은 "우리의 문제는 돈에 대해 많이 이야기하는 것이 아니라 바르게 이야기하지 않는 것"이라고 말했습니다. 성도들 사이에도 십일조에 대한 오해가 많습니다. 십일조를 율법적으로 보거나 물질의 복을 바라며 기복으로 하기 때문입니다. 그래서 헌금을 많이 한다고 교만하고, 적게 한다고 주눅이 듭니다. 어떤 교회에서는 십일조를 많이 내는 사람에게 할 말을 제대로 못 한다는 소리도 들었습니다.

그러나 십일조는 나의 소유가 하나님께 있다는 표현입니다. 십일조는 하나님 경외하기를 훈련하고 배우기 위해 하는 것입니다(신 14:23). 예수님을 믿고 나서 날마다 "하나님이냐 돈이냐"를 택하는 훈련이 바로 십일조입니다. 우리는 비단 돈의 십일조만 드리는 게 아닙니다. 돈이 없어도 하나님께 나의 시간과 애정의 십일조를 드릴 수 있습니다. 모든 것이 다 주님의 것이므로 우리가 손을 대서는 안 될 것이 십일조입니다. 그럼에도 많은 사람이 십일조를 드리지 못하는 이유가 무엇인가요? 돈이 없어서가 아니라 믿음이 없어서입니다. 하나님께 십일조와 헌물을 드리는 데 인색하면 아무리 돈을 많이 벌어도 그 돈을 헛되게 쓰기 마련입니다. 재물의 주인은 하나님이시기에 하나님께 드리지 않으면 헛된 일에 재물이 쓰일 수밖에 없는 겁니다.

신명기 14장 28절과 29절 말씀을 보면 십의 일조를 하고, 특별히 매 삼 년 끝에 드리는 십일조는 고아와 과부들, 객을 구제하는 데 쓰라고 하십니다.

"매 삼 년 끝에 그 해 소산의 십분의 일을 다 내어 네 성읍에 저축하여 너희 중에 분깃이나 기업이 없는 레위인과 네 성중에 거류하는 객과 및 고아와 과부들이 와서 먹고 배부르게 하라 그리하면 네 하나님 여호와께서 네 손으로 하는 범사에 네게 복을 주시리라" 했습니다. 그리고 출애굽기 13장 2절에는 "이스라엘 자손 중에서 사람이나 짐승을 막론하고 태에서 처음 난 모든 것은 다 거룩히 구별하여 내게 돌리라 이는 내 것이니라" 하셨습니다. 특히 초태생은 구별해서 하나님께 드리라고 하셨습니다.

또한 말라기 3장 8절에서 10절까지를 보면 온전한 헌물을 바치지 않는 것은 도적질이라고 말씀하십니다.

"사람이 어찌 하나님의 것을 도둑질하겠느냐 그러나 너희는 나의 것을 도둑질하고도 말하기를 우리가 어떻게 주의 것을 도둑질하였나이까 하는도다 이는 곧 십일조와 봉헌물이라 너희 곧 온 나라가 나의 것을 도둑질하였으므로 너희가 저주를 받았느니라 만군의 여호와가 이르노라 너희의 온전한 십일조를 창고에 들여 나의 집에 양식이 있게 하고 그것으로 나를 시험하여 내가 하늘 문을 열고 너희에게 복을 쌓을 곳이 없도록 붓지 아니하나 보라" 하십니다.

하나님께서 돈이 없어서 십일조를 하라고 하신 겁니까? 뺑덕어멈처럼 내 것을 빼앗으려고 십일조를 명령하신 겁니까? 여러분, 이 세상에 내 것이 어디 있습니까? 모두 하나님의 것입니다. 내 목숨도 육신도 자녀도 돈도 지식도 하나님께로부터 온 것이기에 다 하나님의 것입니다. 그러므로 하나님께서 그중 십분의 일을 드리라고 하시는 것은 날마다 순간마다 하나님이 내 삶의 주인임을 기억하라는 뜻입니다. 그리고 하나님은 내가 하나님을 기억하며 하나님을 주인으로 모시고 살 때, 십일조를 통해 내게 복을 주겠다고 약속하셨습니다. 그래서 십일조를 드리지 않는 것은 하나님께로부터 오는 복을 안 받겠다고 거절하는 것과 같습니다.

우리가 정직하고 헌신된 마음으로 십일조를 드릴 때 하나님이 물질의 복도 허락해 주십니다. 그러나 처음부터 하나님의 소유권을 인정하지 않는다면 돈이 생긴들 그게 복이라고 할 수 있겠습니까. 적게 주셔도 하나님의 것임을 인정하고 감사하는 사람, 안 주셔도 하나님의 옳으심을 믿고 감사하는 사람이 진정 복받은 사람입니다. 주신 복에 감사하며 신앙고백으로 십일조를 드리는 성도가 건강한 성도이고, 그러한 성도들이 모인 교회가 성숙한 교회, 소망 있는 교회입니다.

> 레위 사람들이 십일조를 받을 때에는 아론의 자손 제사장 한 사람이 함께 있을 것이요 레위 사람들은 그 십일조의 십분의 일을 가져다가 우리 하나님의 전 곳간의 여러 방에 두되_느 10:38

견물생심(見物生心)이라고 돈이 있는 곳에는 시험이 있기 마련입니다. 그래서 레위 사람들이 십일조를 투명하게 관리하겠다고 약속합니다. 교회 안에서도 돈 때문에 다툼이 일어나고 부부간에도 가족간에도 싸움의 중심에 돈이 있습니다. 예수님의 제자 중에도 돈을 담당하던 가룟 유다가 사탄의 유혹에 넘어가지 않았습니까. 내가 돈과 관련된 직분을 가졌다면 그만큼 유혹도 많이 있다는 것을 알아야 합니다. 그러므로 교회에서 재정을 맡은 직분자들은 매일 하나님 앞에 자신을 경계해야 할 뿐만 아니라, 공동체 안에서도 서로가 서로를 경계해야 합니다. 유혹에 넘어간 사람에게 왜 넘어갔느냐고 비판하기 전에 투명한 관리로 유혹의 소지를 없애야 합니다.

곧 이스라엘 자손과 레위 자손이 거제로 드린 곡식과 새 포도주와 기름을 가져다가 성소의 그릇들을 두는 골방 곧 섬기는 제사장들과 문지기들과 노래하는 자들이 있는 골방에 둘 것이라 그리하여 우리가 우리 하나님의 전을 버려 두지 아니하리라_느 10:39

헌금이 투명하게 관리되어야 하지만, '골방신앙'도 중요합니다. 문지기, 제사장, 섬기는 사람들은 골방에 있습니다. 헌금도 쓰고 남은 것은 골방에 두고 조심스럽게 다루어야 합니다. 재정은 투명하게 관리하되, 이런 섬김은 이름도 없이 빛도 없이 숨어서 해야 합니다. 공개적으로 쓰이는 재정과 헌금이 있는가 하면 하나님의 전을 위한 골방헌금, 골방기도, 골방헌신도 있기 때문입니다. 그래서 대책 없이 헌금을 쓰는 것이 아니라 하나님의 전을 유지하기 위해 골방에 비축할 필요도 있습니다. 이런 마음으로 섬기는 것이 골방신앙입니다.

우리가 "나는 그리스도인이다"라고 말하는 것은 물질과 명예와 영향력, 이 모든 것의 주인이 하나님이심을 고백하는 것입니다.

저는 대학생 때 아버지의 사업이 망하면서 장학금과 아르바이트로 학비를 충당하며 학교를 마쳤습니다. 교회에서 반주하며 사례비를 받았지만 학비뿐만 아니라 친정의 생활비까지 도우려니 십일조는 생각도 하지 못했습니다. 용돈을 모아서 월정 헌금만 겨우 했습니다. 이렇게 돈에 대해 올바른 가치관을 갖지 못했기 때문에 아끼면서 열심히 살아도 헛된 수고일 뿐이었습니다. 그래서 부잣집에 시집가서도 돈 만 원을 내 마음대로 쓰지 못하는 호된 훈련을 받았습니다.

그런데 고난의 훈련을 통해 하나님을 만나고 거듭난 후에는 풍족하지 않아도 드릴 것이 많았습니다. 남편이 경제권을 쥐고 있어서 수입의 온전한 십일조는 드리지 못했지만, 저에게 주시는 대로 십의 일조, 이조를 드리고 때로는 수익의 전부를 드리기도 했습니다.

남편이 세상을 떠난 후에는 지방에 있는 작은 건물의 월세 수입으로 생활했는데, 아이들 양육비에 친정 부모님 생활비도 책임져야 했습니다. 당시 큐티 사역을 위해 예술고등학교 강사직도 내려놓았으니 들어오는 돈은 줄어들고 나갈 곳만 많았습니다. 그래도 십일조를 빠뜨리지 않고 드렸습니다. 다윗이 하나님을 위해 모든 것을 바쳤어도 '나이 많아 늙도록 부하고 존귀를 누렸다'(대상 29:28)는 말씀처럼, 하나님께서 저도 늙도록 부하고 존귀하게 해 주실 것을 믿었기 때문입니다.

교수가 되어 출세하겠다는 야망으로, 돈을 바라보고 피아노를 열심히 치고 돈 때문에 결혼한 저였습니다. 그런 저에게 온전한 수입이 없어도 무조건 하나님께 드리겠다는 마음이 생겼습니다. 돈 때문에 치열하게 살던 제가 모든 것을 드리고 싶은 자원함이 생겼다는 것, 이것이 기적 아니겠습니까.

무슨 보상을 바라서가 아니라 받은 은혜가 감사해서 하나님께 저절로 드리게 되는 것이 기적입니다. 미약하고 형편없는 내가 우리 하나님의 전을 위해 쓰임받는다는 것, 이것이 정말 감사해서 드려도 드려도 부족한 마음이 드는 것이 진짜 기적입니다. 하나님의 전을 위한 것이 곧 자손을 위한 기도이기에 나의 헌신을 기뻐하시는 하나님께서 자손 대대로 복을 내려 주실 것입니다. 십의 일조만 드리는 인생이 아니라 십의 구조를 드리고도 십의 일조로 넉넉히 살아가는 인생이 뇌노록 하나님께서 인노해 주실 것입니다. 나의 생명, 나의 소유를 하나님께 드릴 때 하나님께서 우리 인생을 늙도록 부하고 존귀하게 해 주실 것을 믿습니다.

† 모든 것이 하나님께 속했다는 신앙고백으로 십일조를 드리고 있습니까? 말씀이 아니라 가계부와 월급 통장을 기준으로 삼으며 형편에 따라 십일조를 폐하고 적당한 금액만 드리진 않습니까?
† 하나님의 소유권을 인정하지 않기 때문에 드릴 것도 나눌 것도 없는 인생을 살고 있다는 걸 인정합니까? 내게 주신 모든 것에 감사함으로 십일조 신앙을 지킬 때 자녀 교육도, 노후도 하나님께서 책임지시고 나를 부하고 존귀하게 하실 것을 믿습니까?

우리가 주일예배를 통해
성경적 가치관을 배웠다면,
그 가치관을 실천해야 할 곳은
다름 아닌 내 삶의 현장입니다.

하나님의 전은 교회 건물을 위하는 게 아니고 하나님의 성전인 내 몸을 위하는 것입니다. 하나님의 전을 위하여 사는 것이 곧 나 자신을 위한 것이고 우리의 가정과 공동체에 복을 쌓는 길임을 알기 원합니다.

우리 하나님의 전을 위하여 안식일을 지켜야 합니다(느 10:31).

안식일을 구별하여 지키라고 하신 것이 우리에게 복을 주시기 위함임을 알게 해 주시니 감사합니다. 주일 성수를 통해 우리의 믿음과 삶과 재물을 나누는 안식을 누리기 원합니다. 예배가 회복되어 세상과 구별된 삶을 살아가게 하옵소서.

우리 하나님의 전을 위하여 헌신해야 합니다(느 10:32~34).

우리 하나님의 전을 위하여 나의 은사와 소유로 헌신하기 원합니다. 내게 주신 모든 것에 감사함으로 아낌없이 헌신할 때, 하나님께는 드릴 것만 있고 사람에게는 줄 것만 있는 인생을 살게 하옵소서.

우리 하나님의 전을 위하여 십일조를 드립니다(느 10:35~39).

우리 하나님의 전을 위하여 정직한 십일조를 드리기로 결단합니다. 우리의 십일조와 헌물이 하나님 경외하기를 배우고 불신자들에게 복음을 전하며 고통받는 사람들을 구제하는 데 쓰이기를 기도합니다. 십의 일조만 드리는 인생이 아니라 십의 구조를 드리고도 십의 일조로 넉넉히 살아가는 인생이 되도록 인도해 주옵소서.

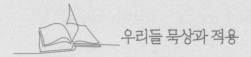

몇 해 전에 대학 입시에 낙방한 둘째 딸이 재수를 고집해 마음이 힘들었습니다. 딸은 어려운 가정 형편을 뻔히 알면서도, 자신의 성적은 아랑곳하지 않은 채 목표를 높게 잡고 전문대 원서조차 쓰지 않았습니다. "네가 재수를 하면 집에서 어떤 경제적인 도움도 줄 수 없다"고 반협박을 해도 딸은 좀체 말을 듣지 않았습니다. 그런데 말씀을 들으며, 자신만을 생각하며 환경에 순종하지 않는 딸이 하나님 앞에 제 모습이라는 것을 인정하지 않을 수 없었습니다.

저는 가난한 집안에서 3남 1녀 중 맏이로 태어났습니다. 과부인 엄마와 함께 동생들의 학비와 생활비를 벌어야 했기에 저는 일찍부터 돈을 벌었습니다. 그러다 보니 저를 위한 적금이나 취미생활은 생각할 수도 없었습니다. 그래서 동생들과 엄마의 존재가 제겐 '우리'가 아닌 책임져야 할 무거운 짐처럼 여겨졌습니다. 이 무거운 짐을 벗을 길은 결혼뿐이라 생각해서 만난 지 6개월 만에 남편과 결혼했습니다.

그러나 막상 결혼하고 보니 '부부'라는 또 다른 짐이 생긴 듯했습니다. 게다가 집안일에 아이 양육까지 온 힘을 다해도 아내와 엄마의 역할은 늘 어려웠습니다. "그동안 나는 희생만 하며 살았다!" 외치며 동생들에게 생색을 내던 저이기에 매일 다짐을 해도 하나님은 물론이고, 남편과 아이들보다 저 자신이 늘 우선이었습니다. 그러다 보니 저는 가족을 위하는 척하면서 제가 가고 싶은 곳과 먹고 싶은 것을 가족에게 강요하기도 했습니다. 믿는다고 하면서도 하나님이 제비 뽑아 주신 가정에서조차 여호와의 모든 계명과 규례와 율례를 지켜 행하려는 구별된 가치관이 없었던 것입니다(느 10:29, 34).

당연히 물질 사용의 우선순위도 잘 몰랐습니다. 그런 제 삶의 결론으로 저희 가정은 경제적인 고난을 겪게 되었습니다. 저는 가정경제에 보탬이 되고자 결혼한 지 22년 만에 처음으로 월세와 교통비 정도의 돈을 벌기 시작했습니다. 저만을 위해 소비하던 삶에서 벗어나 가족을 위해 돈을 벌 기회를 주신 하나님께 감사드립니다. 이제는 하나님께 드릴 것만 있고, 사람들에게 나눠 줄 것만 있는 인생이 되어 우리 하나님의 전을 위하여, 가정을 위하여 헌신하기를 기도합니다(느 10:32).

하나님 아버지, '우리 하나님의 전을 위하여'라는 말만 들어도 가슴이 벅찹니다. 하나님의 전을 위하여, 하나님을 위하여 산다는 것이 얼마나 큰 영광이고 은혜인지를 알기 원합니다. 주께서 복을 주시려고 안식일을 지키라고 하시는데, 형식적인 마음이 아니라 사모함으로 안식일을 지키기 원합니다.

거룩하고 구별된 가치관으로 사는 것이 안식이라고 하시니, 날마다 말씀으로 세상을 이기며 구별된 삶을 살게 하옵소서. 이기적이고 악한 세상에서 이타적인 선택을 하며 믿음과 삶과 재물을 나누는 참된 안식을 누리게 하옵소서. 안식일의 예배가 회복됨으로 우리의 가치관이 변하도록 은혜를 내려 주옵소서.

교회의 직분자들이 모든 것을 투명하게 관리하되 자신을 드러내지 않는 골방헌신과 골방기도로 섬기게 하옵소서. 복을 받기 위해서가 아니라 하나님을 사랑해서, 하나님의 은혜에 감사해서 드리는 헌신과 헌금이 되기를 원합니다. 돈이 문제가 아니라 하나님을 인정하지 못하기 때문에 헌금도 아깝고 십일조도 아깝게 여기는 것을 용서하여 주옵소서. 재물의 소유권뿐만 아니라 삶의 모든 영역에서 하나님의 소유권을 인정할 때 십의 일조, 이조, 삼조로 드릴 것이 늘어 가게 하시리라 믿습니다.

하나님의 전을 위하여 살 때 나와 내 가족도 책임져 주시고 부하고 존귀하게 하실 것을 믿습니다. 비록 하나님께 나누고 드릴 수 있는 것이 너무 적지만, 모든 드려진 것이 우리 하나님의 전을 위하여 쓰일 수 있도록 인도해 주옵소서. 예수님 이름으로 기도하옵나이다. 아멘.

10

거룩한 성에
거주하는 자

느헤미야 11장 1~36절

_____하나님 아버지,
하나님의 거룩한 성에 거주하기 원합니다.
하나님이 원하시는 삶을 살아가도록
말씀해 주옵소서. 듣겠습니다.

이스라엘 백성이 무너진 예루살렘 성벽을 중수한 후에 회개함으로 개혁에 동참하고, 견고한 언약에 도장을 찍었습니다. 그에 따른 구체적인 적용으로 불신결혼을 하지 않고 안식일을 지키며 십일조를 드리기로 결단했습니다. 그런데 이게 웬일입니까. 이어지는 11장 본문을 보면 새롭게 중수된 예루살렘 성에 들어가 살고자 하는 사람이 없습니다.

우리도 신앙생활을 하면서 '여기까지만!' 하는 게 다들 있지요. 예배도 드리고 십일조도 하고 봉사도 하는데 "더는 요구하지 마세요. 여기까지만 할게요!" 할 때가 있습니다. 여러분의 '여기까지!'는 어디입니까? 하지만 거룩한 성에 거주하려면 "여기까지" 하며 멈추어선 안 됩니다. 더 나아가야 합니다.

그러면 거룩한 성에 거주하는 자는 어떤 사람일까요?

거룩한 성에 거주하는 자, 첫째는 순종의 사람입니다

1 백성의 지도자들은 예루살렘에 거주하였고 그 남은 백성은 제비 뽑아 십분의 일은 거룩한 성 예루살렘에서 거주하게 하고 그 십분의 구는 다른 성읍에 거주하게 하였으며 2 예루살렘에 거주하기를 자원하는 모든 자를 위하여 백성들이 복을 빌었느니라 3 이스라엘과 제사장들과 레위 사람들과 느디님 사람들과 솔로몬의 신하들의 자손은 유다 여러 성읍에서 각각 자기 성읍 자기 기업에 거주하였느니라 예루살렘에 거주한 그 지방의 지도자들은 이러하니
_느 11:1~3

예루살렘 성벽을 중수하고도 정작 들어가 살려는 사람이 없으니까 10분의 1을 제비 뽑아서 거룩한 성에 거주하게 합니다. 그런데 왜 예루살렘 성에 살려는 사람이 없었을까요? 오랫동안 무너져 있었으니 위험하기도 하거니와 성안에서는 농사도 못 지으니 먹고살기도 힘들었을 겁니다. 그래서 느헤미야가 예루살렘에 대한 미래의 계획을 세워서 거룩한 성의 구성원들을 채워 갑니다.

거룩한 성에 거주하게 된 사람들은 지도자와 제비 뽑힌 자, 그리고 자원하는 자들입니다. 예루살렘 성읍은 광대하고 주민은 적은데(느 7:4) 지도자들이 먼저 본을 보이니까 자원하는 자들이 생겼습니다. 본을 보이는 지도자가 있기에 예루살렘 공동체가 대단하고 느헤미야가 대단한 것입니다. 제비 뽑힌 자는 자원함이 없어도 부르심을 받은 사람

236

들입니다. 그래서 지도자와 부르심을 받은 자, 자원하는 자들이 골고루 거룩한 성에 거주하게 되었습니다.

우리가 교회를 섬기는 일만 봐도 모두가 교회 일에 자원하지는 않습니다. 교회에서 사역 조직을 발표할 때면 힘든 일을 자원한 분도 있고, 지정을 받은 분도 있습니다.

우리들교회는 화장실 청소와 예배 준비를 교구별로 돌아가면서 분담합니다. 그러다 보니 혹시 하기 싫어하는 사람도 제비 뽑힌 자가 되어 참여하게 됩니다. 이처럼 우리 각자에게는 공동체를 통한 하나님의 부르심이 있습니다. 저는 남들에게 인정받는 자리는 임명받는 것이 부르심이고, 모두가 피하는 일에는 자원함이 부르심이라고 생각합니다.

그런데 거룩한 성 예루살렘에서 거주하는 순서를 살펴보면 지도자가 가장 우선이고, 그다음이 '부르심을 받은 사람'이고, 마지막이 '자원한 자'입니다. 자원함이 좋은 것 같지만 제일 마지막입니다. 남들이 안 가는 곳에 간다고 자원하니까 그 결심이 훌륭해서 백성이 복을 빌어 줬습니다.

그러나 사역은 자원함보다 부르심이 먼저입니다. 자원함도 훌륭하지만, 인간에게는 노예근성이 있기 때문입니다. 우리의 자원함에는 한계가 있습니다. 평신도가 아무리 훌륭해도 사례를 받는 사역자들을 못 따라갑니다. 평신도는 비가 오고 눈이 오고 몸이 아프면 교회에 안 와도 됩니다. 그러나 사역자로 부르심 받으면 비가 오나 눈이 오나 24시간 교회가 부르면 어쩔 수 없이 달려가야 합니다.

자원함으로 일해서 성공한 것과 제비 뽑혀 일해서 성공한 것을 한번 비교해 보십시오. 제비 뽑혀서 성공한 사람은 억지로 부르심을 받아서 했기 때문에 '내가 잘해서 성공했다'고 내세우기가 모호합니다. 그런데 자원함으로 한 사람은 '내가 뭔가를 포기하고 희생해서 성공했다'고 은근히 자신의 공로를 내세울 수 있습니다.

성경에 등장하는 하나님의 일꾼들을 보면, 모세도 이사야도 예레미야도 자원함이 아닌 부르심이 먼저였습니다. 모세가 "나는 입이 뻣뻣하고 혀가 둔한 자"(출 4:10)라고 하자, 하나님이 아론을 붙여서 달래 가며 일을 시키셨습니다. 이사야도 자기 "입술이 부정하다"(사 6:5)하고 예레미야는 "나는 아이라 말할 줄을 알지 못한다"(렘 1:6)고 슬퍼했습니다. 못한다고, 못한다고 하다가 하나님께서 시키시니까 힘들게 힘들게 사역을 시작했습니다. 그러니 뭔가 이루었어도 잘난 척할 수가 없는 겁니다.

† 학군이 좋고 집값이 비싼 곳보다 예루살렘 거룩한 성에 거주하는 것이 복된 일임을 알고 있습니까? 환경이 열악해도 예배당 가까이에 거주하며 교회 일에 몸으로 가는 순종을 하고 있습니까?
† 자원함이 부족해도 주어진 부르심에 순종하면 하나님께서 기뻐하시는 일꾼이 됩니다. 교회와 가정, 직장에서 순종해야 할 부르심은 무엇입니까?

거룩한 성에 거주하는 자,
둘째는 겸손할 수밖에 없는 환경에 처한 사람입니다

예루살렘에 거주한 자는 유다 자손과 베냐민 자손 몇 명이라 유다
자손 중에는 베레스 자손 아다야이니 그는 웃시야의 아들이요 스가
랴의 손자요 아마랴의 증손이요 스바댜의 현손이요 마할랄렐의 오
대 손이며_느 11:4

예루살렘에 살게 된 자는 유다 자손과 베냐민 자손 몇 명입니다.
이스라엘 열두 지파 중 유다와 베냐민 지파만 언급됐습니다.

그런데 여러분, 유다 자손 중에는 다윗 자손이 가장 먼저 나와야
할 것 같은데 베레스 자손부터 시작되네요. 베레스가 누구입니까? 야
곱의 넷째 아들 유다가 며느리 다말과 동침해서 낳은 쌍둥이 아들 중
둘째입니다(창 38:27~30). 세기의 불륜에서 태어난 베레스가 마지막에
유다 자손의 대표 주자로 올라갔습니다.

유다는 요셉을 팔아먹고 공동체를 떠나 이방 여인과 결혼하여
세 아들을 낳았습니다. 그런데 며느리 다말과 결혼한 첫아들이 죽었
습니다. 그래서 대를 잇기 위해 둘째 아들이 형수에게로 들어갔는데
그 아들마저 죽었습니다. 유다는 셋째 아들마저 죽을까 봐 염려하여
그 아들을 다말에게 주지 않았습니다. 그리고 얼마 후 아내가 죽자 일
에 미쳐 살다가 신전의 창기와 놀아났습니다. 그런데 알고 보니 그 여
자가 며느리 다말이었습니다. 유다는 처음에 며느리가 임신했다고

하니까 낭상 불로 태워서 죽이려고 했습니다. 그런데 다말이 떡하니 유다의 도장과 끈과 지팡이를 가져와서 "이것은 불륜이 아니다. 나는 후손을 이으려고 약속을 믿고 한 일이다"라고 하니까 유다가 뭐라고 했습니까? "그는 나보다 옳도다"(창 38:26)라는 유명한 말을 했습니다. 그러고 나서는 유다가 역사에서 사라진 것 같았습니다. 그런데 유다의 자손 중에 베레스의 후손이 바로 여기에 딱 등장합니다. 여러분, 놀랍지 않으세요?

저는 본문에서 '유다 자손 중에 다윗의 자손'이 아니라 '베레스의 자손'이라고 한 것에 은혜를 많이 받았습니다. 출신을 생각할 때 베레스 가문은 남들이 뭐라고 하지 않아도 겸손할 수밖에 없습니다. 시아버지와 며느리가 동침했다는 것이 유다를 겸손하게 하고, 다말과 베레스를 겸손하게 했을 것입니다. 그런데도 마지막에 모세도 여호수아도 다 어디로 가고 없는데, 베레스가 딱 등장했습니다.

베레스는 '뚫다, 터트리다, 깨뜨리다'라는 뜻인데, 그 이름의 뜻대로 모든 고정관념을 뚫고 깨뜨리며 예수님의 조상이 되었습니다. 그리고 창세기부터 시작해 역대기, 룻기, 느헤미야서를 거쳐 마태복음 1장 예수님의 계보에까지 그 이름이 찬란히 올랐습니다.

세상 사람들이 나를 멸시해도 그렇습니다. 내가 하나님을 사랑하면 하나님께서 자손 대대로 우리 집안을 지켜 주십니다. 큰소리칠 것이 하나 없는 인생, 손가락질을 받을 수밖에 없는 인생일지라도 내가 주님을 사랑하면 주님이 찬란하게 우리 집안을 높여 주십니다.

또 마아세야니 그는 바룩의 아들이요 골호세의 손자요 하사야의 증
손이요 아다야의 현손이요 요야립의 오대 손이요 스가랴의 육대 손
이요 실로 사람의 칠대 손이라_느 11:5

거룩한 성 예루살렘에서 거주하는 유다 지파의 한 가문이 또 나
옵니다. 실로는 유다의 셋째 아들로, 형들처럼 죽을까 봐 염려되어 다
말에게 주지 않은 아들, 셀라와 동일 인물입니다(대상 9:5, 창 38:11). 그
아들을 며느리에게 주지 않는 바람에 유다가 수치를 당했는데, 주님
은 "그는 나보다 옳도다" 한 유다의 믿음도 인정하셔서 거룩한 성에
거주한 자의 이름 중에 베레스의 자손이 나오고 실로의 자손도 나오
게 하셨습니다. 저는 셀라까지 대가 끊어지지 않고 이어지는 것을 보
면서 크게 감격이 되었습니다. 비록 셀라가 예수님의 직계 조상은 못
되었어도 그 가문이 예루살렘 재건에 동참했다는 것이 은혜입니다.
　유다는 두 아들을 잃고 콩가루 같은 인생을 살았지만, 마지막에
이렇게 성경에 찬란하게 이름을 올렸습니다. 그래서 마지막이 중요
한 것입니다. 내 주위에 아무리 잘 먹고 잘사는 사람이 있어도 하나님
을 사랑하는 나를 따라올 자는 아무도 없습니다. 그러니 지금 내 인생
이 콩가루 같다고 실망할 것이 없습니다. 유다가 생전에는 며느리와
동침하여 아들을 낳았으니 얼마나 사람들에게 손가락질을 받았겠습
니까. 반면에 요셉은 애굽의 총리까지 되어 온 가족을 기근에서 구했
습니다. 그러나 대단한 요셉의 후손이 아니라 부끄러운 유다의 후손
들이 성경에 올랐습니다. 오랜 시간이 지나도록 하나님께서 유다 가

문을 기억하고 영화롭게 하신 것을 보며 여러분도 마지막을 잘 준비
하시길 바랍니다.

예루살렘에 거주한 베레스 자손은 모두 사백육십팔 명이니 다 용사
였느니라_느11:6

하나님의 한량없는 은혜로 겸손할 수밖에 없는 사람들이 용사가
됩니다. 하나님만을 구주로 모시고 어떤 환경도 하나님이 주신 것이
라고 고백하는 사람은 용사가 되어 모든 사람을 주께로 인도할 수 있
습니다. '그는 나보다 옳도다' 회개한 유다가 요셉과 형제들의 분쟁을
중재하는 역할을 한 것처럼 화평의 전령자가 될 것입니다.

미국의 버락 오바마 전(前) 대통령은 선거 유세 과정에서 자신이
아프리카 케냐의 르호족 출신인 흑인 아버지와 백인 어머니 사이에
서 태어났다고 했습니다. 그리고 부모의 이혼으로 친척 집에 맡겨졌
다가 인도네시아에서 재혼한 엄마와 4년간 살았다고도 했습니다. 그
러면서 정체성의 혼란으로 마약을 복용한 과거를 공개했습니다. 오
바마와 대권 다툼을 벌였던 공화당의 허커비 후보도 자신이 가난한
소방관의 아들로 집안 유일의 고등학교 졸업자라고 밝혔습니다. 우
리나라도 그렇고 선거에 출마하면 모두가 자신의 고생담을 경쟁하듯
내어놓습니다. 고생한 것이 없으면 명함을 못 내미는 것 같습니다.

모든 것을 갖춘 환경이 아니라 유다처럼 겸손할 수밖에 없는 고
난의 환경이 복인 이유가 무엇입니까? 어떤 수치스러운 환경도 하나

님께 내어놓기만 하면 나 자신뿐만 아니라 자손들까지 복을 받게 되기 때문입니다.

> 7 베냐민 자손은 살루이니 그는 므술람의 아들이요 요엣의 손자요 브다야의 증손이요 골라야의 현손이요 마아세야의 오대 손이요 이디엘의 육대 손이요 여사야의 칠대 손이며 8 그 다음은 갑배와 살래 등이니 모두 구백이십팔 명이라_느 11:7~8

거룩한 성 예루살렘에서 거주하는 유다 자손은 468명인데 베냐민 자손은 그 두 배가량인 928명입니다. 라헬이 난산으로 고생하다 아들을 낳고 죽으면서 '내 슬픔의 아들 베노니'라고 이름을 붙여 주고 간 아이가 베냐민입니다(창 35:18). 그의 별명은 '물어뜯는 이리'입니다(창 49:27). 사사시대에 베냐민 지파는 레위인의 첩을 겁탈하고 동족상잔의 전쟁을 일으켰다가 거의 멸절당하고, 600명 정도만 남고 나서야 겨우 정신을 차렸습니다(삿 19~20장).

이런 역사를 가졌으니 베냐민 자손은 어디 가서 베냐민 지파라고 밝히기도 부끄러웠을 겁니다. 그래서 또한 겸손할 수밖에 없는 것이 베냐민 지파입니다. 그래도 왕정 시대에 베냐민 지파에게서 초대 왕 사울이 나왔습니다. 베냐민 지파가 믿음의 적용을 한 것이 있다면, 이스라엘이 남북으로 갈라질 때 라헬의 직계인 요셉, 에브라임, 므낫세 지파가 속한 북이스라엘에 속하지 않고 남유다에 속한 것입니다. 이것은 지역감정을 초월한 대단한 적용입니다. 당시에는 북이스라엘의 여로보암이 강성하고, 남유다의 르호보암은 힘도 없고 약해 보였습니다. 그런데도 남유다에 예수님의 약속이 있었기 때문에 베냐민 지파로서는 유다 지파에 남은 것이 옳은 적용이었습니다. 그러다 신약시대에 베냐민 지파에서 위대한 사도 바울이 등장했습니다.

이런 베냐민 지파가 유다 지파를 넘어 주류가 되어 예루살렘 성에 입성했습니다. 예루살렘의 대장이 베냐민 지파입니다. 할렐루야!

개그맨 강호동 씨의 인터뷰 기사에서 "천재는 노력하는 자를 이기지 못하고 노력하는 자는 즐기는 자를 이기지 못한다"는 말을 보았습니다. 그는 자신은 대학을 못 갔지만 못 배워서 좋은 것은 자기 고집이 없는 것이고, 그것이 배우지 않은 자의 혜택이라고 말했습니다. 자신은 오직 백지가 되어서 PD들이 알아서 칠하도록 내민다고, 그러면 그들이 자신을 잘 만들어 준다고 겸손한 고백을 했습니다. 어느 자리에서든 일인자가 된 사람들에게는 이러한 철학이 있습니다. 겸손할수밖에 없는 사람들이 학벌, 지식과 상관없이 사람들에게 감동과 위로를 줍니다.

† 시아버지와 며느리의 불륜으로 태어난 베레스 자손, 수치스러운 역사를 가진 베냐민 자손이 거룩한 성에 거주하는 자로 이름을 올렸습니다. 나의 죄와 상처를 인정하고 겸손해질 때 하나님께서 나를 높이시는 것을 경험했습니까?
† 내 이름을 드러내는 간증이 아니라 나의 연약함을 드러내는 간증으로 다른 사람에게도 하나님의 사랑을 전하며 거룩한 성의 영광을 나타냅니까?

거룩한 성에 거주하는 자,
셋째는 성직에는 차별이 없음을 아는 사람입니다

9 시그리의 아들 요엘이 그들의 감독이 되었고 핫스누아의 아들 유다는 버금이 되어 성읍을 다스렸느니라 10 제사장 중에는 요야립의 아들 여다야와 야긴이며 11 또 하나님의 전을 맡은 자 스라야이니 그는 힐기야의 아들이요 므술람의 손자요 사독의 증손이요 므라욧의 현손이요 아히둡의 오대 손이며 12 또 전에서 일하는 그들의 형제니 모두 팔백이십이 명이요 또 아다야니 그는 여로함의 아들이요 블라야의 손자요 암시의 증손이요 스가랴의 현손이요 바스훌의 오대 손이요 말기야의 육대 손이며 13 또 그 형제의 족장된 자이니 모두 이백사십이 명이요 또 아맛새이니 그는 아사렐의 아들이요 아흐새의 손자요 므실레못의 증손이요 임멜의 현손이며 14 또 그들의 형제의 큰 용사들이니 모두 백이십팔 명이라 하그돌림의 아들 삽디엘이 그들의 감독이 되었느니라_느 11:9~14

제사장 가문의 수를 합쳐 보니 천 명이 넘습니다. 거룩한 성에는 제사장도 많습니다. 제사장 중에서도 일하는 자, 족장된 자, 용사를 구분했습니다. 거룩한 성에 거주하는 제사장은 권위를 내세우지 않고 급하면 일도 하고 더 급하면 전쟁에도 나섭니다. '거룩, 거룩'만 외치고 가만히 있지 않았습니다. 급하면 이 사람이 저 일도 하고 저 사람이 이 일도 하는 것입니다.

15 레위 사람 중에는 스마야이니 그는 핫숩의 아들이요 아스리감의 손자요 하사뱌의 증손이요 분니의 현손이며 16 또 레위 사람의 족장 삽브대와 요사밧이니 그들은 하나님의 전 바깥 일을 맡았고 17 또 아삽의 증손 삽디의 손자 미가의 아들 맛다냐이니 그는 기도할 때에 감사하는 말씀을 인도하는 자가 되었고 형제 중에 박부갸가 버금이 되었으며 또 여두둔의 증손 갈랄의 손자 삼무아의 아들 압다니 18 거룩한 성에 레위 사람은 모두 이백팔십사 명이었느니라 19 성 문지기는 악굽과 달몬과 그 형제이니 모두 백칠십이 명이며_느 11:15~19

17절에 "기도할 때에 감사하는 말씀"은 '찬양'을 뜻합니다. 말씀을 인도하는 찬양 지도자가 있고, 버금 찬양 지도자가 있습니다. 또 성문지기처럼 복음이 변질되지 않도록 지키는 자가 있습니다. 성경을 연구하는 것도 그렇습니다. 비록 힘든 길이지만 신학을 잘 연구해서 이단을 무찌르는 신학자가 반드시 필요합니다.

제사장은 있는데 레위 사람이 없으면 어떻게 제사를 드리겠습니까? 목사 혼자 교회를 이끌 수 없습니다. 하나님이 직분을 차별하신다면 사람을 차별하신다는 말인데 그게 맞는 말이겠습니까. 하나님은 절대 직분을 차별하지 않으십니다. 교회에서 평신도는 낮아 보이고 목사만 높아 보인다면 그것은 인간의 죄성 때문입니다. 목사가 높아져서 이 땅에서 상을 다 받는다면 하늘에서 받을 상이 없을 것입니다. 여러분보다 제가 인정받는 게 많다면 여러분보다 열 배는 더 회개해야 합니다. 그래도 부족합니다.

어떤 직분도 각자 은사에 맞게 하나님께서 맡기신 것입니다. 결혼생활, 사회생활도 그렇습니다. 다 하나님께서 내게 맡기신 것이기에, 우리는 성공하기보다는 충성하려고 해야 합니다. 남보다 높이 오르기 위해 공부하고 직장에 다니는 것이 아니라, 하나님의 일에 충성하려고 공부도 하고 일도 해야 하는 것입니다. 어떤 직분도, 직업도 위아래가 없습니다. 그래서 하나님께서 유다와 다말의 소생 베레스 자손을 거룩한 성에 찬란히 입성시키셨습니다. 사람에게 인정받지 못해도 하나님께서 마지막에 크게 한 방을 날려 주신 겁니다.

† 거룩한 성안에 제사장, 레위 사람, 찬양 인도자, 문지기 등 각각의 역할이 있듯이 교회의 직분도 높고 낮음이 아닌 역할일 뿐임을 알고 있습니까? 목사, 장로가 높아 보여서 직분의 높고 낮음을 따지며 사람을 차별하고 나 자신을 차별하지는 않습니까? 우리 교회는 차별 없는 사람들이 모여서 차별 없이 섬기는 거룩한 공동체입니까?

거룩한 성에 거주하는 자, 넷째는 약속을 믿고 끝까지 가는 사람입니다

20 그 나머지 이스라엘 백성과 제사장과 레위 사람은 유다 모든 성읍에 흩어져 각각 자기 기업에 살았고 21 느디님 사람은 오벨에 거주하니 시하와 기스바가 그들의 책임자가 되었느니라 22 노래하는

자들인 아십 자손 중 미가의 현손 맛다냐의 증손 히시뱌의 손자 바니의 아들 웃시는 예루살렘에 거주하는 레위 사람의 감독이 되어 하나님의 전 일을 맡아 다스렸으니 23 이는 왕의 명령대로 노래하는 자들에게 날마다 할 일을 정해 주었기 때문이며 24 유다의 아들세라의 자손 곧 므세사벨의 아들 브다히야는 왕의 수하에서 백성의일을 다스렸느니라 25 마을과 들로 말하면 유다 자손의 일부는 기럇 아르바와 그 주변 동네들과 디본과 그 주변 동네들과 여갑스엘과 그 마을들에 거주하며 26 또 예수아와 몰라다와 벧벨렛과 27 하살수알과 브엘세바와 그 주변 동네들에 거주하며 28 또 시글락과 므고나와 그 주변 동네들에 거주하며 29 또 에느림몬과 소라와 야르뭇에 거주하며 30 또 사노아와 아둘람과 그 마을들과 라기스와 그들판과 아세가와 그 주변 동네들에 살았으니 그들은 브엘세바에서부터 힌놈의 골짜기까지 장막을 쳤으며 31 또 베냐민 자손은 게바에서부터 믹마스와 아야와 벧엘과 그 주변 동네들에 거주하며 32 아나돗과 놉과 아나냐와 33 하솔과 라마와 깃다임과 34 하딧과 스보임과 느발랏과 35 로드와 오노와 장인들의 골짜기에 거주하였으며36 유다에 있던 레위 사람의 일부는 베냐민과 합하였느니라

_느 11:20~36

느헤미야 11장 20절부터 36절까지는 10분의 1이 거주하는 예루살렘 성읍이 아닌, 10분의 9가 거주하는 지역을 언급합니다. 이들이생업을 열심히 해야 제사장들도 먹고살기 때문에 모두 중요한 사람

248

들입니다. 그래도 이들보다는 거룩한 성에 들어가 사는 사람들이 하나님 보시기에 성공한 삶입니다.

> 유다의 아들 세라의 자손 곧 므세사벨의 아들 브다히야는 왕의 수하에서 백성의 일을 다스렸느니라_느 11:24

세라는 베레스와 쌍둥이로 태어난 아들입니다. 유다와 다말에게서 나온 베레스가 예수님의 직계 조상이 되었고, 다른 아들 세라의 자손은 예루살렘 성은 아니지만 다른 지역에 거주하면서 왕의 수하에서 백성의 일을 다스리는 자가 되었습니다. 유다가 두 아들을 잃었지만 셋째 아들과 쌍둥이 아들 둘이 마지막에 찬란히 성경에 그 이름을 올렸습니다.

제가 하늘나라에 가서 정말 보고 싶은 사람이 유다입니다. 위대한 업적을 쌓은 사람보다 죄와 수치 속에서도 믿음을 지킨 사람들을 천국에서 꼭 만나고 싶습니다.

> 마을과 들로 말하면 유다 자손의 일부는 기럇 아르바와 그 주변 동네들과 디본과 그 주변 동네들과 여갑스엘과 그 마을들에 거주하며_느 11:25

25절부터 36절까지는 10분의 9에 해당하는 백성의 거주지가 기록돼 있습니다. 30절까지가 유다 자손의 거주지이고 36절까지가 베나민 자손의 거주지입니다. 이 사람들이 포로로 끌려갈 때는 예루살렘 성도 불타고 나라도 망해 다시 돌아올 생각을 하지 못했을 겁니다. 그런데 돌아와서 아브라함 때부터 있던 약속의 성읍들을 다 점령했습니다. 거주지만 봐도 하나님과의 약속을 회복했다는 의미가 있기에 일일이 기록한 것입니다.

기럇 아르바는 야곱이 밧단 아람에서 돌아와 아버지 이삭을 만난 장소로, 헤브론과 같은 곳(창 35:27)입니다. 아브라함과 이삭이 거류하던 곳이고, 갈렙을 중심으로 유다 지파가 쟁취한 곳이며(수 14:13~15), 아론 자손에게 주어진 도피성이자(수 21:13), 다윗이 기름 부음받은 곳입니다(삼하 5:3). 그러므로 이곳에 거주한다는 것은 믿음의 조상을 본받아서 새로운 삶을 시작하겠다는 표시입니다.

하살수알과 브엘세바와 그 주변 동네들에 거주하며_느 11:27

브엘세바는 맹세의 우물로 아비멜렉과 분쟁이 났을 때 아브라함이 영원하신 하나님 여호와의 이름을 부른 곳이자(창 21:33), 야곱이 하나님께 희생제사를 드린 유서 깊은 곳입니다(창 46:1). 관용적으로 이곳은 남단의 끝을 의미합니다. 그래서 '브엘세바에서 단까지'라는 표현은 이스라엘 전체 지역을 포괄합니다. 이 말은 이스라엘 백성이 약속의 땅 모든 곳을 점령하고 회복했다는 뜻입니다.

또 시글락과 므고나와 그 주변 동네들에 거주하며_느 11:28

시글락은 사울 왕 당시 블레셋에게 빼앗긴 곳으로 아픔과 수치를 상기하는 장소입니다(삼상 30장).

또 사노아와 아둘람과 그 마을들과 라기스와 그 들판과 아세가와 그 주변 동네들에 살았으니 그들은 브엘세바에서부터 힌놈의 골짜기까지 장막을 쳤으며_느 11:30

아둘람은 피난처입니다. 다윗은 사울에게 쫓겨 다닐 때 캄캄하고 세상과 격리된 아둘람 굴을 피난처로 삼았습니다(삼상 22:1). 캄캄한 그곳이 하나님을 향해 열린 곳이어서 환난당하고 빚지고 원통한 자들이 모여서 공동체를 이루었습니다. 거기에서 다윗은 주옥같은 시편을 짓고 동역자들과 함께 나누었습니다. 라기스는 가나안 정복 전쟁에서 여호수아가 온 이스라엘과 더불어 가나안 다섯 왕을 물리친 곳입니다(수 10:32).

31 또 베냐민 자손은 게바에서부터 믹마스와 아야와 벧엘과 그 주변 동네들에 거주하며 32 아나돗과 놉과 아나냐와 33 하솔과 라마와 깃다임과_느 11:31~33

믹마스는 사울과 요나단이 블레셋과 전쟁한 곳입니다(삼상 14장). 아나돗은 예레미야가 "70년이 차면 바벨론 포로에서 돌아오게 하신다"는 하나님의 약속이 확실함을 보이고자 땅을 산 곳입니다(렘 32:8).

라마는 '높은 곳'이란 뜻으로, 사무엘의 고향입니다(삼상 7:17). 사사시대에 모두가 자기 소견에 옳은 대로 행할 때 사무엘 선지자가 나와서 미스바 각성 집회를 열었고, 그로 인해 이스라엘의 신앙이 회복되었습니다. 이처럼 신앙이 회복될 때 각 개인은 물론 가정, 교회, 나라가 회복됩니다. 이런 유명한 장소들이 그동안 나오지 않다가 마지막에 언급된 것은 이스라엘이 하나님께서 정복하라고 하신 땅을 다 회복했다는 것을 보여 줍니다.

유다에 있던 레위 사람의 일부는 베냐민과 합하였느니라_느 11:36

야곱의 셋째 아들인 레위는 누이 디나가 강간을 당하자 보복하려고 시므온과 함께 살인을 했습니다(창 34장). 그래서 야곱에게 이스라엘 중에서 흩어지는 저주를 받았습니다(창 49:7).

그런데 이스라엘 백성이 출애굽한 후 광야에서 금송아지 섬기는 죄를 범해 모세가 백성 3천 명가량을 처단할 때, 레위가 분연히 일어나 모세의 수종을 들었습니다(출 32:26). 그때부터 레위가 하나님의 기업이 되어서 모든 백성의 영적 생활을 책임지게 됐습니다.

레위처럼 흩어져서 나그네와 행인으로 살았어도 그렇습니다. 하나님의 은혜로 모든 사람의 영적 생활을 책임지는 영적 리더가 될 때 거룩한 성에 거주하는 영광을 얻을 수 있습니다.

† 창세기에서 아브라함에게 언약하신 약속의 땅을 바벨론 포로에서 돌아

온 이스라엘 백성이 회복했습니다. 나는 하나님을 떠나 살고 있습니까? 바벨론 포로와 같은 고난의 훈련을 거치고 있습니까? 그럼에도 나를 잊지 않고 인도하시는 하나님께서 구원과 회복의 약속을 이루실 것을 믿습니까?

† 거룩한 성을 떠나지 않고 끝까지 거하고자 공동체의 양육과 기도를 받고 있습니까?

 말씀으로 기도하기

느헤미야가 예루살렘 성에 거주하는 자들의 이름을 지파별, 개인별로 일일이 언급했습니다. 우리도 이렇게 한 사람 한 사람을 귀히 여기고 기억하기를 원합니다. 한 사람을 귀히 여길 때 많은 사람을 주께로 인도하게 될 줄 믿습니다.

거룩한 성에 거주하는 자, 첫째는 순종의 사람입니다(느 11:1~3).
거룩한 성에 거주하기 위해 몸으로 가는 순종을 하기 원합니다. 교회와 가정, 직장에서 하나님께서 주시는 부르심을 깨닫고 실제적인 삶으로 순종하기를 기도하오니 거룩한 성에 거주할 수 있도록 우리를 불러 주옵소서.

거룩한 성에 거주하는 자,
둘째는 겸손할 수밖에 없는 환경에 처한 사람입니다(느 11:4~8).
수치스러운 역사를 가진 베냐민 지파, 유다의 아들 베레스처럼 겸손할 수밖에 없는 사람들이 거룩한 성에 들어갔음을 봅니다. 삶과 행위가 거룩해서가 아니라 하나님 앞에 죄와 수치를 오픈하며 겸손하게 사는 것이 거룩한 성에 거주하는 인생임을 알게 하시니 감사합니다. 나의 간증으로 거룩한 성에서 거룩한 성의 영광을 나타내며 살아갈 수 있게 인도하옵소서.

거룩한 성에 거주하는 자,
셋째는 성직에는 차별이 없음을 아는 사람입니다(느 11:9~19).

하나님이 맡기신 역할에는 차별이 없음을 알고 질서에 순종하며 헌신하기를 기도합니다. 차별 없이 모인 공동체에서 차별 없는 섬김으로 거룩한 공동체를 이루어 가게 하옵소서.

거룩한 성에 거주하는 자,
넷째는 약속을 믿고 끝까지 가는 사람입니다(느 11:20~36).

창세기에서 아브라함에게 언약하신 약속의 땅을 바벨론 포로에서 돌아온 이스라엘 백성이 회복하는 모습을 봅니다. 나를 거룩한 성에 거하게 하시려고 끝까지 인도하시는 하나님의 사랑을 기억하게 하옵소서. 내 힘과 의지로는 거룩한 성에 거주할 수 없지만, 하나님의 약속을 신뢰함으로 그곳에 거주하는 영광을 누리기 원하오니 우리를 끝까지 붙잡아 주옵소서.

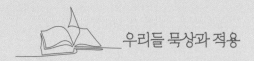

저는 사업에 성공한 아버지 밑에서 경제적으로 풍요롭게 자랐습니다. 하지만 이삼일에 한 번씩 집에 들어와서는 폭력을 행사하고 외도하는 아버지로 인해 가정은 늘 불화했습니다. 그런 아버지가 미워서 아버지가 원하는 것과 반대로 살고 싶었지만, 반항하지도 못하고 분노만 쌓아 갔습니다. 더구나 돈 많은 아버지는 제 결혼도 좌지우지하려고 해서 저는 맞선을 70번이나 봤습니다. 아버지는 70번째 만난 맞선녀가 일류대를 나왔다는 이유로 결혼을 밀어붙이셨습니다. 저는 결혼 전에는 아내에게 교회에 잘 나가겠노라고 약속했지만, 한 번도 가지 않았고, 결국 아내도 교회를 멀리하게 되었습니다. 그러다 결혼하고 3년이 지나도 아이가 생기지 않자 다시 교회를 나갔습니다. 그리고 제 소견에 옳은 대로 시험관 시술을 해 두 아이를 얻었습니다.

그런데 그 무렵 아버지의 회사가 부도나면서 아버지는 중국으로 도피하시고 그 일을 수습하던 과정에서 제가 감옥에 들어가게 됐습니다. 그때 무조건 감옥에서 나오고 싶은 마음에 "꺼내만 주시면 이제부터 교회에 열심히 다니겠다"고 기도했고, 그 응답으로 3개월 만에 출소했습니다. 이후 주일 성수를 하며 나름대로 열심히 봉사도 하고 헌금도 드렸지만, '여기까지만!' 하는 신앙생활이었습니다. 결국 사업이 다시 승승장구하고, 아내가 셋째를 자연임신까지 하니 저는 더 교만해졌고 돈에 대한 집착은 더 심해졌습니다.

그러나 둘째 딸을 통해 하나님의 옳으심을 인정할 수밖에 없는 사건이 찾아왔습니다. 시험관 시술로 얻은 딸이 신경섬유종과 뇌종양을 진단받은 것입니다. 아내는 이 고난을 통해 온 가족을 예배의 자리로 인도했습니다. 저는 딸의 문제와 내 속의 분노를 고백하며 교회의 모든 양육을 받았습니다. 이후 목자로 세워졌지만, 여전히 술은 끊지 못했습니다. 그러다 한번은 제가 섬기는 목장의 한 지체가 음주운전으로 면허가 취소되었습니다. 그런데 그 사건이 꼭 제 책임으로 다가왔습니다. 여전히 술을 마시고 싶지만, 그럴 때마다 지체들의 얼굴을 떠올리며 술을 참고 있습니다. 이것이 바로 저를 거룩한 성에 거주하게 하는 공동체의 힘인 것 같습니다(느 11:1).

이제는 멸절의 위기에서 정신을 차린 베냐민처럼 성공한 인생보다는 충성된 인생, 순종하는 인생을 살기로 결단합니다(느 11:7). 아내와 함께 하나님을 사랑하며 주님의 약속 믿고 걸어갈 때 베레스, 세라와 같은 연약한 자녀들도 거룩한 성에 들어가게 될 줄 믿습니다(느 11:4, 24).

하나님 아버지, 예루살렘 성벽을 중수하고도 그곳에 거하지 않으려 하는 이스라엘 백성처럼 저에게도 순종하기 싫은 일들이 있습니다. '여기까지!' 하고 안주하려는 모습이 있습니다. 말씀을 통해 은혜를 받아도 몸으로도 못 가고, 부르심도 못 받아들이고, 자원함도 없는 것을 고백합니다. 하나님이 부르시고 사용하시는 것이 엄청난 복임을 알고 부르심에 순종하기 원합니다. 환경이 아닌 은혜를 좇아 거룩한 성에 거주하는 저와 우리 가족이 되기를 원합니다.

겸손할 수밖에 없는 환경을 주신 것이 가장 큰 은혜인데 집안의 수치를 감추고 내 죄를 감추고 싶어 하는 것을 불쌍히 여겨 주옵소서. 수치와 죄로 인해 나를 겸손하게 하신 것에 감사하기 원합니다.

며느리와 불륜을 저질러 수치와 조롱을 받은 유다에게서 난 세 아들이 거룩한 성 거주민의 명단에 찬란하게 오른 것을 보았습니다. 우리도 유다처럼 내 죄와 수치를 고백함으로 하나님의 영광을 드러 내기 원합니다. 하나님을 사랑하며 갈 때 우리의 자녀들이 거룩한 성에 다 거주하게 될 줄 믿습니다. 수치스러운 환경에서도 그것 때문에 쓰임받은 유다와 다말을 기억하며, 우리의 환경은 부끄러워하라고 주신 것이 아니라 부끄러움을 없애시는 하나님을 경험하는 복된 자리임을 알게 하옵소서.

내가 부족해도 끝까지 약속을 이루시는 하나님을 의지하며 각자의 자리에서 몸으로 가는 순종과 차별이 없는 섬김을 행하게 하옵소서. 겸손한 마음으로 거룩한 성에 거주하며 헌신할 때 하나님이 우리 자녀들을 기억하시고 복 주실 것을 믿고 나아가게 하옵소서. 예수님 이름으로 기도하옵나이다. 아멘.

11

거룩한 공동체

느헤미야 12장 1~26절

_____ 하나님 아버지,
우리의 가정과 교회와 나라, 이 모든 공동체가
거룩한 공동체가 되기 원합니다.
말씀해 주옵소서. 듣겠습니다.

암에 걸린 러시아 소녀를 15년 이상 도운 한 부부에게 어떤 사람이 물었습니다. "그래 봤자 한 사람밖에 못 돕잖아요?" 그러자 부부가 이렇게 대답했답니다. "당신도 한 사람을 도우세요. 그럼 벌써 두 사람이잖아요!"

토마스 람게(Thomas Ramge)의 책 『행복한 기부: 성공을 부르는 1%의 나눔』에 나오는 이야기입니다. 책 내용을 보면 이타주의의 가치를 깨닫고 실천하는 사람들이 누구보다 건강하고 오래 산다고 합니다. 한편 영국의 사회심리학자 마이클 아자일의 연구 결과에 의하면 골프, 쇼핑, 테니스, TV 보기 등의 여가 활동이 어떤 자원봉사 활동보다 재미를 주지 못한다고 합니다. 토마스 람게는 "사회가 양극화되고 빈부 차가 극심한 이 시대에 국가의 관료주의나 정책은 결핍의 문제를 다룰 뿐이지 우리가 기댈 곳을 찾아 주지 못한다. 오직 스스로 도울 줄 아는 공동체만이 우리의 기댈 곳이다"라고 주장했습니다.

여러분의 공동체는 어떻습니까? 스스로 돕고 나누는 기쁨의 공동체입니까? 스스로 도울 줄 아는 공동체는 거룩한 공동체, 하나님이 주인이신 공동체입니다. 목을 꼿꼿하게 세운 경건한 의인이 아니라 하나님 앞에서 내가 죄인임을 깨닫는 자들, 죄를 고백하는 죄인들의 공동체가 거룩한 공동체입니다.

그렇다면 거룩한 공동체의 특징은 무엇일까요?

거룩한 공동체는 주님을 왕으로 모십니다

스알디엘의 아들 스룹바벨과 예수아와 함께 돌아온 제사장들과 레위 사람들은 이러하니라……_느 12:1a

스알디엘은 '하나님께 간구하였다'는 뜻이고 스룹바벨은 '바벨론에서 태어난, 바벨론의 슬픔'이라는 뜻입니다. 스알디엘이 포로로 잡혀가서 바벨론에서 낳은 아들이 스룹바벨이고, 그가 예루살렘에 돌아와서 성전을 지은 것이 그 유명한 스룹바벨 성전입니다.

스룹바벨의 아버지 스알디엘은 포로로 잡혀가기 전 유다의 마지막 왕인 여호야긴의 왕위 계승권자였습니다. 그러니 그 아들 스룹바벨도 왕위 계승권자라고 할 수 있습니다. 그런데도 느헤미야의 명단을 보니 그는 왕이나 총독의 자리에 오르지 않았습니다. 이후에도 스룹바벨의 후계자에 대해 언급이 없는 걸 보면 자신의 직위를 다른 사람에게 넘긴 것으로 보입니다.

왕위 계승권자가 그 지위를 포기했다는 것은 이스라엘에 왕정 시대가 끝나고 율법과 성전을 중심으로 한 새로운 공동체가 탄생했음을 의미합니다. 이때부터 유다 왕의 계보가 끝나고 마태복음 1장 예수님의 계보가 등장합니다. 이는 진정한 왕은 예수님이심을 가르쳐 줍니다. 그동안 왕의 통치 아래 있던 이스라엘이 포로 귀환 후에는 백성 한 사람, 한 사람이 주인공이 된 것입니다.

그런데 여러분, 과거 사사시대를 거쳐 이스라엘에 왕을 달라고 먼저 요구한 쪽은 다름 아닌 백성이었습니다(삼상 8장). 하나님께서는 이스라엘을 애굽의 400년 노예 생활에서 구해 주셨습니다. 그뿐만 아니라, 이스라엘이 가나안 땅에 들어가 이방 민족들을 물리치고 정착하게 하셨습니다. 그런데 막상 가나안에 들어가 보니 다른 민족들에게는 저마다 왕이 있었습니다. 그 사실을 알고 이스라엘 백성도 왕을 구한 것입니다. 왕이신 하나님의 능력과 도우심으로 출애굽을 하고 그 힘든 광야를 지나왔는데, 이제는 세상 왕이 필요하다고 하는 겁니다. 돈이 필요하다고 해서 돈을 주니까 그동안 알지 못하던 다른 왕, 학벌과 세상 명예의 왕을 찾습니다. 학벌과 세상 명예를 하도 열심히 구해서 그것을 허락하니까 거기에서 또 다른 권세의 왕, 건강의 왕, 음란의 왕을 구합니다. 그렇게 하나님을 저버리고 다른 나라들처럼 왕을 달라고 하니 하나님께서 사무엘 선지자를 통해 이렇게 경고하십니다.

"그 날에 너희는 너희가 택한 왕으로 말미암아 부르짖되 그 날에 여호와께서 너희에게 응답하지 아니하시리라"(삼상 8:18). 너무 떼 부리는 기도를 하니까 왕을 주시긴 할 텐데 '너희가 택한' 그 왕 때문에 압제와 탈취를 당할 것이라고 말씀하십니다.

교회를 다니면서도 왕이신 하나님이 아니라 '너희가 택한 왕', 즉 내가 택한 왕 때문에 열심을 내는 것을 봅니다. 그래서 내가 택한 돈의 왕, 학벌의 왕, 건강의 왕을 달라고 새벽부터 철야까지 부르짖습니다. 그러니 하나님께서 "내가 분노하므로 네게 왕을 주고 진노하므로 폐하였노라"(호 13:11) 말씀하실 수밖에 없습니다.

그렇습니다. 내가 열심히 부르짖는 기도 제목이 하나님께서 분노하시는 기도 제목이 될 수 있습니다. 물론 돈, 학벌, 건강 모두 우리에게 필요합니다. 그러나 그것을 구하는 이유가 하나님의 뜻을 이루기 위해서인지 그저 내가 택한 왕을 구하는 것인지 잘 분별해야 합니다. 하나님께서 분노하시는 기도 제목으로 부르짖으면 잠시 응답해 주시는 것 같아도 결국 진노하므로 폐하신다는 걸 알아야 합니다.

그러나 진노하므로 폐하시는 것도 하나님의 사랑입니다. 이스라엘 백성도 자신들이 구한 왕들이 무너지는 것을 보면서 바벨론 포로로 잡혀갔습니다. 그 포로 생활을 경험하고 다시 돌아오니까 저절로 세상 왕을 내려놓고 '주밖에 없네'라고 고백하게 됐습니다. 그야말로 산전수전 공중전을 다 거치고 나니까 '왕이신 나의 하나님'을 구하게 됐습니다. 주님을 왕으로 모시는 사람들, 나에게 주님밖에 없다고 하는 사람들이 모인 공동체가 거룩한 공동체입니다.

이스라엘 백성은 애굽의 400년 노예 생활 동안에는 율법을 받지 못했습니다. 그래서 거룩한 공동체로 나오지 못했습니다. 그런데 광야의 시내산에서 율법을 받은 후에는 바벨론 포로 생활 70년이 그들에게 영적 훈련이 되었습니다. 마침내 거룩한 공동체, 자발적으로 헌신하는 공동체를 이루게 되었습니다. 느헤미야서의 명단을 통해서도 포로 기간에 많은 영적 지도자가 세워진 것을 알 수 있습니다.

나의 왕이 누구인가에 따라서 거룩한 공동체, 또는 악한 공동체로 구별됩니다. 열심히 교회에 다니고 예배를 드려도 하나님이 아닌 '너희의 택한 왕'을 구한다면 악한 공동체입니다. 세상의 어떤 모임이 자발적으로 모든 것을 나눌 수 있습니까? 일류 학교에 가면 자발적으로 나누고 도와줍니까? 지위와 교양을 갖췄다고 모든 것을 나누고 도울 수 있습니까? 거룩한 공동체는 하나님을 왕으로 모시고 하나님 앞에 내가 죄인임을 고백하는 사람들이 모인 공동체입니다. 나의 가정과 교회, 직장, 모든 공동체가 하나님이 주인 되신 거룩한 공동체가 될 때, 자발적으로 나누고 헌신하는 기쁨을 누릴 수 있습니다.

† 이스라엘이 포로 귀환 후에는 백성 한 명 한 명이 주인공이 되었듯이 하나님을 왕으로 모신 내가 공동체의 주인공인 것을 압니까? 교회와 직장에서 주인의식을 가지고 자발적으로 헌신하며 다른 사람을 돕고 있습니까?
† 나의 가정과 교회, 직장은 하나님이 주인 되신 거룩한 공동체입니까? 온 식구가 교회에 다니면서도 학벌과 외모, 성공의 왕을 구하는 악한 공동체는 아닙니까?

거룩한 공동체에는 거룩한 지도자가 있습니다

전제주의 왕정이 끝나고 백성 공동체가 되더라도 백성 각자가 그것을 받을 그릇이 되어야 합니다. 나라가 민주화돼도 국민이 수용할 능력이 없으면 자발적인 공동체를 이루기 어렵습니다. 미국 UCLA의 사회학 교수인 마이클 만(Michael Mann)은 독일의 전제주의를 예로 들면서 히틀러의 나치즘은 국민의 대다수가 동참한 대중 운동의 성격을 띠고 있다고 말합니다.

그렇다면 '유대인 학살이 독재로 인한 것인가, 민주화로 인한 것인가?'라는 질문이 생깁니다. 독일 민족의 대다수가 히틀러의 나치즘을 인정했다면 유대인 학살도 민주화의 산물이라고 해야 옳을 것입니다. 그런 시각에서 볼 때 종족 분쟁으로 인한 르완다 학살도 다수결 민주주의가 낳은 산물이라는 겁니다.

백성이 주인공이 되어 자발적인 공동체를 이룬다고 해도 하나님이 개입하지 않으시면 사람을 살리기는커녕 서로를 죽이는 것이 민주주의입니다. 자발적인 공동체의 중심에는 하나님이 계셔야 하고, 그러려면 하나님의 뜻을 깨닫게 해 줄 지도자가 필요합니다.

스알디엘의 아들 스룹바벨과 예수아와 함께 돌아온 제사장들과 레위 사람들은 이러하니라 제사장들은 스라야와 예레미야와 에스라와 _ 느 12:1

스룹바벨과 예수아와 '함께 돌아온' 제사장들과 레위 사람들이 있습니다. 이들은 종속적으로 따라온 것이 아니라 함께 돌아온 '동역자'들입니다. 원어로 보면 '함께 올라왔다'는 뜻입니다. 비록 포로 신분이긴 하지만 당시 최강의 바사 왕국에서 황폐한 예루살렘으로 돌아오는데 뭐가 그리 좋아서 올라왔다고 표현하겠습니까? 그러나 이들에게 말씀이 있었기에 영적으로 '올라왔다'는 표현을 썼습니다. 70년 포로 생활을 하면서 "이 땅에서 잘 먹고 잘사는 것이 전부가 아니다. 정말 중요한 것은 하나님을 믿는 것이다. 우리가 가야 할 곳은 예루살렘이다!" 이 가치관을 가지고 돌아왔기 때문에 '올라왔다'는 것이 맞는 말입니다.

그런데 생각해 보세요. 이들이 함께 돌아오기가 얼마나 어려웠겠습니까? 저는 시댁과 친정 모두 북한에 고향을 두고 있습니다. 북한에 가면 조상들이 소유하던 땅이 있을 텐데 지금 저보고 가서 그 땅을 회복하라고 하면 할 수 있겠습니까? 부모님의 고향이지 내 고향도 아닌 북한의 복음화를 위해 지금 살고 있는 집과 직업 다 내려놓고 북한에 가라고 하면 갈 수 있을까요? 저도 장담 못 합니다. 포로로 살았어도 70년 동안 집 짓고 아이 낳고 살다가 다 떨치고 돌아오는 게 쉬운 일이 아닙니다.

스룹바벨도 포로 2세대로 바벨론 포로 시절에 태어났기 때문에 부모에게 들은 이야기로만 예루살렘을 알았을 것입니다. 그럼에도 70년 동안 바벨론에서 쌓은 기득권을 포기하고 예루살렘에 돌아와 성전을 짓고 믿음을 회복했습니다. 이런 사람에게 지도자 자격이 있습니다. 아무리 좋아 보여도 세상 악행과 관습을 떨치고 돌아오는 사람, 황폐하게 무너져 볼품없어도 하나님의 임재가 있는 예루살렘이 최고의 도성이라는 것을 아는 사람이 거룩한 공동체의 지도자가 됩니다.

그러나 모두 돌아온 건 아닙니다. 2차 귀환까지 레위 사람은 한 명도 돌아오지 않았습니다. 그러다가 에스라가 열심히 독려해서 마지막에 몇 사람이 함께 돌아왔습니다(스 8:15~20). 제사장과 레위 사람이 중요한 이유는 그들이 예배를 위해 섬기는 사람들이기 때문입니다. 공동체의 구성원들이 하나님의 임재를 느끼고 하나님과 바른 관계를 맺기 위해서는 먼저 예배가 회복되어야 합니다. 성벽을 중수하고 다른 것은 다 갖추지 못해도 예배는 살아나야 합니다. 예배가 그토록 중요하기에 예배를 섬길 제사장과 레위 사람 역시 중요한 것입니다. 그래서 이들의 명단을 밝히고 있습니다.

제사장과 레위 사람이 중요하다는 말을 지위와 직분으로 이해하면 안 됩니다. 왕정 시대가 끝나고 백성 공동체가 되었어도 느헤미야, 에스라 같은 지도자가 필요합니다. 왕이나 느헤미야나 다 똑같은 것 아니냐고 하는데, 그렇지 않습니다. 거룩한 공동체에 필요한 지도자는 이타적인 지도자입니다. 자기 신념과 유익을 위해 나라를 이끄는 사람이 아니라 하나님을 경외하는 사람, 하나님을 경외함으로 백성을 섬길 줄 아는 사람이 거룩한 지도자입니다.

구약시대에는 왕, 선지자, 제사장으로 삼권이 분립돼 있었습니다. 그러다가 신약시대가 되어 진정한 왕이신 예수님이 오시면서 삼권이 통합되었습니다. 그로 인해 우리 모두 예수님을 왕으로 모시고, 왕 같은 제사장이 되어 주님의 아름다운 덕을 선포하는(벧전 2:9) 사명과 특권을 갖게 되었습니다. 거룩한 지도자는 자신을 높이지 않고 백성이 서로를 존귀하게 여기도록 가르치는 사람입니다. 직분을 내세우며 목에 힘주는 사람이 아니라 예수님을 믿는 우리가 다 왕 같은 제사장이라는 것을 깨우쳐 주는 사람입니다.

여기에는 나이, 직분 모두 상관이 없습니다. 구약시대에는 제사장의 나이가 어려도 제사장 대접을 받았습니다. 지도자가 공동체 구성원들을 존귀하게 여기고 모두가 지도자를 따르고 사랑한다면, 그 공동체의 예배는 살아나게 돼 있습니다. 또 예배가 살아날 때 지도자를 사랑하고 목사를 사랑하게 되는 것도 맞습니다. 무엇이 우선이라고 할 것 없이 예배의 회복과 지도자를 사랑하는 것은 바늘과 실의 관계처럼 불가분적입니다. 성도들이 목사의 눈치를 보고 목사가 성도의 눈치를 보는 교회에서는 예배가 살아날 수 없습니다. 목사의 권위가 아니라 말씀의 권위를 인정해서 예배와 목사를 동일하게 여긴다면 교회가 살아나고 건강한 공동체로 자리 잡을 수 있습니다.

2 아마랴와 말룩과 핫두스와 3 스가냐와 르훔과 므레못과 4 잇도와 긴느도이와 아비야와 5 미야민과 마아댜와 빌가와 6 스마야와 요야립과 여다야와 7 살루와 아목과 힐기야와 여다야니 이상은 예수아 때에 제사장들과 그들의 형제의 지도자들이었느니라_느 12:2~7

느헤미야 12장 1절부터 7절까지에는 제사장 가문인 22명이 나옵니다. 포로 귀환자 명단이 기록된 7장에는 이들의 이름이 없었는데 10장의 견고한 언약에 '인봉한 자'의 명단에는 같은 이름이 실려 있습니다. 이들처럼 영적으로 자신을 개혁하기로 결단하고 견고한 언약에 도장을 찍은 사람들이 지도자로 세워집니다. 인사(人事)가 만사(萬事)이기에 사람을 세우는 일은 신중하고 또 신중하게 결정해야 합니다. 여러 단계를 거쳐 마지막까지 검증된 사람이 지도자로 세워져야 합니다.

이 제사장들의 이름을 보면 여호와께서 다스리시고, 여호와께서 말씀하셨고, 여호와께서 일어나셨고, 여호와께서 거하시고, 여호와께서 싸우실 것이고, 여호와께서 들으시고, 여호와께서 알고 계시고 등의 뜻을 가지고 있습니다.

오랜 포로 생활로 성전도 무너지고 예배를 섬길 일꾼도 없는 줄 알았는데, 느헤미야가 모아 놓고 보니 이런 믿음의 일꾼들이 준비돼 있었습니다. 내가 매여 있어 아무것도 할 수 없어도 하나님께서는 하나님의 일을 예비하고 이루어 가십니다.

8 레위 사람들은 예수아와 빈누이와 갓미엘과 세레뱌와 유다와 맛다냐니 이 맛다냐는 그의 형제와 함께 찬송하는 일을 맡았고 9 또 그들의 형제 박부갸와 운노는 직무를 따라 그들의 맞은편에 있으며
_느 12:8~9

270

제사장 다음에 레위 사람들이 나옵니다. 주의 일에는 레위 사람이나 제사장이나 차이가 없습니다. 제가 하나님을 믿으면서 기뻤던 것은 직분 때문이 아니었어요. 말씀을 깨닫는 것 때문에 기뻤습니다. 교회에서 인정받고 직분을 받아서가 아니라 날마다 성경을 보면서 하나님이 말씀을 깨닫게 하시니 환경과 상관없이 기쁘게 살았습니다. 남편이 힘들게 해도 그날 큐티 본문을 펴면 하나님께서 '남편만 탓하지 말고 네가 회개할 것이 없는지 생각해 보렴. 너를 깨닫게 하려고 남편이 수고한다는 걸 알아야지' 하고 말씀해 주시는 것 같았습니다.

대통령과 아는 사이라고 해도 대단한 자랑거리가 될 텐데 창조주 하나님이 나를 아시고 내게 친히 말씀해 주시니 세상 그 어떤 기쁨과 비교할 수 있겠습니까! 그것이 기뻐서 다른 사람들에게 나누고 전했을 때 하나님은 많은 사람이 은혜를 받고 달라지는 것을 보게 하셨습니다. 그러니 제가 직분과 전혀 관계없이 말씀 때문에 기뻐서 다른 사람을 돕게 되었습니다.

그러나 직분 때문에 모이는 공동체는 깨질 수밖에 없습니다. '누구는 제사장이고 누구는 레위냐'며 따지다가는 고라 자손처럼 하나님의 심판을 받게 됩니다(민 16장). 성소를 섬기고 각종 제사를 주관하는 제사장이건, 찬양과 여러 가지 실무를 맡은 레위 사람이건, 역할의 차이만 있을 뿐 위아래는 없습니다. 직분이 아닌 말씀 때문에 기쁜 사람들이 모일 때 진정한 예배를 드릴 수 있고, 공동체가 평안히 갈 수 있습니다.

10 예수아는 요야김을 낳고 요야김은 엘리아십을 낳고 엘리아십은
요야다를 낳고 11 요야다는 요나단을 낳고 요나단은 얏두아를 낳았
느니라_느 12:10~11

바사 왕국 당시의 예수아부터 알렉산더 대왕 때의 얏두아까지
대제사장의 계보입니다. 여기에 언급된 대제사장 중에서 엘리아십은
느헤미야 3장에서 양문 중수를 담당한 사람입니다. 그런데 그 후손이
느헤미야를 괴롭힌 사마리아 총독 산발랏의 사위가 됩니다(느 13:28).
유대 역사가 요세푸스에 의하면 요나단은 동생 예수아가 바사 세력
을 등에 업고 대제사장직을 뺏으려 하자 동생을 성전에서 죽인 잔인
한 사람이라고 합니다. 또 그의 아들 얏두아는 알렉산더 시대에 바사
와의 관계에서 많은 어려움을 당했습니다.

대제사장이라고 다 좋고 다 잘되는 것이 아닙니다. 대제사장 후
손 중에도 믿음을 핍박하는 사람이 있고, 살인자도 있고, 온갖 고난을
겪는 사람도 있습니다. 유명한 교회, 유명한 믿음의 가문이라고 온 가
족이 믿음이 좋은 것도 아니고 그 자손이 다 잘되는 것도 아닙니다.

유명 교회에 다니는 엘리트 부부가 있는데 그 자녀들이 아무도
신앙생활을 하지 않는답니다. 그래서 제가 자녀의 믿음에 대해 권면
했더니 "우리는 아이들에게 종교의 자유를 주고 싶어요. 절대 믿음을
강요하고 싶지 않아요. 아이들이 자기 의지로 나올 때까지 기다릴 뿐
이죠"라고 말했습니다. 굉장히 합리적인 것처럼 보이지요. 그러나 그
리스도인에게 무슨 종교의 자유가 있습니까! 교회만 왔다 갔다 하는

'선데이 크리스천'이 아니라 예수 그리스도를 믿는 그리스도인이라면 종교의 자유란 있을 수 없습니다. 믿음은 선택이 아닙니다. '사느냐 죽느냐'의 문제입니다. 우리가 내일 일을 알지 못하고 당장 오늘이라도 하나님이 부르시면 떠날 수밖에 없는 인생인데, 어떻게 마냥 기다릴 수 있습니까! 오늘 죽으면 지옥에 떨어질 내 자녀, 내 식구인데 어떻게 교양으로만 그들을 대할 수 있겠습니까!

여러분, 자녀는 교양이 아닌 진심으로 대해야 합니다. '때가 되면 믿겠지' 하고 기다리는 것은 자녀를 전혀 사랑하지 않는다는 말과 똑같습니다. 자녀를 사랑한다면 "엄마 아빠의 가장 큰 소원은 너희가 예배드리고 하나님의 뜻대로 사는 거야"라고 반복해서 강조해야 합니다. 부모 말을 듣기 싫어하고, 광신자라고 대들고 어떤 불평을 해도, 전심을 다해 자녀에게 복음을 전하고 또 전해야 합니다.

그런데 부모가 믿음으로 바로 서지 못하니까 "지금은 공부에 집중하고 교회는 대학에 가서 다녀라. 주일에 입시 특강이 있으면 예배는 빠져도 돼. 예배 말고 더 중요한 게 있으면 그것부터 해야지" 하고 가르칩니다. 자녀가 하나님 없이 성공하는 슬픈 인생을 살도록 부모가 채근하는 겁니다.

12 요야김 때에 제사장, 족장 된 자는 스라야 족속에는 므라야요 예레미야 족속에는 하나냐요 13 에스라 족속에는 므술람이요 아마랴 족속에는 여호하난이요 14 말루기 족속에는 요나단이요 스바냐 족속에는 요셉이요 15 하림 족속에는 아드나요 므라욧 족속에는 헬개

요 16 잇도 족속에는 스가랴요 긴느돈 족속에는 므술람이요 17 아비야 족속에는 시그리요 미냐민 곧 모아댜 족속에는 빌대요 18 빌가 족속에는 삼무아요 스마야 족속에는 여호나단이요 19 요야립 족속에는 맛드내요 여다야 족속에는 웃시요 20 살래 족속에는 갈래요 아목 족속에는 에벨이요 21 힐기야 족속에는 하사뱌요 여다야 족속에는 느다넬이었느니라_느 12:12~21

12절에서 21절까지 제사장 가문의 족장들 이름이 나오는데, 1절 이하에 언급된 예수아 시대 제사장의 자녀들이 무려 20명이나 등장합니다. 포로에서 돌아온 자녀 20명이 믿음의 가문을 유지하면서 제사장이 되고 족장이 되었습니다.

하나님께서는 조상의 믿음, 부모의 믿음을 기억하시고 그 자녀들을 믿음의 길로 인도하십니다. 여자 목사로 교회를 담임하면서 후계자가 잘 세워질 수 있을지 염려하는 사람들도 있습니다. 저도 교회 건축을 준비하면서 '건물은 지어 놨는데 교회를 이어 갈 사람이 안 나오면 어쩌나' 하는 생각을 하기도 했습니다. 그런데 이 말씀을 묵상하다가 지금 저에게는 보이지 않아도 하나님께서 믿음의 후계자들을 예비하고 세우신다는 것을 알았습니다.

포로 생활에서 돌아와 성읍은 광대하고 주민은 적은 예루살렘, 아직은 보잘것없는 이스라엘 공동체지만 하나님은 초라함과 무너짐 가운데서도 주님의 일꾼들을 세우시고 주님의 일을 이루십니다. 환난당하고 빚지고 원통한 사람들이 모인 우리들교회가 초라해 보여도 하나님께서 그 가운데 헌신할 사람들을 택하고 준비시키실 것을 믿습니다. 아무도 나서지 않는 것 같아도 하나님께서 대제사장, 제사장, 레위 사람을 준비시키신 것처럼, 나 한 사람이 믿음 안에 올바로 서 있으면 하나님의 교회는 하나님이 책임져 주십니다. 거룩한 지도자를 사랑하고 따르며, 또 내가 거룩한 지도자가 되기로 결단할 때 우리 자녀들이 믿음의 후계자로 세워지고 영혼 구원의 사명을 이어갈 것입니다.

† 가정, 교회, 직장의 지도자를 위해 기도하고 그들의 뜻에 동참합니까?
† 직분 때문에 기뻐서 섬기고 있습니까, 아니면 하나님께서 내 삶을 말씀으로 해석해 주시는 것이 기뻐서 섬기고 있습니까?
† 내가 거룩한 지도자가 되어 먼저 손해 보고 섬기는 이타적인 삶을 살 때 내 자녀를 통해 믿음의 역사가 이어질 것을 믿고 기대합니까?

거룩한 공동체는 거룩한 가치관으로 이루어집니다

22 엘리아십과 요야다와 요하난과 얏두아 때에 레위 사람의 족장이 모두 책에 기록되었고 바사 왕 다리오 때에 제사장도 책에 기록되었고 23 레위 자손의 족장들은 엘리아십의 아들 요하난 때까지 역대지략에 기록되었으며 24 레위 족속의 지도자들은 하사뱌와 세레뱌와 갓미엘의 아들 예수아라 그들은 그들의 형제의 맞은편에 있어

하나님의 사람 다윗의 명령대로 순서를 따라 주를 찬양하며 감사하고 25 맛다냐와 박부갸와 오바댜와 므술람과 달몬과 악굽은 다 문지기로서 순서대로 문안의 곳간을 파수하였나니 26 이상의 모든 사람들은 요사닥의 손자 예수아의 아들 요야김과 총독 느헤미야와 제사장 겸 학사 에스라 때에 있었느니라_느 12:22~26

레위 족속의 지도자들이 "하나님의 사람 다윗이 명령대로 순서를 따라 주를 찬양했다"고 합니다. 다윗을 유다의 왕도 아니고 음악가나 예술가도 아니고 '하나님의 사람'으로 소개하고 있네요. 저도 죽은 후에 다윗처럼 '하나님의 사람 김양재'로 불리고 싶습니다.

하나님의 사람은 하나님의 가치관을 가지고 사는 사람입니다. 느헤미야서에서 계속되는 명단을 통해 우리가 알지 못하던 이름들을 숨차게 읽어 내려갔습니다. 발음하기도 어렵고 성경책을 덮는 순간 기억도 안 날 이름들이 여기에 기록되었습니다. 모세나 다윗처럼 유명한 사람들은 당시 유명하게 쓰임을 받았습니다. 그러나 거룩한 성 거주민으로 기록된 이 사람들은 당시에는 무명했어도 하나님께 유명한 자가 되어 두고두고 성경에 이름을 남겼습니다. 사람에게 유명한 자 같으나 하나님께 무명한 자가 되지 않고, 사람에게 무명한 자 같으나 하나님께 유명한 자가 되는 것이 복입니다. 하나님께 헌신한 사람을 하나님께서는 반드시 기억하십니다. 이 땅에서 무명한 자로 살아도 하나님이 나를 기억하신다는 그 믿음이 거룩한 가치관이고, 그것이 우리의 상급입니다.

우리들교회의 어느 집사님이 수험생 아들에 대한 나눔을 올렸습니다.

공부에는 관심이 없고 비보이(B-boy) 춤에 빠져 있던 큰아들이 야간 자율 학습에서 빠지게 해 달라고 동의서를 들고 왔습니다.

"너, 아빠하고 약속 하나만 하자. 그 약속만 지킨다면 자율 학습은 빠지도록 허락해 주마."

"뭔데요?"

혹시나 하고 내민 동의서였는데 선뜻 써 주겠다고 하니 아들이 미심쩍은 눈빛으로 묻습니다.

"너 자율 학습 빠지는 대신 주일날 청소년부 예배는 반드시 드리는 거다. 어떤 일이 있어도 예배와 목장 모임에 참석하기로 아빠하고 약속하자."

그렇게 자율 학습을 빠져도 좋다는 동의서를 써 주고, 아들은 약속대로 매주 청소년부 예배와 목장 모임에 빠지지 않고 잘 나갔습니다. 그 모습이 기쁘면서도 아예 공부는 그만둔 것인지, 대학은커녕 고등학교 졸업은 할 수 있을지 부모로서 마음이 무거울 때가 많았습니다.

그러나 하나님께서는 야간 자율 학습 대신 예배에 빠지지 않게 한 선택이 얼마나 잘한 일인지를 보여 주셨습니다. 고등학교 졸업은 할 수 있을까 걱정하던 아들이 올해 수능시험을 보고 대학에 합격한 것입니다. 그것도 등록금만 내면 가는 학교도 아니고 남들이 부러워할 학교에 당당히 입학하게 되었습니다.

공부와 거리가 멀던 아이가 대학에 합격한 비결은 예배와 나눔에 있었습니다. 고등학교 3년 동안 교회 공동체에서 활동하면서 매주 말씀을 듣고, 성경 말씀을 자신에게 적용해서 친구들과 나누고, 다른 친구들의 나눔을 들어 주다 보니, 그것이 훈련이 되어 면접시험에서 성과를 낸 것입니다.

다른 아이들과 비교할 때 자기는 당연히 떨어질 거라고, 시험은 봤지만 기대는 하지 말라던 아들이 면접 성적이 좋아 합격했다며 환한 얼굴로 들어왔습니다. 그런 아들에게 넌지시 한마디 던졌습니다.

"너, 교회 안 다녔으면 대학 못 갔지?"

"그럼! 당연히 못 갔지요. 나 교회 안 다녔으면 대학만 못 간 게 아니라 사고도 많이 쳤을걸요!"

사교육이나 자율 학습이 아니라 예배가 자신을 지켰다는 아들의 고백, 이것이 거룩한 가치관입니다. 집사님은 본인이 사교육을 시킬 경제적 능력도 안 되는데 야간 자율 학습까지 빠지겠다는 아들 때문에 걱정이 많았다고 합니다. 어쩔 수 없이 공부는 하나님께 맡기고 그저 예배에 참석하면서 비뚤어지지 않기만 바랐는데 그런 믿음의 가치관이 아들에게도 전해진 것입니다. 고액 과외를 받고 명문대학에 들어간다고 성공한 인생이 아닙니다. 하나님의 가치관을 가지고 하나님의 사람으로 자리매김하는 것이 성공한 인생입니다. 거룩한 가치관을 심어 주며 가정과 교회를 섬기는 집사님과 이 아들이야말로 성공한 인생을 사는 분들임을 믿습니다.

278

† 내가 죽은 후 가족, 친지들에게 하나님의 사람으로 불릴 수 있을까요? 누구보다 교회에 열심을 내며 사람들에게는 그리스도인으로 불립니까? 그런데 하나님께는 무명한 자가 되어 잘못된 열심을 내고 있지는 않습니까? 외적 열심이 아닌 가치관의 변화로 믿음의 본을 보이며 영적·육적 자녀들에게도 성경적 가치관을 심어 주고 있습니까?

말씀으로 기도하기

거룩한 공동체는 하나님을 왕으로 모시고 내가 죄인임을 고백하는 사람들이 모인 공동체입니다. 삶의 모든 영역에서 하나님의 주권을 인정하며 성경적 가치관을 적용할 때 우리의 공동체가 거룩한 공동체가 되어 하나님의 역사를 이루어 갈 줄 믿습니다.

거룩한 공동체는 주님을 왕으로 모십니다(느 12:1a).

내가 속한 가정과 직장, 교회가 세상 왕을 구하지 않고 하나님을 왕으로 모시는 거룩한 공동체가 되기를 기도합니다. 하나님을 왕으로 모신 내가 공동체의 주인공이 되어 거룩한 삶의 본을 보이기 원합니다. 하나님이 왕이요, 주인이신 이 공동체 안에서 자발적으로 나누고 헌신하는 기쁨을 누리게 하옵소서.

거룩한 공동체에는 거룩한 지도자가 있습니다(느 12:1~21).

거룩한 공동체를 위해 거룩한 지도자가 세워지기를 기도합니다. 내가 속한 공동체의 지도자를 위해 기도하며 동역하는 마음으로 섬기기 원합니다. 이 땅에서 무명한 자로 살아도 가정에서 직장에서 믿음의 본을 보이는 영적 지도자로서 십자가 지는 삶을 잘 살아가게 하옵소서.

거룩한 공동체는 거룩한 가치관으로 이루어집니다(느 12:22~26).

거룩한 가치관으로 거룩한 공동체를 이루어 가기 원합니다. 가족과 이웃에게 하나님의 사람으로 불리기 위해 말씀으로 가치관이 변하고 삶이 변할 수 있기를 기도합니다. 항상 손해를 자청하며 다른 사람을 섬기는 이타적인 삶의 모습을 보임으로 자녀들에게도 성경적인 가치관, 거룩한 하나님의 가치관을 심어 주게 하옵소서.

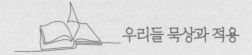

우리들 묵상과 적용

저는 의사 아버지와 명문대 출신 어머니 사이에서 부족함 없이 자랐습니다. 그러다 초등학교 2학년 때 아버지의 외도와 배다른 여동생의 존재를 우연히 알게 되었습니다. 하지만 어머니에게는 차마 내색하지 못한 채 아버지에 대한 미움과 분노만 키웠습니다. 자녀의 성공을 바라며 모든 일을 견디시던 어머니는 제가 대학 입시에 계속 실패하자 낙심하셨습니다. 그러자 어머니는 당시 예고 강사였던 목사님께 제 피아노 레슨을 부탁하셨습니다. 그런데 목사님이 제가 교회에 나오지 않으면 레슨을 해 주지 않겠다고 하셔서 저는 교회에 나가고 재수생 큐티 모임에 참석했습니다.

이후 어머니는 목사님을 통해 예수님을 영접하셨고, 아버지도 복음을 듣고 영접하는 놀라운 역사가 일어났습니다. 집안의 제사를 폐하고 드린 첫 추도예배 때 목사님께 예배 인도를 부탁드렸는데, 그 자리에 있던 친척들이 주님을 영접하는 은혜가 임했습니다. 저도 입시에 합격하는 기쁨을 맛보았습니다. 그러나 기쁨은 잠시뿐이었고, 결혼 적령기가 되면서 믿음보다는 학벌과 돈을 갖춘 사람을 구하며 살았습니다.

그러던 중 어머니가 담낭암 말기로, 서너 달밖에 못 사실 거라는 청천벽력 같은 사건이 왔습니다. 어머니는 주변 정리에 열심을 내며, 데리고 와서 믿게 하겠다며 학벌 좋은 불신자 며느리를 맞이하셨습니다. 올케는 결혼하면 교회에 다니겠노라고 어머니 앞에서 약속했습니다. 하지만 왕을 달라는 백성의 떼 부리는 기도에도 하나님이 응답하시고 "분노하므로 왕을 주고 진노하므로 폐하였노라(호 13:11)" 말씀하신 것처럼, 본인은 물론 남동생까지 교회를 못 나가게 했습니다.

아버지는 어머니가 돌아가신 후 얼마 안 되어 두 집 살림을 하던 분과 함께 사셨습니다. 하지만 저는 그분을 새엄마로 인정할 수 없었습니다. 아버지를 향한 분노와 갑자기 떠맡은 살림, 남동생 부부의 잦은 싸움으로 저는 죽고만 싶었고, 실제로 수면제까지 모으며 스스로 목숨을 끊을 생각을 했습니다. 예수님의 조상인 유다는 자기 죄를 고백했는데, 저는 자기 연민에 빠져 현실을 인정하기가 싫었습니다. 그런 제게 목사님은 가족 구원을 위해 그분을 엄마로 부르기로 적용하면 그 하나만으로도 복음이 전해지는 통로가 될 것이라 하셨습니다. 그리고 "별 인생이 없는데 네가 별이 되고 별을 나눠 주는 인생을 살라"고 권면하셨습니다. 이제는 아버지와 새어머니, 남동생, 여동생 가족이 죄인들이 모인 거룩한 공동체에 들어와 거룩한 가치관을 갖기를 소원합니다(느 12:22~26). 말씀과 거룩한 공동체를 통해 이 모든 것이 나의 구원 때문임을 알게 하시고, 가족 구원의 사명을 주신 하나님께 감사와 찬양을 올려 드립니다.

# 영혼의 기도

하나님 아버지, 하나님을 주인으로 섬기지 않으면 화목해 보이는 공동체, 성공한 사람들의 공동체라도 악한 공동체임을 알았습니다. 날마다 모여서 미움과 시기의 전쟁을 하거나, 먹고 마시고 즐기면서 '하나님께서 분노하므로 주시고 진노하므로 폐하실 것'만 구하고 있음을 고백합니다. 주여, 불쌍히 여겨 주옵소서. 우리 공동체가 거룩한 공동체가 되기 위해 내게 사명이 있다고 하시오니 예수님을 왕으로 모신 백성 공동체의 일원으로서 회개하는 그 한 사람이 되기 원합니다. 하나님께서 분노하실 기도 제목들을 내려놓고 즐거이 헌신하는 나눔의 본을 보이기를 원합니다.

이제 막 포로 생활을 마친 초라하고 연약한 이스라엘 공동체에 제사장과 레위 사람을 예비하신 것처럼, 거룩한 공동체를 위해 헌신하고자 할 때 주님이 거룩한 지도자를 세우고 따르게 하실 것을 믿습니다. 예수 믿는 우리는 어디에서나 거룩한 지도자임을 알고, 항상 손해를 자청하며 다른 사람을 섬기는 이타적인 삶을 살게 하옵소서. 직분 때문이 아니라 말씀 때문에 기뻐하며, 하나님을 사랑함으로 우리의 재물과 애정과 시간을 드릴 때 자녀들까지도 믿음의 후계자로 자리매김할 줄 믿습니다. 그러기 위해 자녀들에게 먼저 성경적인 가치관, 거룩한 하나님의 가치관을 심어 주게 하옵소서. 하나님 없이 성공하는 슬픈 인생을 살지 않고, 어떤 상황에서도 하나님으로 인해 기뻐하는 성공의 삶을 살 수 있도록 자녀에게 지식보다 믿음을 넣어 주게 하옵소서.

알지 못하던 수많은 이름이 거룩한 성에서 예배를 책임지는 일꾼들이 된 것처럼 이 땅에서 무명한 자로 살아도 하나님께 유명한 자가 되는 것이 얼마나 큰 복인지 보이게 하옵소서. 그리하여 세상의 어떤 직위보다 '하나님의 사람'으로 불리는 우리가 되고 우리 가족이 되기를 간절히 소망합니다. 우리의 가정과 교회와 직장이 거룩한 공동체가 되고, 우리 각 사람이 거룩한 지도자가 되어서 거룩한 가치관을 접붙이고 갈 수 있도록 은혜를 내려 주옵소서. 예수님 이름으로 기도하옵나이다. 아멘.

PART

말씀대로 사는
가정 되게 하소서

심히 즐거운 일

느헤미야 12장 27~43절

_____ 하나님 아버지,
주님 안에서 심히 즐거운 인생을 살기 원합니다.
잠시면 사라질 세상의 즐거움이 아니라
영원한 즐거움을 맛보기 위해 말씀을 듣고 깨닫기 원합니다.
말씀해 주옵소서. 듣겠습니다.

이스라엘 백성이 예루살렘 성벽 중수를 마치고 그 성벽을 하나님께 드리는 봉헌식을 거행했습니다. 느헤미야 1장부터 시작해서 오늘 봉헌식에 이르기까지 수많은 음모와 방해가 있었습니다. 그동안의 어려움을 생각하면 무척이나 감격스러운 순간이지요. 성전도 아니고 성벽의 봉헌식을 한 예는 지금까지 없습니다. 다윗 성이 아무리 대단해도 봉헌식을 했다는 기록이 없고, 솔로몬 때도, 르호보암 때도 성벽 봉헌식을 거행했다는 말이 없습니다.

바벨론 포로 생활을 마치고 돌아온 이스라엘 백성은 폐허가 된 성전을 보며, 성벽이 중요한 보호 수단임을 알았을 것입니다. 더욱이 예루살렘 성전은 주변 강대국의 각축장이 되어 방해와 음모가 끊이지 않았기에 성벽의 중요성은 더 부각될 수밖에 없었습니다.

봉헌식을 거행하기까지 외적으로는 산발랏과 도비야의 방해가 있었고, 내적으로도 갈등이 있었습니다. 그 와중에 느헤미야가 중심을 잡고 백성을 인도해서 52일 만에 성벽을 완성했습니다. 그러니 이 얼마나 기쁘고 즐거운 순간입니까! 즐거움이란 이런 것입니다. 믿음의 선한 싸움을 다 싸우고 영적 전쟁을 거친 사람만이 심히 즐거워할 수 있는 자격을 가집니다.

그렇다면 지금 여러분은 어떻습니까? 무엇으로 심히 즐거워하고 있습니까?

나 자신을 봉헌하는 것이 가장 즐거운 일입니다

예루살렘 성벽을 봉헌하게 되니 각처에서 레위 사람들을 찾아 예루살렘으로 데려다가 감사하며 노래하며 제금을 치며 비파와 수금을 타며 즐거이 봉헌식을 행하려 하매_느 12:27

예루살렘 성벽을 하나님께 드리는 봉헌식처럼 하나님의 성전인 나 자신을 드리는 것은 심히 즐거운 일입니다. 그럼에도 우리는 아직 욕심이 많아서 나 자신을 하나님께 봉헌하기가 참으로 어렵습니다. 외모도 잘나고 공부도 잘하고 가진 것이 많으면 더더욱 자신을 드리기가 어렵지요. 부모도 그렇지 않습니까? 속 썩이는 자녀는 무조건 하나님께 맡기겠다고 하면서도 공부 잘하고 효도하는 자녀는 하나님께 쉬 드리지를 못합니다.

그러나 하나님은 값없이 우리에게 사랑을 주셨습니다. 우리가 그 사랑을 제대로 알기 위해서는 반드시 치러야 할 경험의 값이 있습니다. 고난의 값을 치르며 내 힘으로 안 되는 인생을 살아갈 때 하나님을 주인으로 인정하고 하나님께 나 자신을 봉헌할 수 있게 됩니다.

그렇게 나 자신을 드리게 되면 그다음은 무엇을 합니까? 각처에서 레위 사람들을 찾아 예루살렘으로 데려다가 감사하며 노래하며, 제금을 치며 비파와 수금을 타며 즐거이 봉헌식을 행하게 합니다.

여러분, 성벽 봉헌식이 즐거운 이유가 무엇입니까? 거기에 하나님이 임재하시기 때문입니다. 하나님이 임재하시면 무언들 못 하겠습니까. 무너지고 더럽고 상처로 가득 찬 나에게 하나님이 임하시면 용서할 수 없는 사람을 용서하고, 미워하던 사람을 사랑하고, 포기할 수 없던 것들을 포기하게 됩니다. 내 힘으로 결코 끊을 수 없던 집착과 원망, 미움, 좌절 등이 내 안에서 빠져나가는 것입니다. 이것이 심히 즐거운 인생입니다.

이 즐거움은 돈으로도, 학벌로도, 지위로도 결코 얻을 수 없습니다. 내 안의 '육신의 정욕, 안목의 정욕, 이생의 자랑'(요일 2:16)이 다 사라지고 하나님만으로 즐겁다면, 그래서 다른 사람을 도우면서 살아간다면 이보다 더 즐거운 인생이 어디 있겠습니까!

28 이에 노래하는 자들이 예루살렘 사방 들과 느도바 사람의 마을에서 모여들고 29 또 벧길갈과 게바와 아스마윗 들에서 모여들었으니 이 노래하는 자들은 자기들을 위하여 예루살렘 사방에 마을들을 이루었음이라_느 12:28~29

레위 사람들이 느도바, 벧길갈, 게바, 아스마웻 들에서 모여들었는데, 이곳은 모두 예루살렘에서 20㎞ 반경에 있는 마을입니다. 나 자신을 하나님께 드리면 갑자기 레위 일꾼들이 보이기 시작합니다. 그동안 나를 도운 레위가 생각나고, 앞으로도 나를 도와줄 레위, 즉 믿음의 사람들을 찾게 됩니다.

저는 시집살이 5년 동안 시부모님과 함께 교회를 다녔지만, 교회에 아는 사람이 없었습니다. 그때는 죽을 만큼 힘들어도 내 고난을 나눌 지체가 한 사람도 보이지 않았습니다. 그런데 나 자신을 하나님께 드리고 나니 비로소 동역자가 생기기 시작했습니다. 그래서 시어머니께도 솔직하게 하나님의 은혜를 나눌 수 있었습니다. 내 옆에 동역자가 없는 것은 아직 나 자신을 비우지 못했기 때문입니다. 나 자신을 비운 만큼 내 옆에 일꾼이 보이고, 즐거이 봉헌식을 행할 수 있습니다.

제사장들과 레위 사람들이 몸을 정결하게 하고 또 백성과 성문과 성벽을 정결하게 하니라_느 12:30

나를 봉헌하기 위해서는 정결례가 필요합니다. 봉헌식의 기쁨에 앞서 제사장들과 레위 사람들이 먼저 회개하는 모습을 보이자 백성도 따라서 회개합니다. 목사가 회개해야 목자가 회개하고 목자가 회개해야 목원이 회개합니다. 아버지가 회개해야 가족이 회개합니다. 믿음의 제사장인 여러분이 먼저 회개해야 다른 사람이 회개합니다. 회개할 게 없다고 말할 사람은 이 세상에 아무도 없습니다. 죽을 때까지 우리에겐 회개할 것만 있습니다.

자기가 죄인인 것을 아는 만큼 남을 도울 수 있습니다. 그래서 내 죄를 모르는 사람은 결코 다른 사람을 도울 수 없습니다. 교회에서뿐만 아니라 삶의 모든 영역에서 정결례를 행해야 나를 즐거이 하나님께 봉헌할 수 있습니다.

한번은 제가 주유소에서 주는 사은권을 8만 원어치 모았는데, 하루는 주유하러 가니 10만 원 사은권이 있으면 라면 한 박스를 준다고 했습니다. 저는 8만 원 사은권을 들고 주유소 직원에게 라면 한 박스를 달라고 졸랐습니다. 그 사람이 안 된다고 하는데도 "아이, 그냥 줘요~" 하다가 갑자기 너무 부끄러운 생각이 들어서 그냥 돌아왔습니다. '이렇게 사소한 것에 욕심을 내면서 헌금을 하면 뭐하는가, 믿는 사람으로서 내가 먼저 손해를 봐야 할 텐데 목사가 이래도 되는가' 하며 회개했습니다. 나를 즐거이 하나님께 봉헌하려면 여전히 치사하고 욕심이 많은 자신의 모습을 보고 정결례를 행해야 합니다.

† 내가 여전히 심히 즐거워서 끊지 못하는 중독은 무엇입니까? 내 힘으로는 중독을 끊을 수 없음을 알고, 나 자신을 하나님께 드립니까?
† 사람에게서 즐거움을 찾을 때는 늘 외로웠는데 나 자신을 하나님께 드렸을 때 동역자가 생기는 기쁨을 경험한 적이 있습니까?
† 나와 내 가정을 하나님께 봉헌하고자 내가 먼저 정결례를 행하며 회개할 죄는 무엇입니까?

예수님을 믿고 가는 구원의 여정이 심히 즐겁습니다

31 이에 내가 유다의 방백들을 성벽 위에 오르게 하고 또 감사 찬송
하는 자의 큰 무리를 둘로 나누어 성벽 위로 대오를 지어 가게 하였
는데 한 무리는 오른쪽으로 분문을 향하여 가게 하니 32 그들의 뒤
를 따르는 자는 호세야와 유다 지도자의 절반이요 33 또 아사랴와
에스라와 므술람과 34 유다와 베냐민과 스마야와 예레미야이며 35 또
제사장들의 자손 몇 사람이 나팔을 잡았으니 요나단의 아들 스마야
의 손자 맛다냐의 증손 미가야의 현손 삭굴의 오대 손 아삽의 육대
손 스가랴와 36 그의 형제들인 스마야와 아사렐과 밀랄래와 길랄래
와 마애와 느다넬과 유다와 하나니라 다 하나님의 사람 다윗의 악
기를 잡았고 학사 에스라가 앞서서 37 샘문으로 전진하여 성벽으로
올라가는 곳에 이르러 다윗 성의 층계로 올라가서 다윗의 궁 윗 길
에서 동쪽으로 향하여 수문에 이르렀고_느 12:31~37

우리의 구원 여정은 힘들어도 생명으로 연결되기 때문에 기쁘지
않은 일이 하나도 없습니다. 구원의 여정에는 나의 고난과 수치를 보
여 주는 시청각 교육이 있습니다. 이스라엘 백성이 성벽을 짓기 시작
할 때 도비야가 와서 거기는 여우가 올라가도 곧 무너질 것이라고 조
롱했습니다(느 4:3). 그런데 에스라와 느헤미야가 분문에서부터 오른
쪽과 왼쪽으로 성벽 위에서 행진을 합니다. 성벽이 무너질 것이라고
조롱하던 그들에게 보여 주기 위해 시청각 행진을 하는 것입니다.

기독교방송에서 간증하는 우리들교회 성도들을 보면서 "저렇게 간증해도 괜찮아? 어떻게 저리 자기 사생활을 다 말할 수 있어?", "저러다가 곧 분란으로 무너지겠지" 하고 판단하는 사람이 있습니다. 그러나 수십 년간 그렇게 큐티 적용을 하고 저 자신을 드러내고 살았지만 아직 튼튼하게 걸어가고 있습니다. 중풍병자가 치유되어 자기가 누웠던 자리를 들고 집으로 돌아간 것처럼(눅 5:24~25) 아팠던 삶의 현장을 보여 주며 나를 치유하신 하나님의 능력을 증거하는 것이 시청각 행진입니다. 내 삶을 드러내는 것이 위태로운 일이 아니라 하나님 안에서 더 튼튼히 걸어가는 방법입니다. 구원의 여정이 심히 즐거운 사람은 어떤 일도 부끄럽지 않습니다. 내가 바람을 피워서 입시에 떨어져서 부끄러운 인생이 아니고, 그것이 구원의 약재료가 되어서 다른 사람을 주께로 인도하기 때문에 심히 즐거운 인생인 것입니다.

> 38 감사 찬송하는 다른 무리는 왼쪽으로 행진하는데 내가 백성의 절반과 더불어 그 뒤를 따라 성벽 위로 가서 화덕 망대 윗 길로 성벽 넓은 곳에 이르고 39 에브라임 문 위로 옛문과 어문과 하나넬 망대와 함메아 망대를 지나 양문에 이르러 감옥 문에 멈추매
> _느 12:38~39

느헤미야가 화덕 망대에서 에브라임 문, 옛문, 어문, 하나넬 망대, 함메아 망대, 양문, 감옥 문을 거쳐 행진합니다. 그런데 재미있는 것은 행진의 출발지는 나오지 않고 경유지와 도착지만 나오는 것입

니다. 우리의 출발지가 어디든지, 부자긴 가난하건 학벌이 있건 없건, 어디에서 출발했건 구원의 여정에는 '분문'이 있습니다. 배설물이 쌓인 분문을 거쳐서, 사명이 있는 샘문에 이르고, 강 같은 평화가 있는 수문을 거쳐, 전통의 옛문을 지나, 영적 분별력이 생기는 망대에 이르고 감옥 문에서 멈춥니다. 우리가 하나님께 붙들린 인생이기 때문에 마지막에 감옥 문에서 멈췄습니다.

예전에 운전하다가 가벼운 접촉 사고가 났는데, 제가 잘못한 것이 없었지만 상대방에게 먼저 죄송하다고 했습니다. 상대 운전자가 뭐라고 해도 가만히 듣고만 있었어요. 제가 왜 그랬을까요? 제가 목사인 걸 알아보고 시험에 들까 봐 그랬습니다. 그리고 '나는 하나님께 갇힌 몸'이란 말씀이 생각났기 때문입니다.

> 그들의 뒤를 따르는 자는 호세야와 유다 지도자의 절반이요
> _느 12:32

내가 고난의 분문을 거치면서 그 분문을 드러내도 아무도 나를 무시하지 않습니다. 성벽 행진에 호세야와 유다 지도자의 절반이 따랐다고 했습니다. 내가 고난을 통해 구원받은 간증을 할 때 그 누구도 나를 무시할 수 없습니다.

무엇보다 구원의 여정에서 질서에 순종하는 것은 심히 즐거운 일입니다. 교회에서 성도들이 목회자를 따르는 것은 목회자가 잘나서도 아니고, 그 권위 때문도 아닙니다. 하나님이 중요하게 보시는 것

이 겸손인데, 교회의 질서에 순종하는가에 따라 그 사람이 겸손한지 아닌지 알 수 있습니다. 하나님께서 내게 겸손을 가르쳐 주시기 위해 교회가 있고 이 땅의 질서가 있는 것입니다.

> 또 제사장들의 자손 몇 사람이 나팔을 잡았으니 요나단의 아들 스마야의 손자 맛다냐의 증손 미가야의 현손 삭굴의 오대 손 아삽의 육대 손 스가랴와_느 12:35

구원의 여정이 심히 즐거운 것은 믿음의 조상이 있기 때문입니다. 35절에 보니 아삽의 6대손 스가랴의 조상이 다 나옵니다. 제사장 가문도 아닌 레위 가문에서 6대의 이름이 등장하는 이유가 무엇일까요? 저는 그만큼 이 사람들이 믿음으로 인정받았기 때문이라고 생각합니다. 조상의 믿음으로 자손이 복을 받으면, 자손들이 태평성대를 누리다가 여호와 목전에서 악을 행하기가 쉽습니다. 그래서 6대까지 믿음이 이어지는 게 결코 쉬운 일이 아닙니다.

기독교 교육 연구에 따르면 일곱 살까지 신앙 교육을 철저히 시키면 자녀가 결단코 믿음을 배신하는 일이 없다고 합니다. 이 신앙 교육은 그저 교회에 다니기만 해서 되는 것도 아니고, 성경을 암송한다고 되는 것도 아니랍니다. 온 가족이 믿음의 본을 보이며 말씀 보고 기도하고 구제하며 이타적인 삶을 살아야 한답니다. 그럴 때 우리 아이들이 배신하지 않는 믿음으로 자라게 된다는 겁니다.

감사 친송하는 다른 무리는 왼쪽으로 행진하는데 내가 백성의 절반
과 더불어 그 뒤를 따라 성벽 위로 가서 화덕 망대 윗 길로 성벽 넓
은 곳에 이르고_느 12:38

구원의 여정에서 느헤미야가 겸손의 본을 보입니다. 느헤미야가
주도하여 성벽을 중수했지만 봉헌식은 정치적 행사가 아니고 신앙적
행사입니다. 그래서 제사장 에스라가 한 무리를 이끌며 앞서서 행진
한 것과는 달리 느헤미야는 다른 무리의 뒤에서 따른 것입니다. 느헤
미야는 성벽 중수를 하면서 산전수전을 다 겪었습니다. 그러면서 모
든 것이 자신의 힘이 아닌 하나님께서 이루신 일임을 인정하게 됐습
니다. 이것이 그가 에스라를 앞세우는 겸손의 본을 백성에게 보일 수
있었던 이유였습니다.

† 나의 고난과 수치를 보이는 시청각 행진으로 구원의 간증을 하고 있습
니까?
† 구원의 여정을 함께하는 공동체에서 질서에 순종하며 겸손의 본을 보
여야 할 일은 무엇입니까?

심히 즐거운 것의 절정은 차별이 없는 인생입니다

40 이에 감사 찬송하는 두 무리가 하나님의 전에 섰고 또 나와 민장

의 절반도 함께 하였고 41 제사장 엘리아김과 마아세야와 미냐민과 미가야와 엘료에내와 스가랴와 하나냐는 다 나팔을 잡았고 42 또 마아세야와 스마야와 엘르아살과 웃시와 여호하난과 말기야와 엘람과 에셀이 함께 있으며 노래하는 자는 크게 찬송하였는데 그 감독은 예스라히야라 43 이 날에 무리가 큰 제사를 드리고 심히 즐거워하였으니 이는 하나님이 크게 즐거워하게 하셨음이라 부녀와 어린 아이도 즐거워하였으므로 예루살렘이 즐거워하는 소리가 멀리 들렸느니라_느 12:40~43

백성의 감사 찬송이 예루살렘에 가득하고 그 즐거워하는 소리가 멀리까지 퍼졌습니다. 백성이 심히 즐거워한 것은 하나님께서 그들에게 큰 기쁨을 주셨기 때문입니다. 그중에서 부녀와 어린아이는 인구에 계수하지도 않았습니다. 그런데 이 사람들의 즐거워하는 소리가 멀리 들렸다고 합니다. 연약한 사람들이 모여 즐거워하는 소리가 멀리 들릴 때 사람들이 교회로 찾아옵니다. 건강한 사람, 성공한 사람이 교회에 모여서가 아니라, 힘들고 아픈 사람이 모여 즐거운 소리를 낼 때 사람들이 교회에 찾아옵니다. 내가 돈이 없고 가난해도 그렇습니다. 큰 기쁨으로 즐거워하는 소리를 멀리 내보내면 나로 인해 다른 힘든 사람들이 살아날 줄 믿습니다.

청소년부 주보에 한 중학교 2학년 학생이 "우리 부모님은 가난 때문에 자주 다투신다. 이혼의 위기는 겨우 넘겼지만 여전히 상황은 좋지 않다"고 나눴습니다. 또 다른 중학교 2학년 학생은 "아빠의 외도 때문에 부모님은 내가 초등학교 2학년 때 이혼하셨다. 나는 일부러 이혼 가정이라는 걸 계속 언급하면서 내 속을 스스로 긁어 상처를 냈다. 그러면서 내 죄는 보지 못하고 부모님 탓만 했다. 그러다가 말씀으로 양육을 받으면서 절대 용서할 수 없던 아빠를 용서하고 오히려 내가 아빠에게 용서받아야 할 죄인임을 깨닫게 되었다"라고 썼습니다.

어떤 아이는 "아빠가 내게 '너는 끈기가 없고 매사에 부정적'이라고 지적하셨다. 그런데 그런 말을 들어도 묵상한 말씀으로 마음을 가라앉히면서 아빠의 말을 인정하게 되었다. 내가 부정적인 말을 하고 있다는 것을 인정하게 되어 감사하다. 누군가에게 비난이나 오해를 받으면 동생을 때리며 화풀이하던 나에게 권면하고 책망하는 사람, 내게 충고해 주는 사람이 있어 정말 감사하다"고 나누었습니다.

여러분, 세상 어디에서 이런 감사와 즐거움의 소리를 들을 수 있겠습니까? 그런데 제가 남편의 구원 간증을 수십 년을 한결같이 외치는데도 그 구원의 현장에 같이 있었으면서도 한 번도 구원에 대해 묻지 않는 친척이 있습니다. 하나님의 일이라고 다 같이 심히 즐거워할 수 있는 것은 아닙니다. 세상은 이 즐거움을 결코 알 수도 없고 줄 수도 없습니다.

그래서 이 세상에서 가장 불쌍한 사람은 하나님의 일에 기뻐하지 못하는 사람입니다. 여러분도 알다시피 저는 많이 울기도 하고 또 그만큼 많이 웃기도 합니다.

하나님 때문에 울면 하나님 때문에 웃게 되기 때문에 예배 때마다 눈물과 웃음이 끊이지 않는 감격을 경험합니다. 왜 그럴까요? 진정으로 애통하는 자에게 하나님의 위로가 임하기 때문입니다.

† 우리 가정은 하나님께 감사하는 찬송이 멀리 퍼지는 집입니까? TV 소리, 원망과 다툼의 소리를 내보내는 가정, 외적인 화려함만 소문난 교회는 아닌가요?

† 내세울 만한 육적인 자랑이 없어도 차별 없이 구원하시는 하나님의 은혜로 심히 즐거워하며 복음을 멀리 퍼지게 합니까?

† 공동체의 기쁨과 아픔에 함께 웃고 울며 하나님의 일에 즐거워합니까?

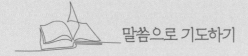 말씀으로 기도하기

심히 즐거운 일은 나 자신을 하나님께 봉헌하는 것입니다. 하나님의 공동체에서 연약한 사람들이 즐거워하는 소식이 멀리까지 들릴 때 즐거움이 넘치는 가정, 즐거움이 넘치는 교회가 되어 많은 사람을 인도하게 될 줄 믿습니다.

나 자신을 봉헌하는 것이 가장 즐거운 일입니다(느 12:27~30).
육적으로 즐거워하던 쾌락과 중독을 끊고, 나와 내 가정을 하나님께 봉헌하기 위해 회개의 정결례를 행하기 원합니다. 하나님께 나 자신을 봉헌함으로 심히 즐거운 인생을 살게 하옵소서.

예수님을 믿고 가는 구원의 여정이 심히 즐겁습니다(느 12:31~39).
심히 즐거운 구원의 여정을 생각하며 하나님의 은혜에 감사합니다. 믿음의 부모와 인도자를 주신 것 또한 감사합니다. 나의 고난과 수치를 보이는 시청각 행진으로, 겸손으로 구원을 간증하며 많은 영혼을 주께 인도하게 하옵소서.

심히 즐거운 것의 절정은 차별이 없는 인생입니다(느 12:40~43).

차별이 없는 인생으로 심히 즐거운 삶을 살기 원합니다. 육적으로 내세울 것이 없어도 차별 없이 구원하시는 하나님의 은혜로 즐거워하며 찬송이 널리 퍼지는 가정과 교회가 되게 인도하옵소서.

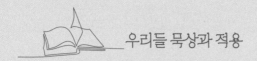 우리들 묵상과 적용

저는 어릴 때부터 교회를 다니다가 고등학교 때부터 가지 않았습니다. 그러다 결혼 후 아들 친구 엄마의 권유로 다시 교회에 나가게 되었습니다. 하지만 신앙생활을 하면서도 남편이 주는 돈에 매달려 육신의 정욕과 안목의 정욕, 이생의 자랑을 목숨같이 여기며 살았습니다. 눈만 뜨면 '오늘은 뭘 먹고 뭘 마시고 뭘 입을까' 생각하며 여행과 명품으로 저 자신을 치장했습니다. 그러나 마음은 어딘가 늘 허전하고 공허했습니다. 그즈음 동생의 권유로 큐티 모임에 가게 되었고, 그곳에서 인생의 목적은 거룩이고, 인간은 100퍼센트 죄인이라는 말씀을 들으며 내면의 갈등이 생겼습니다.

그러다 남편과 함께 교회에 나온 지 6개월 정도 되었을 때, 남편의 사업이 큰 부도를 맞았습니다. 그런데 그동안 들은 말씀이 있어서인지 내 죄가 보이기 시작했습니다. 이후 남편과 함께 양육 훈련을 받으며 가정이 하나님께 봉헌되는 즐거움을 누렸습니다(느 12:27). 무엇보다 목자가 되어 섬기면서 그동안의 구원 여정을 나누다 보니 이야말로 심히 즐거운 일임을 알게 되었습니다(느 12:43).

그러던 어느 날, 건강검진에서 위에 큰 종양이 있고 식도와 연결

된 부위의 근육 바깥쪽에 11㎝ 정도의 혹이 있다는 말을 들었습니다. 자각 증상도 없었는데 1년밖에 살 수 없다는 판정을 받으니 하염없이 눈물만 흘렸습니다. 그런데 "나를 훈계하신 여호와를 송축할지라"(시 16:7)는 말씀을 묵상하며 갑작스레 찾아온 아픔 가운데 하나님의 뜻이 있음을 깨닫고 평강을 누릴 수 있었습니다. 수술대에 오르기 전, 제 속의 시기, 질투, 비교, 차별하는 마음을 회개하며 정결례를 행했습니다(느 12:30). 그랬더니 남편과 아들을 집착이 아닌 사랑의 마음으로 대할 수 있게 되었습니다.

수술 후 조직검사 결과를 기다리는 동안 "선생님, 암에 걸리신 것은 선생님 삶의 결론이므로 회개하셔서 구원의 통로가 되세요. 기도할게요"라는 주일학교 제자의 카드를 받았습니다. 아이들의 카드를 읽으며 웃음과 눈물이 나왔습니다. 일주일 후 나온 결과는 '위장관 기질 종양'으로 악성이 아니었습니다. 의사 선생님은 기적이 일어났다고 하셨습니다. 할렐루야! 이제는 저의 구원 여정을 시청각 행진으로 간증하며, 믿음의 성벽에서 더 튼튼하게 걸어가기를 원합니다(느 12:38). 아팠던 제 삶의 흔적을 가지고 심히 즐거운 마음으로 행진할 때, 연약한 저의 찬송이 멀리까지 들려 하나님의 은혜가 곳곳에 전해지기를 소망합니다(느 12:43).

하나님 아버지, 즐거운 인생을 찾아 늘 두리번거렸습니다. 그런데 세상의 즐거움은 너무나 순간적인 것임을 알았습니다. 심히 즐거운 일은 하나님의 일이며, 산전수전을 겪으며 믿음의 선한 싸움을 다 싸운 자에게는 심히 즐거워하는 복을 주시는 것을 알았습니다. 세상을 즐거워하던 저의 죄를 회개하고 정결례를 행하며 이제 나 자신을 봉헌하기 원합니다. 나를 하나님께 온전히 드림으로써 세상이 줄 수 없는 즐거움을 누리게 하옵소서.

참으로 우리가 구원의 여정을 즐거워해야 하는데, 시청각 행진을 하면서 아팠던 삶의 현장을 드러내기가 여전히 부끄러운 것을 고백합니다. 질서에 순종하지도 못하고 겸손의 본도 보이지 못하고 그래서 믿음의 조상이 되기에도 부족합니다. 그럼에도 죽은 자와 같던 나를 살리신 구원의 역사가 있기에 고난 속에서도 심히 즐거워할 수 있음을 고백합니다.

우리 스스로는 질서에 순종할 수 없고 겸손할 수도 없는데 하나님께서 일하심으로 간증하는 인생을 살게 하시니 감사합니다. 연약해도 감사의 찬송을 멀리 퍼뜨리며 하나님의 일에 즐거워하게 하옵소서. 예루살렘의 감사 찬송이 멀리 들리고 연약한 부녀와 어린아이들의 찬송이 멀리까지 들린 것처럼 우리도 하나님께서 이루신 일을 멀리 전하며, 심히 즐거운 인생을 살게 하옵소서. 예수님 이름으로 기도하옵나이다. 아멘.

13

십일조

느헤미야 12장 44절~13장 14절

_____하나님 아버지,
십일조에 대한 하나님의 뜻을
잘 알아들을 수 있도록
말씀해 주옵소서. 듣겠습니다.

기독교 상담을 보면 다음과 같은 내용이 많습니다.

"우리 목사님은 설교할 때마다 헌금을 강조한다. 설교에 은혜받다가도 결론은 헌금 강조여서 시험에 빠지고 신앙에도 회의가 든다."

저는 그동안 한국 교회에서 물질과 신앙을 연계시키는 잘못된 가르침이 많이 있었다고 생각합니다. 성도에게 믿음과 물질과 삶의 연결을 잘 가르치는 것은 중요하기에 느헤미야도 마지막에 십일조 설교를 합니다. 신앙의 결론, 개혁의 결론은 십일조입니다. 앞서 느헤미야 10장에서도 저주로 맹세하며 여호와의 모든 계명과 규례와 율례를 지켜 십일조를 드린다고 했습니다. 그런데 느헤미야가 바사로 가고 나니 이 언약에 동참했던 백성이 금세 십일조를 드리지 않았습니다. 그래서 다시 느헤미야가 십일조 설교를 하는 것입니다. 왜 이렇게 십일조에 대한 말씀이 반복해서 나오는지 성령의 음성에 귀 기울이시기 바랍니다.

즐겁게 해 주는 지도자가 필요합니다

그 날에 사람을 세워 곳간을 맡기고 제사장들과 레위 사람들에게
돌릴 것 곧 율법에 정한 대로 거제물과 처음 익은 것과 십일조를 모
든 성읍 밭에서 거두어 이 곳간에 쌓게 하였노니 이는 유다 사람이
섬기는 제사장들과 레위 사람들로 말미암아 즐거워하기 때문이라
_느 12:44

제사장들과 레위 사람들을 위해 백성이 '즐거워서' 십일조를 쌓
았다고 합니다. 공동번역이나 표준새번역에서는 이것을 '고마워서'
로 번역했는데, 원어를 보면 느헤미야 12장 43절에 나온 '심히 즐거워
하다'의 '즐겁다'와 같은 단어입니다. 그렇습니다. 십일조는 고마워서
가 아니라 예배가 회복되고 즐거워서 드리는 것입니다.

그러면 즐겁게 해 주는 지도자는 어떤 지도자일까요?

45 그들은 하나님을 섬기는 일과 결례의 일을 힘썼으며 노래하는
자들과 문지기들도 그러하여 모두 다윗과 그의 아들 솔로몬의 명령
을 따라 행하였으니 46 옛적 다윗과 아삽의 때에는 노래하는 자의
지도자가 있어서 하나님께 찬송하는 노래와 감사하는 노래를 하였
음이며_느 12:45~46

즐겁게 하는 지도자는 하나님을 섬기는 사람입니다. 그는 결례

(潔禮)에 힘쓰며 날마다 회개하고, 다윗과 솔로몬의 명령, 하나님의 명령에 따라 행하는 사람입니다. 성령께서 설계도를 알려 주셔서(대상 28:12) 다윗이 예배의 규례를 정해 놓았고, 솔로몬은 직접 성전을 지어 실행에 옮겼습니다. 성령께서 가르쳐 주신 것이기에 다윗과 솔로몬의 명령을 지킨 것이 곧 하나님의 명령을 지킨 것입니다. 어떤 지도자든지 사람과 권세를 두려워하지 않고 하나님을 섬기며 회개하면 아랫사람들도 저절로 하나님의 명령을 따르게 되어 있습니다.

또한 백성을 즐겁게 하는 지도자는 다윗과 아삽 시대처럼 예배를 회복시키고, 찬송과 감사의 노래를 백성에게 가르치는 사람입니다. 찬송은 하나님 자체를 기뻐하는 것이고 감사는 하나님의 사역, 하나님이 하신 일에 감사하는 것입니다.

이처럼 지도자의 최고 덕목은 하나님을 섬기고 회개의 결례를 행하는 것입니다. 또 사건에 대한 올바른 견해를 가지고 어떤 상황에서도 하나님을 찬송하고 하나님께서 하신 일에 감사하는 것입니다. 지도자가 사건에 대한 정확한 해석과 처방을 가지고 백성을 인도할 때 백성은 즐거워서 십일조를 쌓게 됩니다.

† 하나님 때문에 기쁘고 감사해서 즐겁게 십일조를 드립니까?
† 나를 보고 다른 사람들도 십일조를 드리고 싶어지도록 즐겁게 하는 지도자 역할을 하고 있습니까? 기쁨도 없이 형식적으로 드려서 오히려 십일조를 하기 싫게 만들진 않습니까?
† 헌금 액수가 아니라 하나님을 섬기고 회개의 결례를 행함으로써 나를

즐겁게 하고 공동체를 즐겁게 하는 리더십을 발휘합니까?

심히 근심하게 하는 지도자가 있습니다

4 이전에 우리 하나님의 전의 방을 맡은 제사장 엘리아십이 도비야
와 연락이 있었으므로 5 도비야를 위하여 한 큰 방을 만들었으니 그
방은 원래 소제물과 유향과 그릇과 또 레위 사람들과 노래하는 자
들과 문지기들에게 십일조로 주는 곡물과 새 포도주와 기름과 또
제사장들에게 주는 거제물을 두는 곳이라 6 그 때에는 내가 예루살
렘에 있지 아니하였느니라 바벨론 왕 아닥사스다 삼십이년에 내가
왕에게 나아갔다가 며칠 후에 왕에게 말미를 청하고 7 예루살렘에
이르러서야 엘리아십이 도비야를 위하여 하나님의 전 뜰에 방을 만
든 악한 일을 안지라_느 13:4~7

참으로 기막힌 일이 일어났습니다. 느헤미야가 그렇게 수고해서
성벽을 중수하고 봉헌식까지 마치고 바사로 돌아갔더니, 그동안 십
일조를 맡아서 관장하던 엘리아십이 도비야 집안과 혼인을 맺었습니
다. 여러분, 도비야가 누구입니까? 성벽을 짓는 동안 이스라엘을 계속
괴롭히고 음모를 일으키던 자 아닙니까(느 6:1~18). 늘 우는 사자같이
삼킬 자를 두루 찾는 사탄의 하수인으로, 대단한 지위와 권세를 가지
고 예루살렘 공동체를 호시탐탐 노리는 자입니다. 느헤미야가 바사

로 돌아간 것은 지금으로 말하면 백악관 비서실장 자리로 돌아간 것이죠. 그러니까 엘리아십이 느헤미야가 다시 돌아오지 않을 것이라여기고 도비야와 금세 연락을 취한 겁니다. 그런데 여러분, 엘리아십이 얼마나 백성에게 신뢰를 받았으면 이 십일조를 맡았겠습니까? 그런 사람이 도비야에게 다 내어 준 겁니다.

> 내가 또 알아본즉 레위 사람들이 받을 몫을 주지 아니하였으므로
> 그 직무를 행하는 레위 사람들과 노래하는 자들이 각각 자기 밭으
> 로 도망하였기로_느 13:10

결국 백성이 십일조를 안 하니까 레위 사람들이 생계를 해결하기 위해 밭으로 도망갔습니다. 심히 근심하게 하는 지도자 엘리아십 때문에 이스라엘 공동체가 위험에 빠진 겁니다. 골방을 맡은 제사장이 세상 권세와 금세 결탁한 이유가 무엇입니까? 자기는 직접 못 해도 사돈을 통해 큰 방에서 돈을 다 관장하고 싶었던 겁니다. 그래도 한때 대제사장으로서 다른 제사장들을 일깨워서 양문을 건축하고 성별해서 성벽을 중수한 엘리아십 아닙니까? 눈물 골짜기를 지나면서 분문, 샘문, 수문으로 백성이 행진하는 것도 보았고, 견고한 언약에 도장까지 찍었습니다. 그런데 어떻게 큰 방을 도비야에게 내줄 수 있습니까!

어느 교회가 새로운 교회 건물을 계약했는데, 아무리 교인들을 독려해도 중도금이 마련되지 않았답니다. 돈은 모이지 않고 결국 계약금도 잃을 처지가 되었습니다. 그런데 어떤 멋진 장로님이 교회를

찾아와서 그 중도금 몇천만 원을 몇억으로 만들어 주겠다고 했답니다. 그래서 믿고 맡겼다가 그만 사기를 당하고 말았습니다.

이것이 도비야와 결탁한 것입니다. 백성의 십일조에 의지하기보다 도비야처럼 대단한 사람과 혼인 관계를 맺고 기득권을 누리려 했던 엘리아십과 조금도 다를 바가 없습니다. 큰일까지 갈 것도 없습니다. 조그만 이해타산이 걸려도 우리는 도비야와 연락하며 세상 권세와 손잡고 싶어 합니다. 환경에는 장사가 없습니다. 나는 절대로 도비야와 손잡지 않겠다고 장담할 인생이 없습니다.

† 교회가 싫고 목회자가 마음에 안 들어서 십일조를 못 하겠다고 합니까? 지도자가 문제가 아니라 나 자신이 엘리아십처럼 하나님의 소유와 직분을 더럽히며 세상 권세와 손잡는 모습은 무엇입니까?

성도 각자의 신앙고백으로 십일조를 드립니다

스룹바벨 때와 느헤미야 때에는 온 이스라엘이 노래하는 자들과 문지기들에게 날마다 쓸 몫을 주되 그들이 성별한 것을 레위 사람들에게 주고 레위 사람들은 그것을 또 성별하여 아론 자손에게 주었느니라_느 12:47

십일조 문제는 일차적으로 지도자에게 중대한 책임이 있습니다.

그러나 지도자가 아무리 잘해도 성도 각자의 신앙고백이 없으면 십일조를 드릴 수 없습니다. 이제 온 이스라엘이 율법대로 거제물과 제사장들의 음식, 처음 익은 가장 좋은 것, 십일조를 가져왔습니다. 이렇게 백성이 십일조를 바치니 모두가 서로 부족함 없이 상통하여 쓸 수 있었습니다.

고린도후서 8장 2절부터 5절을 보면 "환난의 많은 시련 가운데서 그들의 넘치는 기쁨과 극심한 가난이 그들의 풍성한 연보를 넘치도록 하게 하였느니라 내가 증언하노니 그들이 힘대로 할 뿐 아니라 힘에 지나도록 자원하여 이 은혜와 성도 섬기는 일에 참여함에 대하여 우리에게 간절히 구하니 우리가 바라던 것뿐 아니라 그들이 먼저 자신을 주께 드리고 또 하나님의 뜻을 따라 우리에게 주었도다"라고 합니다.

십일조는 부자라서 하는 게 아닙니다. 이들이 극한 가난 가운데서 풍성한 연보를 넘치게 할 수 있었던 이유는 그들 안에 넘치는 기쁨 때문이었습니다. '즐겁게' 십일조를 하라가 아닙니다. '즐거워야' 십일조를 드릴 수 있다는 겁니다.

느헤미야 12장 전체를 보면 '노래하다'는 표현이 아홉 번, '감사하다'가 여섯 번, '찬송하다'가 여섯 번, '즐거워하다'가 다섯 번 나옵니다. 예배를 통해 기쁨이 회복되면 각자의 신앙고백으로 십일조를 드리게 됩니다. 감사하고 즐거워서 찬송하고 노래하니까 십일조가 저절로 쌓이는 것입니다.

1 그 날 모세의 책을 낭독하여 백성에게 들렸는데 그 책에 기록하기를 암몬 사람과 모압 사람은 영원히 하나님의 총회에 들어오지 못하리니 2 이는 그들이 양식과 물로 이스라엘 자손을 영접하지 아니하고 도리어 발람에게 뇌물을 주어 저주하게 하였음이라 그러나 우리 하나님이 그 저주를 돌이켜 복이 되게 하셨다 하였는지라 3 백성이 이 율법을 듣고 곧 섞인 무리를 이스라엘 가운데에서 모두 분리하였느니라_느 13:1~3

모압과 암몬은 여호와의 총회에 못 들어온다는 성경 말씀을 읽혔더니, 백성이 스스로 적용해서 그들을 분리시킵니다. 모압과 암몬은 권세를 가진 강한 민족입니다. 그래서 끊기가 힘들지만 어떤 강한 자도 하나님의 자녀인 나보다는 작은 자이기에 두려움 없이 끊어야 합니다.

모압과 암몬은 아브라함의 조카 롯이 딸들과 동침해서 낳은 족속입니다(창 19:36~38). 롯도 아브라함과 함께 갈대아 우르를 떠난 신앙의 위인입니다. 말하자면 모태신앙인입니다. 그런데 그 자손들이 출애굽해서 가나안으로 가는 이스라엘 백성을 전혀 영접하지 않았습니다. 영접하지 않을 뿐만 아니라 남보다 더 싫어하며 저주했습니다. 가나안이 천국을 예표하는데 천국 가는 길을 방해한 격입니다.

모태신앙인으로 교회에 다니던 사람이 안 믿는 사람보다 더 교회를 싫어하고 믿음을 훼방하는 경우를 많이 봅니다. 전에 믿었다는 이유로 어떤 설교를 들어도 복음이 그 안에 뚫고 들어가지를 않습니

316

다. 이런 사람을 분리하고 끊어야 하지만 내 배우자, 내 자녀가 그런 사람이라면 함부로 끊을 수도 없지요. 그러나 염려하지 않아도 됩니다. 하나님께서 그 저주를 돌이켜 복이 되게 하시기 때문입니다. 내가 하나님 때문에 정직히 행할 때 어떤 저주도 복이 되게 하십니다.

† 환난 가운데서도 풍성한 연보를 드리는 감사의 신앙고백이 있습니까?
† 성경을 통해 하나님의 뜻을 깨닫고 내 속의 세상 세력인 모압과 암몬을 분리하기로 결단합니까? 저주를 돌이켜 복이 되게 하시는 하나님의 주권을 인정하며 당장 오늘부터 십일조 신앙을 회복하시기 바랍니다.

십일조는 반드시 해야 합니다

8 내가 심히 근심하여 도비야의 세간을 그 방 밖으로 다 내어 던지고 9 명령하여 그 방을 정결하게 하고 하나님의 전의 그릇과 소제물과 유향을 다시 그리로 들여놓았느니라 10 내가 또 알아본즉 레위 사람들이 받을 몫을 주지 아니하였으므로 그 직무를 행하는 레위 사람들과 노래하는 자들이 각각 자기 밭으로 도망하였기로
_느 13:8~10

십일조의 언약이 깨어진 걸 보면서 느헤미야가 심히 근심합니다. 우리도 십일조를 안 하는 것에 대해 '때가 되면 하겠지'라고 생각

하지 말고, 심히 근심해야 합니다. 그리고 세상 세력인 도비야의 세간을 다 내던져야 합니다.

> 내가 모든 민장들을 꾸짖어 이르기를 하나님의 전이 어찌하여 버린 바 되었느냐 하고 곧 레위 사람을 불러 모아 다시 제자리에 세웠더니_느 13:11

느헤미야가 십일조를 회복시키기 위해 도비야를 내쫓고, 민장들을 꾸짖고, 레위 사람을 다시 세웁니다. 그리고 백성에게는 십일조를 하라고 닦달하지 않고 차근차근 설득합니다. 그런데 느헤미야가 십일조를 관리하는 수장인 엘리아십 제사장이 아니라 민장들을 꾸짖었습니다. 그 이유가 무엇일까요? 엘리아십이 심히 근심하게 하는 지도자라고 해도 그렇지요. 지도자가 잘못할 때마다 도마 위에 올려놓고 함부로 판단해서는 안 됩니다. 지도자의 권위가 무너지면 공동체도 무너지기 때문입니다. 남편이 돈을 좀 못 번다고, 바람피운다고 아이들 앞에서 가장의 잘못을 들춰내면 가정의 질서가 무너집니다. 언제나 지켜야 할 우선순위가 있습니다. 그래서 느헤미야도 제사장 엘리아십을 꾸짖지 않고 민장들을 꾸짖은 겁니다. 하나님이 세우신 지도자는 하나님이 손보실 것이기에 내가 왈가왈부할 필요가 없습니다.

> 12 이에 온 유다가 곡식과 새 포도주와 기름의 십일조를 가져다가 곳간에 들이므로 13 내가 제사장 셀레먀와 서기관 사독과 레위 사

람 브다야를 창고지기로 삼고 맛다냐의 손자 삭굴의 아들 하난을 버금으로 삼았나니 이는 그들이 충직한 자로 인정됨이라 그 직분은 형제들에게 분배하는 일이었느니라_느 13:12~13

엘리아십 한 사람에게 십일조 창고를 맡겼다가 이런 일이 생긴 것을 느헤미야도 깨달았습니다. 그래서 이제는 제사장 중에 하나, 서기관 중에 하나, 레위 사람 중에 하나, 그것도 부족해서 버금가는 보좌관도 하나 임명합니다. 지식과 권세 가진 사람이 아니라 '충직한 자'로 임명했다고 합니다. 돈에는 장사가 없습니다. 헌금 관리도 통장 가진 사람, 도장 가진 사람, 회계장부 가진 사람 이렇게 각각 나눠서 해야 합니다. "이 사람은 절대 그럴 사람이 아니야!" 이런 건 없습니다. 가정도 교회도 회사도 성경의 원칙대로 운영해야 합니다.

내 하나님이여 이 일로 말미암아 나를 기억하옵소서 내 하나님의 전과 그 모든 직무를 위하여 내가 행한 선한 일을 도말하지 마옵소서_느 13:14

그런데 여러분, 바사로 떠난 느헤미야가 다시 돌아와서 개혁을 단행할 때 도비야의 반발이 얼마나 심했겠습니까. 도비야와 동맹을 맺은 유다 귀인들은 또 얼마나 말이 많았겠습니까. 이 일이 너무 어렵기 때문에 느헤미야는 사람에게 인정받기보다 하나님의 전을 위해 한 일이라는 걸 기억해 달라고 주께 간구합니다.

우리가 하나님의 은혜를 받으면 가장 크게 달라지는 것이 헌금 생활입니다. 물질에서 정직해지는 것이 은혜받은 자의 표징입니다. 십일조와 헌금을 드리는 것은 목회자에게 은혜 베푸는 일이 아닙니다. 목회자의 수고를 통해 여러분이 받는 영적 유익이 있다면, 다른 사람의 구원을 위해서도 사용하라고 헌금이 드려지는 것입니다. 그러니까 목사한테 준다고 착각하고 베풀듯이 헌금과 십일조를 드리는 것은 잘못입니다. 돈 많은 사람들이 보상심리로 헌금할 수 있습니다. 그러나 십일조는 누구를 돕기 위한 것도 아니고 복받으려고 하는 것도 아닙니다. 모든 것이 하나님의 소유임을 인정하는 신앙고백입니다. 차차 해도 안 되고 떼어먹어도 안 되고 에누리해도 안 됩니다. 하나님의 것을 도둑질하면서 하나님께 복받기를 원해서는 안 됩니다(말 3:8~9).

그러므로 자녀들에게 어려서부터 십일조 신앙과 하나님의 소유권에 대해 가르쳐야 합니다. 하나님이 생명의 주인이시고 물질과 모든 만물의 주인이시기에, 하나님을 믿는다고 하면서 십일조를 가르치지 않는다면 그것은 직무 유기입니다. 자녀가 복받을 기회를 빼앗는 것입니다.

† 십일조를 안 하는 것에 대해 느헤미야처럼 심히 근심하는 마음이 있습니까? 십일조를 회복하기 위해 내던져야 할 도비야의 세간은 무엇입니까?
† 교회와 사역자를 위해, 누구를 위해 십일조를 하는 것이 아니라 모든 것이 하나님의 것이기에 반드시 십일조를 드려야 함을 알고 있습니까?

우리가 하나님의 은혜를 받으면
가장 크게 달라지는 것이
헌금 생활입니다.
물질에서 정직해지는 것이
은혜받은 자의 표징입니다.

 말씀으로 기도하기

십일조는 믿음과 물질과 삶에서 하나님의 소유권을 인정하는 것입니다. 하나님의 명령을 지키며 우리 속의 모압과 암몬을 끊어 내고, 물질보다 하나님을 사랑한다는 신앙고백으로 십일조를 드리게 하옵소서.

즐겁게 해 주는 지도자가 필요합니다(느 12:44~46).

예배가 기쁘고 하나님이 기뻐서 십일조를 드리기 원합니다. 이 모습을 보임으로 내 배우자와 자녀에게도 십일조 신앙이 자리 잡기를 원합니다. 다른 사람들도 십일조를 드리고 싶어지도록 즐겁게 하는 지도자 역할을 잘 감당하게 하옵소서.

심히 근심하게 하는 지도자가 있습니다(느 13:4~7, 10).

도비야 같은 세상 권세와 동맹을 맺어 공동체를 위험에 빠뜨리지 않도록 지도자를 위해 기도합니다. 나 또한 세상과 결탁함으로 지체들을 심히 근심하게 하는 지도자가 되지 않도록 지켜 주옵소서.

성도 각자의 신앙고백으로 십일조를 드립니다(느 12:47~13:3).

각자의 신앙고백으로 십일조를 드리는 가정과 교회가 되기를 기도합니다. 모든 것에 하나님의 주권을 인정하며 십일조 신앙이 회복되기를 기도합니다. 환난 가운데서도 신앙고백으로 풍성한 연보를 드리기로 작정하오니 그 어떤 저주도 복이 되게 하옵소서.

십일조는 반드시 해야 합니다(느 13:8~14).

십일조를 하지 않는 것을 심히 근심하며 내 속에 욕심으로 자리한 도비야의 세간을 내어던지기 원합니다. 힘들어도 하나님의 원칙을 따른 느헤미야처럼 십일조는 반드시 하는 믿음을 허락하옵소서.

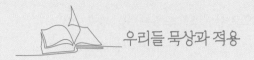
모태신앙인인 저는 어려서부터 교회에서 열심히 봉사했습니다. 하지만 아버지는 재가하신 할머니에게 버림받았다는 상처로 무력하셨고, 그 대신 어머니가 가정경제를 책임지셨습니다. 그런 부모님을 보고 자란 저는 "앞으로 교회를 다니겠다"고 약속하는 성실한 남편과 아무 갈등 없이 불신결혼을 했습니다. 그리고 경제적으로 풍요로워지고 남편이 잘해 주니 주일예배만 겨우 드리며 산으로 들로 놀러 다녔습니다. 이렇게 하나님이 주신 남편과 자녀, 시간과 물질을 다 내 것처럼 사용하면서도 '벌받으면 어쩌나' 하는 두려움 때문에 기복적인 십일조 생활을 했습니다.

근심하게 하는 지도자 엘리아십 때문에 백성이 십일조 신앙을 잃고, 레위 사람들이 먹고살기 위해 도망한다는 말씀처럼(느 13:10) 저 역시나 그 당시에 말씀으로 양육해 주는 지도자가 없었습니다. 그래서 결국 내 안의 세상 욕심에 넘어가 십일조를 드리지 않게 되었습니다. 그 결과 저희 가정에 남편의 실직 사건이 왔습니다. 그리고 그간 성실한 줄 알았던 남편에 대한 환상이 깨지면서 이 일이 주님이 저를 부르시는 사건임을 알게 되었습니다. 이후 구속사의 말씀을 들으며 온전한 십일조와 주일 성수를 할 수 있는 직장을 달라고 기도하는 가운데 비로소 저의 죄를 회개하게 되었습니다. 남편 구원에 애통함도 없고, 자녀에게 집착하며, 시부모님에게 인정받고자 욕심을 부렸기에 우리 가정이 망하게 되었음을 깨닫게 된 것입니다.

이렇게 회개함으로 결례를 행하니 마게도냐 교인들이 극심한 가난 중에도 풍성한 연보를 기쁨으로 드렸듯이(고후 8:1~2), 퇴직금을 생활비로 쓰던 중에도 십일조를 즐거이 드릴 수 있었습니다(느 12:44). 그랬더니 아이들 학교에서 장학금이 나오고, 친척을 통해 생필품과 학비를 받는 은혜도 입게 되었습니다. 남편도 새로 시작한 사업의 수입을 저에게 맡기고 제가 십일조 드리는 것을 간섭하지 않았습니다.

이제는 예배 때마다 내 속의 세상 세력인 도비야의 세간을 내어던지고, 하나님의 전의 그릇과 소제물과 유향으로 제 속이 채워지기를 원합니다(느 13:8~9). 십일조 신앙을 자녀에게도 가르치며 가정과 교회를 즐겁게 하는 역할로 본을 보이겠습니다. 기복이 아닌 하나님의 소유권을 인정하는 신앙고백으로 십일조를 드리게 하신 하나님, 감사합니다.

하나님 아버지, 하기도 어렵고 듣기도 어려운 십일조 이야기를 반복해서 말씀하시는 하나님의 뜻을 깨닫기 원합니다. 즐겁게 하는 지도자가 있을 때 백성이 십일조를 가져와 쌓은 것을 보았습니다. 우리도 느헤미야처럼 믿음과 물질과 삶의 연결을 잘 가르치며 즐겁게 하는 지도자의 역할을 감당하게 하옵소서. 날마다 하나님을 섬기고 결례를 행하며 모든 사건에서 하나님의 옳으심을 인정하는 찬송과 감사를 드리게 하옵소서.

그러나 아직도 엘리아십처럼 심히 근심하게 하는 지도자의 모습이 있음을 고백합니다. 도비야 같은 세상 권세가 무서워서, 또 나의 이해타산이 걸릴 때 동맹을 맺고 싶어서 입을 다무는 비겁함이 있습니다. 이런 저 때문에 가정과 공동체의 신앙이 위기에 빠질 수 있음을 알고 빨리 도비야를 끊어 내기를 원합니다.

내가 먼저 회개의 결례를 행하고 온전한 십일조 신앙을 회복함으로 자녀들도 각자의 신앙고백으로 십일조를 드리도록 은혜를 내려 주옵소서. 그러기 위해 먼저 하나님의 말씀을 읽으며 우리 속에 있는 모압과 암몬의 세상 세력을 분리하기 원합니다.

그런데 믿음을 저주하고 인색함으로 양식과 물도 대접하기 싫어하는 모압과 암몬 같은 사람이 나의 배우자, 자녀, 부모, 형제로 있습니다. 그들을 분리한다는 것이 인간관계를 끊는 것이 아니라, 그들을 향한 나의 집착과 기대를 끊어야 하는 것임을 알기 원합니다. 내 욕심과 집착을 끊어 내고 극심한 가난 가운데서도 넘치는 기쁨으로 풍성한 연보를 드린 마게도냐 교인들처럼, 온 마음으로 주님을 사랑하는 신앙고백으로 십일조를 드리게 하옵소서. 날마다 모든 것에 하나님의 소유권을 인정하며 십일조는 반드시 해야 한다고 자녀들에게 삶으로 가르치게 하옵소서. 예수님 이름으로 기도하옵나이다. 아멘.

14

안식일

느헤미야 13장 15~22절

———하나님 아버지,
하나님께서 우리에게 복을 주시려고
안식일을 명령하셨습니다.
하나님의 규례와 명령에 순종하여
복받는 우리가 되도록
말씀해 주옵소서. 듣겠습니다.

1999년 미국 콜롬바인 고등학교 총기 사건을 기억하십니까? 고등학생 두 명이 동급생 열두 명과 교사 한 명을 총으로 쏘아 죽이고 자신들도 자살한 사건입니다. 이들이 사용한 총기는 미국의 대형마트에서 얼마든지 합법적으로 구매가 가능한 것이었습니다. 미국에서는 이 사건으로 총기 규제에 대한 격렬한 논쟁이 일어났습니다. 전쟁과 기아에 허덕이는 제3세계도 아닌, 세계 최고의 강대국에서, 그것도 미국 사상 최고의 호경기였던 1999년에 왜 이런 일이 일어났을까요?

『아이는 기다려 주지 않는다』를 쓴 요한 크리스토프 아놀드 (Johann Cristoph Arnold) 목사는 모든 집의 거실에 문제의 원인이 있다고 말합니다. 그의 말을 굳이 인용하지 않더라도, 기독교 국가로 시작한 미국에서 점차 예배가 사라져 가고 있음을 봅니다. 미국의 역대 대통령들이 다 그리스도인이었지만 가장 인기 있는 대통령인 존 F. 케네디는 천주교인이었습니다. 그가 미국 학교에서 예배 시간과 성경 교육을 없애면서 급격한 히피 운동이 시작되었고, 마약 중독자와 총기 소지자도 기하급수적으로 늘어났습니다. 일주일에 엿새 일하고 하루를 쉬는 것이 하나님의 창조 명령인데, 주 5일제가 되면서 교회는 텅텅 비고 예배는 소홀히 여겨지는 것이 지금의 세태입니다.

그런데 알다시피 미국은 1620년 신앙을 지키려는 영국의 청교도들이 메이플라워호에 몸을 싣고 떠나와서 신대륙에 세운 나라입니다. 그들이 목숨 걸고 안식일의 명령을 지킴으로써 하나님이 그들에게 복 주셔서 강대국이 되었습니다. 그런데 현재 교회가 텅 빈 모습을 보고 믿음의 조상들이 얼마나 한탄할지 생각해 봅니다. 그저 남의 나라 이야기가 아닙니다. 이 나라도 언제, 어떻게 될지 모릅니다. 정말 우리가 어찌해야 안식일을 목숨처럼 지킬 수 있을까요?

경제적 풍요가 안식을 가져오지 않습니다

그 때에 내가 본즉 유다에서 어떤 사람이 안식일에 술틀을 밟고 곡식단을 나귀에 실어 운반하며 포도주와 포도와 무화과와 여러 가지 짐을 지고 안식일에 예루살렘에 들어와서 음식물을 팔기로 그 날에 내가 경계하였고_느 13:15

성벽 낙성식을 한 뒤 느헤미야가 바사에 간 동안, 이스라엘 백성의 신앙이 흔들렸습니다. 십일조 신앙도 희미해졌을뿐더러 안식일에 술틀을 밟고 장사까지 했습니다. 성벽이 중수되고 성전에서 예배드리는 사람이 생기니까 장사하는 사람들이 안식일을 돈 벌 기회로 여기고 예루살렘에 들어와 음식물을 판 것입니다.

> 또 두로 사람이 예루살렘에 살며 물고기와 각양 물건을 가져다가
> 안식일에 예루살렘에서도 유다 자손에게 팔기로_느 13:16

15절에서는 가난한 사람들이 와서 음식물을 팔았다면, 16절에서는 부자들의 경제활동을 보여 주고 있습니다.

앞의 책에서 아놀드 목사는 부모들에게 가장 부족한 것은 교양이나 전문 지식이 아니라 '용기'라고 지적했습니다. 아이들을 최우선으로 삼는 용기가 부족하다는 겁니다. 중산층 부모는 아이들과 부대끼면서 시간을 보내기보다는 직장에서 일하는 것에서 만족을 얻습니다. 잘 짜인 조직에서 성공하는 것이 가정을 이끄는 길이라고 여기면서 계속 직장을 옮겨 다닙니다. 그래서 "너를 위해 내가 이렇게 희생을 하며 돈을 번다"고 하면서 안식일에도 새벽부터 일하러 나갑니다.

15절의 가난한 사람들은 생계 때문이라는 명분이라도 있습니다. 하지만 16절의 두로 사람들은 이방인입니다. 예루살렘에 거주할 수 없는 자들이 이 성에 거주하며 장사까지 하고 있습니다. 그러니 그동안 못 먹고 못살던 유다 자손들이 두로 사람의 화려한 물건들을 보고는 정신을 못 차린 것이죠. 두로 사람들을 전도하기는커녕 유다 귀인들이 먼저 사고파니 백성은 그저 따라 할 따름입니다.

내가 유다의 모든 귀인들을 꾸짖어 그들에게 이르기를 너희가 어찌
이 악을 행하여 안식일을 범하느냐_느 13:17

느헤미야가 가난한 사람들은 경계하고 부자들은 꾸짖습니다. 그들이 백성의 본이 되어야 하기에 "너희가 악을 행한다"고 꾸짖는 것입니다. 레위 사람들과 제사장들이 있어도 안식일을 범하는 것이 악이라고 꾸짖는 사람은 느헤미야뿐입니다.

주일에 1부 예배나 새벽예배를 드리고 골프장에 가는 장로와 안수집사들이 많다고 합니다. 그러나 직분자들이 안식일을 경홀히 여기면, 안 믿는 사람들이 주일에 놀러 다니는 것을 당연히 여길 수 있습니다. 그래서 안식일을 범하는 것은 반드시 꾸짖어야 할 악입니다.

출애굽기 20장 8절에 "안식일을 기억하여 거룩히 지키라"는 하나님의 명령이 기록되어 있습니다. 안식일을 어기는 것은 돌로 쳐 죽일 죄입니다. 지켜도 되고 안 지켜도 되는 것이 아니라 반드시 지켜야 하는 계명입니다. 그런데 세상 사람들에게 주일을 거룩히 구별하여 지켜야 함을 알려 주어야 할 직분자들이 오히려 세상 사람들과 어울려 하루를 보낸다면 이 얼마나 큰 죄입니까.

아놀드 목사는 현대 미국의 아이들이 몇백 달러짜리 운동화를 신고 컴퓨터와 자기 차를 갖고 있지만, 그 모든 것은 부모가 사다 주는 번쩍거리는 쓰레기에 불과하다고 지적합니다. 사랑받지 못하는 아이들이 어떻게 사랑을 할 수 있겠습니까? 증오 외에는 할 수 있는 것이 없습니다. 이것이 콜롬바인 총기 사건의 근본 원인이라는 겁니다.

여러분, 잘 먹이고 좋은 학교에 보낸다고 아이가 잘되는 것이 아닙니다. 어려서부터 자녀를 그리스도의 사랑으로 키워야 합니다. 어려서부터 부모가 끼고 살면서 같이 뒹굴어야 하는데 이것이 참 힘듭니다. 인간은 예수 그리스도의 안식 없이는 그 누구도 제대로 사랑할 수 없습니다. 결국 무관심하고 돈에 집착하는 부모가 돈으로 아이를 키우다 보면 잘못된 가치관으로 아이에게 잘못된 훈계를 할 수밖에 없습니다. 그것은 아이들을 존중하지 않는 겁니다. 거룩한 가치관으로 내가 변화되지 않으면, 내가 아무리 열심히 자녀를 교육해도 자녀가 망가집니다.

어떤 한 청년의 부모님이 크리스마스와 부활절에만 함께 교회에 가고, 나머지 주일에는 자녀들만 교회에 보냈다고 합니다. 비싼 사립학교와 교회가 부모 역할을 대신해 주리라 여겼기 때문입니다. 그런데 청년 눈에 비친 어머니는 규칙이나 벌을 정당화할 때만 하나님에 대해 이야기하는 분이었다고 합니다.

제 남편도 아이들을 사립학교에 보냈고, 크리스마스와 부활절에만 교회에 출석했습니다. 늘 아이들이 우선이라고 말했지만, 말씀에 비추어 볼 때 그것은 악이었습니다. 아이를 최우선으로 둔다는 것은 엉뚱한 결과를 가져오기도 합니다. 부자들이 자녀 교육을 위해 이사 다니고, 돈 좀 더 벌어 보겠다고 일자리를 수십 군데 옮겨 다니는 것은 자녀를 위한 게 아닙니다. 학원을 보내고 과외를 시키는 것도 자녀를 위하는 게 아니에요. 부모가 자녀에게 안식일을 지키는 모습을 보여 주는 것이 자녀를 위하는 길입니다. 거기에 진짜 안식이 있습니다.

교회에서도 교인들끼리 서로 물질을 탐하며 '누가 더 부자인가?', '어떤 집이랑 친해져야 우리 아이에게 유익인가' 재고 있지는 않습니까? 이런 모습이야말로 안식일에 예루살렘에서 장사하는 것과 전혀 다를 바가 없습니다. 십일조 할 돈이 아까운 사람이 주일 장사를 포기하기 쉽겠습니까? 결국 모든 문제의 중심에는 돈이 있습니다. 경제적 풍요가 안식이 아닙니다. '처자식을 위해서'라며 안식일을 어기고 돈을 벌지만, 그러면 결국 자신에게도 가족에게도 안식이 없다는 것을 아시기 바랍니다.

장로님 아들에 명색이 모태신앙인인 제 남편은 주일을 지키지 않고 병원 영업을 했습니다. 주일은 지역 주민들이 쉬는 날이니 주중에 바쁜 사람들이 찾아올 수 있다고 병원 문을 열었습니다. 그러나 병원 여기저기 예수 믿는 표시를 해 놓고는 하나님을 귀히 여기지 않는 것을 온몸으로 보여 줬습니다. 저와 아이들은 교회도 보내고 헌금도 가끔 주면서 정작 자신은 부활절과 크리스마스 예배에만 참석했습니다. 그러고는 자기 잘못은 하나도 없고, '나는 주일에 신생아를 받아야 하니까 병원을 열어도 괜찮다'고 합리화했을 것입니다. 유다의 귀인들도 두로와 무역을 하면서 "나는 보기만 했어. 물건은 저 사람들이 가지고 왔어. 결제는 주중에 했어. 난 안식일을 어기지 않았어" 하고 합리화했을 것입니다. 그러나 그런 제 남편을 보고 예수님을 믿고 싶어 한 사람은 없었습니다. 이것이 악입니다. 이방인들에게 하나님을 전하고 안식일을 가르쳐야 하는데 그들까지 안식일을 범하게 했기 때문입니다.

하나님이 보실 때는 재물도 시간도 도둑질하고 드리지 않는 남편이었기에, 결국은 낙태 수술까지 했습니다. 그러면서도 영아원에는 꼬박꼬박 후원을 했습니다. 그렇다고 그 마음에 안식이 있었겠습니까? 십일조를 하고 안식일을 지키면서 낙태 수술을 하지 않는 것이 안식하는 길입니다.

† 주일에도 돈을 벌어서 가져다준다고 가정에 안식이 있을까요? 경제적인 풍요를 위해 안식일을 범하고 일에 매달려 있는 동안 자녀들이 가정에서 멀어지는 것을 알고 있습니까?
† 내가 주일을 범함으로 다른 사람까지 하나님의 명령을 어기게 한다는 걸 무서운 경고로 받습니까?

안식일을 지키지 않으면 진노와 재앙이 임합니다

너희 조상들이 이같이 행하지 아니하였느냐 그래서 우리 하나님이 이 모든 재앙을 우리와 이 성읍에 내리신 것이 아니냐 그럼에도 불구하고 너희가 안식일을 범하여 진노가 이스라엘에게 더욱 심하게 임하도록 하는도다 하고_느 13:18

안식일을 지키지 않으면 진노가 이스라엘에게 더욱 심하게 임한다고 하십니다. 예레미야 17장 19절부터 27절에서도 예레미야가 "바벨론 포로로 잡혀가기 전에 안식일을 지키라! 그러지 않으면 성전이 불탄다"고 목이 터져라 경고했습니다. 그러나 이스라엘 백성은 하나님 말씀을 청종하지도 않고 교훈을 받지도 않았습니다.

예레미야 17장 27절에도 하나님께서 "만일 너희가 나를 순종하지 아니하고 안식일을 거룩되게 아니하여 안식일에 짐을 지고 예루살렘 문으로 들어오면 내가 성문에 불을 놓아 예루살렘 궁전을 삼키게 하리니 그 불이 꺼지지 아니하리라" 하십니다.

그러나 하나님이 아무리 무섭게 경고하셔도 오늘 내가 잘 먹고 잘살고 있으면 콧방귀를 뀝니다. "그게 나랑 무슨 상관이야?" 하면서 귓등으로도 듣지 않습니다. 그러다가 이스라엘이 결국 바벨론 포로로 끌려갔습니다. 더욱 심한 진노가 임해서 그토록 안전하다 믿었던 예루살렘이 불에 탔습니다. 우리 곁에도 이렇게 불에 탈 때까지 기다려야 할 식구들이 있습니다. 아무리 전해도 듣지 않는 식구들이 있습니다.

제 남편도 그랬어요. 아무리 주일을 지키자고, 말씀을 보자고 해도 듣지 않았습니다. "십일조 할 돈이 있으면 가난한 사람을 도와주겠다"며 한국 교계를 앞장서서 비판하던 남편이었습니다. 그러면서 부모 형제에게는 돈으로 인심을 팍팍 썼지요. 하지만 잘못된 가치관으로 도운 것이기에 모두가 남편을 어려워하기만 했습니다. 자기 의가 넘쳐서 큰소리를 쳐도 남편에게는 안식이 없었습니다.

안식일을 지키지 않는 자에게는 안식이 있을 수 없습니다. 남편이 근면함으로 지위와 재물을 얻었어도 모든 것을 자기 소견대로 했기 때문에 모래 위에 집을 짓는 것과 마찬가지였습니다. 어디에서도 안식을 찾지 못하던 남편은 낙태 수술의 괴로움을 술틀을 밟으면서 풀었습니다. 영아원에 후원을 하고 부자들에게 적개심을 품으며, 낙태 수술의 죄책감을 자신의 의로운 행위로 풀고자 했습니다. 겉으로 볼 때는 괜찮아 보일지 몰라도 하나님은 속지 않으셨습니다.

그러던 어느 날, 남편의 병원 주변에 다른 큰 병원이 들어서면서 환자가 뚝 끊겼습니다. 지는 것을 참지 못하던 남편은 스트레스를 받기 시작했고, 그것이 남편에게 꺼지지 않는 불이 되었습니다. 해마다 건강검진을 빠뜨리지 않았고 한 달에 한 번씩 피검사를 했는데도 남편은 손쓸 도리도 없이 급성 간암으로 쓰러졌습니다. 그리고 주일예배를 드리던 오전 11시에 뇌사상태에 들어가서 그날 낮 12시에 하나님의 부르심을 받았습니다.

하나님은 남편이 십일조를 하지 않은 책임도 물으셨습니다. 병원 건물이 폐허처럼 방치되어 칠팔 년간은 황량한 시절을 보냈습니다. 월세도 나오지 않아 수입 없이 아이들을 키우며 그 시간을 보냈습니다.

저의 남편은 죽음 직전에 자신의 죄를 회개하고 예수 그리스도를 영접했지만, 죽음 앞에서 구원받지 못하고 가는 분도 있습니다. 여러분의 가족이 십일조도 안식일도 어기고 하나님을 떠나 살다가 하루아침에 세상을 떠나 버리면 어쩌겠습니까?

민수기 15장 32절부터 36절에는 안식일에 나무한 사람을 돌로 쳐 죽이는 장면이 나옵니다. 내가 언약의 자손임을 잊고 산다면 죽을 수밖에 없음을 경고하시는 겁니다. 제 남편이 잘못해서 벌을 받았다는 말이 아닙니다. 마지막에 구원받고 천국에 갔어도 그의 인생이 얼마나 지치고 힘들었는지를 말씀드리려는 것입니다. 성실하고 근면하게 돈을 벌고 가족을 챙겼어도 정작 본인은 안식 없이 살다가 떠난 것이 너무 안타깝기 때문입니다.

제가 수십 년을 한결같은 마음으로 남편의 간증을 해도 귀담아듣지 않는 분들이 있습니다. 어느 날 재앙이 임하리라는 생각을 하지 않기 때문입니다. 부디 저의 간증을 하나님의 경고로 받으시기 바랍니다. 백성이 미워서가 아니라 그들을 살리기 위해 "십일조를 드리고, 안식일을 지키라"고 하는 느헤미야의 안타까운 마음이 여러분에게도 전해지기를 바랍니다.

† 나는 무엇을 위해 쉬지 않고 일합니까? 헛된 수고로 안식일을 범하다가 더욱 심한 진노와 재앙을 경험한 적이 있습니까?

안식일은 반드시 지켜야 합니다

하나님이 안식일의 계명을 주신 것은 우리에게 짐을 지우기 위함이 아닙니다. 복을 주시기 위함입니다(창 2:3). 안식은 곧 거룩이고, 거룩은 구별입니다. 재물도, 시간도 하나님께 속했다는 고백으로 십일조를 드리는 것이 안식입니다. 이 안식을 누리는 자에게 하나님은 천 대까지 은혜를 베푸십니다.

19 안식일 전 예루살렘 성문이 어두워갈 때에 내가 성문을 닫고 안식일이 지나기 전에는 열지 말라 하고 나를 따르는 종자 몇을 성문마다 세워 안식일에는 아무 짐도 들어오지 못하게 하였으므로 20 장사꾼들과 각양 물건 파는 자들이 한두 번 예루살렘 성 밖에서 자므로 21 내가 그들에게 경계하여 이르기를 너희가 어찌하여 성 밑에서 자느냐 다시 이같이 하면 내가 잡으리라 하였더니 그후부터는 안식일에 그들이 다시 오지 아니하였느니라_느 13:19~21

그러면 백성이 안식일을 지키게 하고자 느헤미야가 무엇을 합니까? 성문을 닫고 물건 파는 자들이 못 들어오게 했습니다. 우리도 안식일을 지키려면 토요일부터 성문을 닫고 준비해야 합니다. 예배를 위해 술도 못 먹게 하고, 텔레비전도 저녁 늦게까지 안 보도록 해야 합니다. 닫아야 할 성문들이 많습니다. 성도가 하나님을 거룩히 여기는 만큼 세상이 하나님을 거룩히 여깁니다. 하고 싶어도 하지 말아야 할 것이 있다는 거예요. 성문을 폐쇄하고, 안식일을 지키지 못하게 하는 모든 요소를 단호히 물리쳐야 합니다.

결혼정보회사의 커플매니저로 일하는 집사님이 성문을 닫는 대단한 적용을 했습니다. 어느 날 한 회원이 좋은 사람을 소개해 달라면서 환상적인 조건을 제시했습니다. 자신이 몰디브에 호텔을 운영하고 있는데, 비즈니스 클래스의 비행기 티켓까지 포함해서 몰디브 리조트에서 휴양하게 해 주겠다고 했습니다. 집사님의 수입으로는 평생 꿈도 못 꿀 몰디브 여행을 아들의 대학 입학 선물로 삼기로 하고,

신바람이 나서 아이들의 여권을 만들고, 여름옷까지 사 놓고 기다렸습니다. 그리고 여행 일정이 딱 잡혔는데, 날짜가 금요일부터 다음 주 목요일까지였습니다.

예전 같으면 당연히 갔겠지만, 말씀을 듣고 변화된 집사님에게 갈등이 생겼습니다. 여행 일정에 주일이 끼어 있었기 때문입니다. 3대째 모태신앙인인 자녀들과 새벽기도 길에 소천하신 믿음의 어머니를 둔 그 집사님은 노느라고 주일을 빼먹는 것은 있을 수 없는 일이라 생각했습니다. 다른 날짜에는 불가능하다는 연락을 받고 집사님은 결국 몰디브 여행을 포기했습니다. 가족은 많이 실망했지만, 집사님에게는 몰디브 리조트가 아니라 주일예배와 양육이 있는 이곳이 휴식처이고 안식처라고 했습니다.

여러분이라면 이런 적용을 할 수 있겠습니까? 모태신앙이 '못해' 신앙이라고 하지만 이래서 역시 위력이 있습니다. 인간적으로는 아까운 생각이 들겠지만, '휴양지의 유혹'이라는 성문을 닫고 안식일을 지키려는 집사님에게 하나님께서 몇 배로 갚아 주실 것을 믿습니다. 비즈니스 클래스에 몰디브 리조트가 주는 편안함은 길어야 며칠입니다. 우리도 유혹을 내려놓을 때 세상이 빼앗을 수 없는 평안과 안식을 누리게 될 줄 믿습니다.

† 율법적인 짐을 지기 위해서가 아니라 하나님께서 주시는 복을 누리기 위해 안식일을 지키고 있습니까?

† 주일 전날인 토요일을 어떻게 보냅니까? 술과 음란과 시끄러운 세상 문

화에 문을 닫고 기도하는 마음으로 예배와 헌물을 준비합니까?

† 주일을 거룩하게 지키기 위해 일주일간 삼가야 할 것은 무엇입니까?

거룩한 지도자가 안식일을 지키게 합니다

내가 또 레위 사람들에게 몸을 정결하게 하고 와서 성문을 지켜서
안식일을 거룩하게 하라 하였느니라 내 하나님이여 나를 위하여 이
일도 기억하시옵고 주의 크신 은혜대로 나를 아끼시옵소서
_느 13:22

백성이 안식일을 지키게 하고자 레위 사람들은 날마다 회개하며
자신들의 몸을 정결하게 해야 합니다. 그동안 느헤미야가 백성이 십
일조를 드리고 안식일을 지키게 하느라고 많은 수고를 했습니다. 그
러면서 욕도 많이 먹었을 것입니다. 정말 하나님만 바라보지 않으면
사람의 힘으로는 할 수 없는 개혁입니다.

저 역시 남편이 무서웠고 갈등도 많았습니다. 남편이 변하지 않
을 거라는 생각에 절망도 했습니다. 그래도 제가 레위 사람이 되어서
날마다 말씀으로 정결하게 하며 저의 죄를 회개했습니다. 남편이 아
무리 무섭게 해도 주일을 꼭 지키고 십일조를 드렸습니다. 그런데 신
기하게도 남편에게 핍박을 받을수록 주님을 더 사랑하게 되었기에
주님께 드리는 시간과 물질이 하나도 아깝지 않았습니다.

지는 하나님께서 그런 저를 기억하사 남편을 구원하셨다고 생각합니다. 십일조도 하지 않고 안식일도 지키지 않던 남편이지만 제가 믿음의 성문을 지키고 하나님만 바라보고자 했을 때 주의 큰 은혜로 우리 가정을 아끼사 남편의 구원을 이루어 주셨습니다.

내가 거룩한 지도자가 되어 나를 정결하게 할 때 고집 센 식구들도 결국에는 구원받게 될 것입니다. 내가 하나님을 사랑함으로 안식일을 지키고 십일조를 드리면 하나님께서 갚을 길 없도록 나를 후히 대접해 주십니다. 비록 행위로 온전하지 못해도 날마다 하나님을 바라보고 하나님 앞에 회개한 것을 기억하시고, 주님이 나를 아끼십니다. 내 힘으로는 안 믿는 가족을 구원할 수도 없고 안식일을 지키게 할 수도 없지만, 하나님께서는 나의 헌신과 섬김을 기억하사 반드시 우리 가족을 구원으로 인도하실 것입니다.

† 믿지 않는 가족 때문에 주일을 지키기가 어렵습니까? 핍박과 원망을 받더라도 내가 중심을 잡고 십일조와 안식일을 지키는 것이 가족을 복되게 하는 길임을 믿습니까?

하나님이 안식일의 계명을 주신 것은
우리에게 짐을 지우기 위함이 아닙니다.
복을 주시기 위함입니다.
안식은 곧 거룩이고,
거룩은 구별입니다.

 말씀으로 기도하기

경제적인 풍요나 육신의 안락함이 안식이 아닙니다. 먹고살아야 한다고, 가족을 위해 돈을 번다고 안식일을 어기면 더 큰 위기가 찾아옵니다. 십일조를 드리고 안식일을 지키는 일에는 어떤 핑계도 변명이 될 수 없습니다. 안식일을 지킴으로 참된 안식을 누리기 원합니다.

경제적 풍요가 안식을 가져오지 않습니다(느 13:15~17).

주일에도 돈과 소유에 매여 마음을 빼앗기고 시간을 빼앗기는 것을 회개합니다. 안식일을 범하는 나 때문에 다른 사람의 믿음까지 훼방할 수 있다는 것도 알았습니다. 믿지 않는 내 가족, 내 이웃의 구원을 위해 안식일을 반드시 지키는 본을 보이게 하옵소서.

안식일을 지키지 않으면 진노와 재앙이 임합니다(느 13:18).

안식일을 지키지 않으면 진노와 재앙이 임하는 것을 봅니다. 내가 하나님을 멀리하면 가족의 구원도 멀어진다는 것을 알고, 나와 가족이 안식일을 범하지 않도록 붙잡아 주옵소서.

344

안식일은 반드시 지켜야 합니다(느 13:19~21).

안식일의 계명을 주신 것은 우리에게 짐 지우기 위함이 아니라 복을 주시기 위한 것이라고 하십니다. 우리에게 주신 재물도, 시간도 하나님께 속했다는 고백으로 십일조를 드리는 것이 안식임을 알았습니다. 그 어떤 환경에서도 안식일을 반드시 지키기로 결단하오니 세상에서 누릴 수 없는 안식과 평안을 허락해 주옵소서.

거룩한 지도자가 안식일을 지키게 합니다(느 13:22).

가정과 공동체에서 안식일을 지키게 하는 거룩한 지도자가 되기 원합니다. 안식일을 지키고자 날마다 성문을 닫고 육신의 정욕과 안목의 정욕, 이생의 자랑을 내보내며 정결의 본을 보이기를 기도합니다. 주의 크신 은혜대로 나와 가정과 공동체를 아끼시고 지켜 주옵소서.

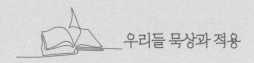

저는 세 자녀를 둔 아버지와 재혼한 어머니 사이에서 태어났습니다. 믿는 가정이었지만, 이복언니와의 갈등, 아버지의 외도와 혈기로 가족이 수치스러웠습니다. 이런 불안정한 집안 환경이 싫어 밤낮을 가리지 않고 공부해 대학을 졸업하고 외국계 은행에 취직했습니다. 그리고 직장에서 돈과 교양이 있어 보이는 남편을 만났습니다. 남편은 불신자였지만 앞으로 교회에 다니겠다고 해서 만난 지 6개월 만에 결혼했습니다.

이후 강남의 아파트에 살며 딸과 아들을 연이어 낳았습니다. 남편은 승승장구하고 저 역시 다시 회사에 다니게 되면서 '아, 행복이란 이런 거구나' 생각했습니다. 이제 자녀만 잘 키우면 복받은 인생이라 여기며, 소위 강남 엄마로 조기교육과 정보 수집에 열을 올렸습니다. 자녀의 허점을 용납하지 않고, 내 소견에 옳은 대로 확신에 차서 남편의 성공과 자녀의 성공, 경제적 풍요를 위해 온 가족을 몰아갔습니다. 교회를 나가면서도 주일예배는 으레 지각하기 일쑤였고, 성의 없이 헌금을 드렸습니다. 그러면서 예배만 끝나면 백화점에 가서 쇼핑하고 자녀들을 학원으로 내몰았습니다. 자녀들이 수련회나 주일학교에서 보내는 시간을 아까워하면서 아이들 학원과 과외 시간에는 집착했습니다(느 13:15).

그러나 큰아이가 중학생이 되면서 제가 꿈꾸던 풍요가 헛된 것임을 알게 됐습니다. 이제껏 자녀들이 개인과외로 받아 온 성적이 바닥으로 떨어진 것입니다. 게다가 딸은 관계 중독으로 아들은 거친 말과 폭력, 게임 중독으로 사춘기 반항을 시작했습니다. 그제야 "문제아는 없고 문제 부모만 있다", "고난이 축복이다", "인생의 목적은 행복이 아니라 거룩이다"라는 말씀이 들리기 시작했습니다. 그동안 저의 노력은 모래 위에 집을 짓는 것이었고, 경제적 풍요가 안식이 아님을 비로소 깨닫게 되었습니다.

남편은 회사를 그만두고 시작한 사업이 어려워지면서 생계를 위해 우유배달까지 해야 했습니다. 그 와중에도 남편은 교회에서 양육을 받으며 목자 직분을 감당했습니다. 그런데도 저는 남편의 부족함만 보여 남편을 판단하기에 바빴습니다. 열심과 조급함으로 남편에게 병적인 화를 내며 그에게서 예배의 안식을 빼앗았습니다. 그래서 저는 돈이 없는 것보다 더 힘들고 아픈, 영적으로 막히는 재앙과 진노의 불을 경험할 수밖에 없었습니다(느 13:18). 안식일의 참된 규례와 주님의 뜻을 깨닫도록 저를 위해 수고한 가족에게 용서를 구합니다. 재물과 시간 모두를 내 마음대로 쓰던 저를 하나님의 백성으로 삼아 주시고 예배의 감격과 회개의 눈물을 주신 하나님께 감사드립니다.

 영혼의 기도

하나님 아버지, 안식일 신앙과 십일조 신앙을 갖지 못하고 세상 가치관에 젖어 있는 사람들에게 느헤미야처럼 하나님의 메시지를 외칠 수 있을까 생각할 때 아직도 두려움이 있습니다. 세상 세력이 무섭고 인본주의에 밀려서 좋은 게 좋은 거라고, 차차 지키게 하면 된다고 하는 안일함이 있습니다. 주님, 우리 자신과 가족의 영적인 상태가 얼마나 심각한지 느헤미야처럼 볼 수 있는 눈을 허락해 주옵소서. 진노와 재앙의 불을 경고하며 하나님의 명령을 지키라고 강하게 외치도록 담대함을 허락해 주옵소서.

안식일을 지키지 않는 것이 재앙이라고 하시는데, 육신의 정욕, 안목의 정욕, 이생의 자랑으로 안식을 누리지 못할 때가 많이 있습니다. 교회에 와서도 이해타산하며 장사하는 마음으로 앉아 있어 있을 때도 있습니다. 주여, 불쌍히 여겨 주옵소서.

그럼에도 주님을 사랑합니다. 부족해도 주님을 사랑하기에 나의 모든 더러움과 가증함을 들고 주님 앞에 나아갑니다. 주께서 주시는 안식 속에서 거룩하고 구별된 삶으로 변화되길 원합니다. 우리 힘으로는 이길 수 없는 힘든 환경에 있지만, 모든 것을 내려놓고 주님을 사랑하는 마음으로 나아갈 때, 안식일을 온전히 지킬 수 있는 환경을 열어 주실 것을 믿습니다.

경제적 풍요를 위해 열심을 내며 헛된 수고를 하는 우리의 가족을 불쌍히 여겨 주옵소서. 내가 먼저 가정에서 거룩한 지도자가 되어 회개함으로 참된 안식을 누리기를 원합니다. 안식일을 위해 일주일 내내 먼저 나 자신을 거룩히 지키도록 은혜를 내려 주옵소서. 예수님 이름으로 기도하옵나이다. 아멘.

15

불신결혼

느헤미야 13장 23~31절

_____ 하나님 아버지,
느헤미야가 마지막까지 불신결혼을 하지 말라고 외칩니다.
이 말씀을 알아들을 수 있도록 역사하여 주옵소서.
말씀해 주옵소서. 듣겠습니다.

언젠가 미국의 시사 주간지 《타임》이 '로맨스의 과학'이라는 주제로 특집 기사를 실었습니다. 그 기사에는 56가지 설문을 통해 사진을 보여 주고 제목을 붙이게 한 다음 협상가, 건축가, 탐험가, 연출가형으로 사람들을 분류하고 각자에게 맞는 타입을 소개해 주는 중매 산업 관련 소식도 실려 있었습니다. 심리 테스트와 비슷한 질문을 통해 그 사람의 테스토스테론, 옥시토신 분비 정도를 알아볼 수 있게 하여 첫 소개팅 자리에서 그들의 화학물질이 서로 반응하도록 도와준다는 것입니다. 그러니까 이 중매의 성공 비결은 서로 비슷한 사람들이 아니라 서로 보완할 수 있는 사람들끼리 만나게 하는 것이라고 합니다. 그야말로 '중매는 과학'이라는 것이죠.

여러분은 어떻게 생각하십니까? 평생을 함께할 배우자를 찾는 중매가 과학일까요? 데이터와 화학반응으로 좋은 상대를 만난다고 행복한 결혼생활이 보장될까요? 저는 그렇게 생각하지 않습니다. 침대는 과학일지 모르지만, 중매는 과학이라고 생각하지 않습니다.

사도 바울은 고린도후서 11장 2절에서 "내가 하나님의 열심으로 너희를 위하여 열심을 내노니 내가 너희를 정결한 처녀로 한 남편인 그리스도께 드리려고 중매함이로다"라고 하였습니다. 우리를 그리스도께로 중매하려고 하나님의 열심으로 권했다는 것입니다.

결혼에 필요한 것은 과학이 아니라 믿음입니다. 자녀와 배우자를 그리스도께 중매하는 중매자가 되어서 믿음의 결혼을 위해 힘써야 합니다. 왜 불신결혼을 해서는 안 되는지 그 이유를 살펴봅니다.

불신결혼의 배후에는 악과 음란이 있습니다

> 그 때에 내가 또 본즉 유다 사람이 아스돗과 암몬과 모압 여인을 맞아 아내로 삼았는데_느 13:23

"그때"는 느헤미야가 바사에 가 있는 동안 십일조와 안식일 신앙이 무너진 바로 그 시기를 말합니다. 이럴 때 위기를 파악하고 문제를 지적하는 사람이 느헤미야밖에 없습니다. 정작 대제사장 엘리아십과 유다 귀인들은 자녀들을 불신결혼 시키고도 아무 관심이 없는데, 느헤미야는 그 심각성을 보았기 때문입니다.

유다 사람이 아스돗, 암몬, 모압 여인을 아내로 삼았다고 하는데, 암몬과 모압은 가나안 길을 방해한 조상의 원수입니다. 아스돗은 느헤미야 4장에서 성벽 중수를 극렬히 방해한 족속입니다. 유다 사람은 결혼에 있어 조상의 원수, 내 원수, 가족의 원수도 상관하지 않았습니다. 상대가 육신의 정욕, 안목의 정욕, 이생의 자랑을 만족시켜 준다면 다른 것 다 제쳐 놓고 결혼합니다.

느헤미야는 엘리아십이 십일조를 관리하는 방을 도비야에게 내어 준 것을 악하다고 했습니다(느 13:7). 안식일을 지키지 않은 것도 악하다고 했어요(느 13:17). 그런데 그중에서도 불신결혼이 '모든 큰 악'이라고 말합니다(느 13:27). 왜 그런가요? 십일조와 안식일을 지키지 않은 결론이 불신결혼으로 나타나기 때문입니다. 총체적 악의 결론이 불신결혼입니다.

예수님은 이 세대의 특징을 '악하고 음란하다'고 말씀하셨습니다(마 12:39). 물질이 우상이 되니 돈이 아까워서 십일조를 못 드립니다. 안식일도 경제활동을 하느라고 못 지키니 거기에도 돈 문제가 껴 있습니다. 그렇게 악하게 번 돈으로 음란에 빠지는 것은 수순입니다. 인생의 목적이 음란이라고 해도 과언이 아닙니다. 솔로몬도 그랬습니다. 재물이 많아서 음란에 빠졌습니다. 물질 없이 이방 여자를 데려올 수 있습니까? 다 돈이 있기 때문에 이방 여자를 취한 것입니다. 우리도 그렇습니다. 내게 있는 돈, 지위, 학벌은 모두 하나님께서 주신 것입니다. 그런데 하나님의 주신 복으로 음란을 행하면서도 아무런 죄의식도 없이 살고 있다면 자신을 돌아보시길 바랍니다.

† 나와 자녀의 배우자를 선택하는 절대적인 기준은 무엇입니까? 자녀가 믿지 않는 이성 친구와 교제하는 것을 심각하게 여기고 있습니까?

† 합리화할 이유가 얼마든지 있어도 결국에는 돈을 좋아하는 나의 악과 음란 때문에 불신결혼을 했다는 것을 인정합니까?

불신결혼의 결과로 문제아가 생깁니다

그들의 자녀가 아스돗 방언을 절반쯤은 하여도 유다 방언은 못하니 그 하는 말이 각 족속의 방언이므로_느 13:24

아스돗 방언은 블레셋 말입니다. 이방인 엄마도 블레셋 방언을 하고, 유모와 여종도 블레셋 말을 합니다. 그러다 아이들도 결국 유다 말을 못하게 됐습니다. 그런데 그들의 자녀가 유다 말을 못하는 것이 왜 심각한 일일까요? 유다 말이 하나님 말씀을 듣는 통로이기 때문입니다. 따라서 유다 말을 못하면 예배를 드릴 수도, 성경을 읽을 수도 없습니다. 유대 사회는 모계 사회로 엄마가 자녀 양육을 담당했기에 신앙에서 여성의 역할은 아주 중요했습니다.

이스라엘 백성은 과거에도 이방인과의 결혼으로 우상숭배를 하고, 그로 인해 포로로 잡혀가는 징계를 받았습니다. 그런데도 여전히 백성 사이에는 이방 문화가 판을 치고 있습니다. 이미 이방 문화에 세뇌된 그들은 이방 사람과 쉽게 결혼했습니다. 결국 이 불신결혼으로 인해 이스라엘의 정체성이 무너지고, 국가가 사라질 심각한 위기가 찾아왔습니다. 아무리 몇 대째 믿음을 지켜 왔다고 해도 불신결혼으로 믿지 않는 배우자가 들어오면 한 가정의 믿음이 단번에 무너질 수 있습니다.

> 26 또 이르기를 옛적에 이스라엘 왕 솔로몬이 이 일로 범죄하지 아니하였느냐 그는 많은 나라 중에 비길 왕이 없이 하나님의 사랑을 입은 자라 하나님이 그를 왕으로 삼아 온 이스라엘을 다스리게 하셨으나 이방 여인이 그를 범죄하게 하였나니 27 너희가 이방 여인을 아내로 맞아 이 모든 큰 악을 행하여 우리 하나님께 범죄하는 것을 우리가 어찌 용납하겠느냐_느 13:26~27

느헤미야는 가장 처참한 불신결혼의 예로 솔로몬을 이야기합니다. 솔로몬은 지혜의 왕으로 세상 그 누구도 그의 지혜를 따라갈 자가 없었습니다. 그는 불륜으로 다윗의 아내가 된 밧세바의 아들로 왕위 계승 서열상으로는 왕이 될 수 없는 위치였습니다. 그런 그가 왕위를 계승했습니다. 다시 말해, 솔로몬은 한량없는 하나님의 은혜를 맛본 사람입니다. 그는 3천여 개의 잠언을 짓고, 성전을 완성했으며, 일천 번제를 드린 성경의 위인입니다. 그런 솔로몬이 하나님을 배반할 것이라고 누가 생각이나 했겠습니까? 그런데 그 일이 현실로 일어났습니다. 그가 이방 여인들을 취했기 때문입니다. 이방 여인들이 각자의 우상을 가지고 들어와서 솔로몬을 우상숭배의 죄에 빠지게 했기 때문입니다.

하나님께서 솔로몬에게 말할 수 없는 지혜와 재물과 능력을 주서서 이스라엘은 무역으로 강국이 되었습니다. 그랬더니 십일조 신앙, 안식일 신앙으로 성전을 짓고, 예배를 열심히 드리던 솔로몬이 달라졌습니다. 돈이 생기고 권력이 생기니까 달라졌습니다.

열왕기상 11장 1절에서 13절까지를 봅니다.

"솔로몬 왕이 바로의 딸 외에 이방의 많은 여인을 사랑하였으니 곧 모압과 암몬과 에돔과 시돈과 헷 여인이라 여호와께서 일찍이 이 여러 백성에 대하여 이스라엘 자손에게 말씀하시기를 너희는 그들과 서로 통혼하지 말며 그들도 너희와 서로 통혼하게 하지 말라 그들이 반드시 너희의 마음을 돌려 그들의 신들을 따르게 하리라 하셨으나 솔로몬이 그들을 사랑하였더라 왕은 후궁이 칠백 명이요 첩이 삼백 명이라 그의 여인들이 왕의 마음을 돌아서게 하였더라 솔로몬의 나이가 많을 때에 그의 여인들이 그의 마음을 돌려 다른 신들을 따르게 하였으므로 왕의 마음이 그의 아버지 다윗의 마음과 같지 아니하여 그의 하나님 여호와 앞에 온전하지 못하였으니 이는 시돈 사람의 여신 아스다롯을 따르고 암몬 사람의 가증한 밀곰을 따름이라 솔로몬이 여호와의 눈앞에서 악을 행하여 그의 아버지 다윗이 여호와를 온전히 따름 같이 따르지 아니하고 모압의 가증한 그모스를 위하여 예루살렘 앞 산에 산당을 지었고 또 암몬 자손의 가증한 몰록을 위하여 그와 같이 하였으며 그가 또 그의 이방 여인들을 위하여 다 그와 같이 한지라 그들이 자기의 신들에게 분향하며 제사하였더라 솔로몬이 마음을 돌려 이스라엘의 하나님 여호와를 떠나므로 여호와께서 그에게 진노하

356

시니라 여호와께서 일찍이 두 번이나 그에게 나타나시고 이 일에 대하여 명령하사 다른 신을 따르지 말라 하셨으나 그가 여호와의 명령을 지키지 않았으므로 여호와께서 솔로몬에게 말씀하시되 네게 이러한 일이 있었고 또 네가 내 언약과 내가 네게 명령한 법도를 지키지 아니하였으니 내가 반드시 이 나라를 네게서 빼앗아 네 신하에게 주리라 그러나 네 아버지 다윗을 위하여 네 세대에는 이 일을 행하지 아니하고 네 아들의 손에서 빼앗으려니와 오직 내가 이 나라를 다 빼앗지 아니하고 내 종 다윗과 내가 택한 예루살렘을 위하여 한 지파를 네 아들에게 주리라 하셨더라."

솔로몬이 돈과 여자에 빠져서 여호와를 떠났습니다. 하나님께서 두 번이나 나타나 진노하시고 말씀하셨지만, 솔로몬 귀에는 아무 말씀도 들리지 않았습니다. 심지어 예루살렘 앞산에 이방 신을 위한 산당까지 지어서 이방 여자들에게 바쳤습니다.

그런데 솔로몬이 자신은 이렇게 살면서 아들 르호보암에게는 잠언을 썼습니다. 자기는 하나님의 말씀을 듣지도 않으면서 지혜로운 아들은 아비의 훈계를 듣는다고 썼습니다(잠 13:1). 음부와 유명은 만족함이 없고(잠 27:20, 개역한글판), 음녀에게 넘어가서는 안 된다는 보석 같은 잠언을 썼어도, 정작 아들 르호보암에게 보여 준 삶은 천 명의 여자를 바꿔 가며 거느린 음란이었습니다. 여기에서 어떻게 문제아가 안 나오겠습니까!

생각해 보세요. 솔로몬이 하루도 안 빠지고 여자와 동침한다고 해도 천 명의 여자가 그를 만나려면 꼬박 3년을 기다려야 합니다. 솔로몬이 기계가 아니고 인간인데 여자들이 3년만 기다리겠습니까. 차례가 안 돌아오는 여자들이 외로움에 한이 맺혀서 자기가 섬기던 이방 신들을 섬기며 예루살렘을 저주하고 이스라엘을 저주했을 겁니다. 하나님께서는 솔로몬에게 천 명의 여자가 있어도 아들은 르호보암 하나밖에 없게 하셨습니다. 참으로 공평하신 하나님이십니다.

그러니 르호보암에게 어찌 선한 것이 있겠습니까. 아버지 솔로몬이 은쟁반에 옥구슬 같은 잠언을 물려줬어도 삶으로 보여 준 것이 없으니 결국 그는 나라를 지키지 못했습니다.

말씀대로 열 지파를 잃고, 왕국이 남북으로 갈라지고, 후에는 백성이 바벨론 포로로 끌려갔습니다. 이 모든 원인이 이방 여인을 취한 솔로몬에게 있었습니다. 그러므로 여러분은 불신결혼이 죄 중의 죄라는 것을 알아야 합니다.

대제사장 엘리아십의 손자 요야다의 아들 하나가 호론 사람 산발랏의 사위가 되었으므로 내가 쫓아내어 나를 떠나게 하였느니라
_느 13:28

이렇게 솔로몬의 불신결혼으로 징계를 경험하고도, 대제사장 엘리아십이 자손을 불신결혼시켰습니다. 그것도 성벽 중수를 방해하고 느헤미야를 죽이려고 한 산발랏과 사돈이 됐습니다. 대제사장이 사명을 우습게 여기고 돈 앞에서 무너진 겁니다. 대제사장이라고 해도

문제 부모이기 때문에 문제아 증손자가 나와서 불신결혼을 하게 된 것입니다.

† 가족과 함께 성경을 읽고 말씀을 나누며 자녀에게 믿음의 언어를 물려 주고 있습니까? 자녀들이 세상 가치관으로 물들어 가는 것을 지켜만 보고 있지는 않습니까?
† 말로는 믿음을 강조하면서 세상 성공의 가치관을 온몸으로 보여 주며 자녀의 불신결혼을 조장하고 있지는 않습니까? 문제 자녀의 방황이 믿음 으로 결혼하지 못한 내 삶의 결론인 것을 깨닫습니까?

불신결혼은 반드시 막아야 합니다

불신결혼은 반드시 목숨 걸고 막아야 합니다. '솔로몬도 불신결 혼을 했는데 어떻게 내가 막을까?' 이러지 말고 어떻게든 막아야 합니 다. 느헤미야가 어떻게 막았습니까?

> 내가 그들을 책망하고 저주하며 그들 중 몇 사람을 때리고 그들의 머리털을 뽑고 이르되 너희는 너희 딸들을 그들의 아들들에게 주지 말고 너희 아들들이나 너희를 위하여 그들의 딸을 데려오지 아니하 겠다고 하나님을 가리켜 맹세하라 하고_느 13:25

느헤미야는 그들을 책망하고 저주하며 때리고 그들의 머리털을 뽑았습니다. 너무 교양이 없어 보입니까? 교양이 있건 없건 여기서 불신결혼을 막을 사람은 느헤미야 한 사람밖에 없습니다. 유다 귀인과 지도자들은 물론이고, 대제사장까지 산발랏 같은 원수와 혼인으로 동맹을 맺고 '가서 잘살면 되지 불신결혼이 무슨 상관이야' 하고 있습니다. 그래서 느헤미야가 교양이고 뭐고 다 내려놓고 진심으로, 최선을 다해 불신결혼을 막고 있는 겁니다.

25절의 '책망하다'는 11절에서 십일조 문제로 민장들을 꾸짖을 때와, 17절에서 안식일을 범한 유다 귀인들을 꾸짖을 때 사용한 것과 같은 동사입니다. 십일조, 안식일, 불신결혼이 각각 사안은 달라도 영적으로는 모두 책망받아야 할 죄이기 때문입니다.

몸의 털을 뽑는 것은 '심한 모욕'을 뜻합니다. 에스라는 불신결혼을 막기 위해 머리털과 수염을 뜯었습니다(스 9:3). 유다 공동체의 정체성이 무너지는 일이기 때문에 심한 모욕으로 경고한 것이지 이방 여인을 무시해서 이런 것이 아닙니다. 또 문자적으로 민족적 혈통을 말하는 것도 아닙니다. 여러분, 불신결혼은 믿음의 문제입니다. 하나님이 믿음의 모델로 이스라엘을 택하셔서 신(信)과 불신(不信)을 보여 주시는 것이지 모압, 암몬, 아스돗을 무시해서 하는 말이 아니란 겁니다.

그런데 불신결혼을 막아야 할 지도자들이 이방인과 통혼을 했습니다. 그러니 이것이 어찌 심각한 일이 아니겠습니까. 교회에 수천 명, 수만 명의 사람이 모인다고 해도 불신결혼을 심각히 여기지 않으면 백 년 후 교회의 미래는 없습니다. 불신결혼으로 태어난 자녀들이 유다 말을 못 쓰고 성경을 못 읽게 되었듯이 교회도 무너지게 될 것입니다. 그래서 한 사람의 결혼, 한 가정의 믿음의 결혼이 진짜 중요합니다.

그러므로 불신결혼을 막기 위해서라면 이방인과 통혼하려는 자에게 어떤 조롱과 모욕을 줘도 지나치지 않습니다. 결혼 전에 받는 조롱은 일시적인 것입니다. 결혼을 한 후에 장차 겪을 고통이 너무 심하기에 결혼 전에 어떻게든 불신결혼을 막아야 합니다.

그런데 느헤미야는 모욕을 주는 것으로 끝내지 않고 불신결혼한 대제사장의 증손자를 내쫓고 그 자리까지 빼앗았습니다. 십일조 문제에서는 대제사장 엘리아십을 꾸짖지 않고 민장들을 꾸짖던 느헤미야 아닙니까. 그런데 하나님의 뜻을 정면으로 거스른 불신결혼만큼은 두고 볼 수 없어 젊은 제사장을 쫓아냈습니다. 십일조는 돌이켜 지킬 수라도 있지만, 불신결혼은 일단 하고 나면 돌이킬 수 없기 때문입니다. 느헤미야가 이렇게까지 이야기하면 깨닫고 돌아와야 하는데, 그는 권고를 듣고도 끝까지 회개하지 않았습니다. 그래서 쫓아낸 것입니다. 이것을 문자 그대로 적용해서 믿지 않는 배우자를 집에서 쫓아내면 안 됩니다. 이미 결혼을 했다면 하나님보다 세상을 사랑하고 돈을 사랑하는 나의 이방 가치관을 쫓아내라는 것으로 적용하시기 바랍니다.

그런데 말입니다. 아무리 느헤미야가 쫓아냈다고 해도 회개하기만 하면 그는 떠나지 않을 수도 있었습니다. 하지만 28절을 자세히 보면 젊은 제사장은 직분을 버리고 떠났습니다. 왜 그랬을까요? 직분과 비교가 안 되는 장인 산발랏의 세력이 뒤에 있었기 때문입니다. 역사가 요세푸스에 의하면 이 제사장이 므낫세이고, 산발랏이 그를 위해 예루살렘 성전과 똑같은 성전을 그리심산에 세워 줬다고 합니다. 그래서 므낫세가 그리심산 성전의 제사장이 됐습니다. 예루살렘 성전하고 똑같은 성전을 지어 줄 재력이 있으니까 대제사장 직분을 던지고 산발랏에게 간 것입니다.

> 내가 이와 같이 그들에게 이방 사람을 떠나게 하여 그들을 깨끗하게 하고 또 제사장과 레위 사람의 반열을 세워 각각 자기의 일을 맡게 하고_느 13:30

이렇게 믿음 대신 권세를 택한 제사장은 떠나게 할 수밖에 없습니다. 그가 떠나야 이스라엘 공동체가 살아납니다. 가룟 유다가 예수님을 팔 목적으로 나갈 때도 그랬습니다. 예수님은 '지금 인자가 영광을 받았다'고 하셨습니다(요 13:31). 내가 명예와 권력과 좋은 성품을 가지고 있어도 '깨끗하게 하는 것'은 오직 하나님께로부터 나옵니다. 그래서 도저히 하나님을 인정하지 못하는 사람, 불신과 의심으로 공동체를 흔드는 사람은 떠나게 둘 수밖에 없습니다.

> 29 내 하나님이여 그들이 제사장의 직분을 더럽히고 제사장의 직분과 레위 사람에 대한 언약을 어겼사오니 그들을 기억하옵소서……
> 31 또 정한 기한에 나무와 처음 익은 것을 드리게 하였사오니 내 하나님이여 나를 기억하사 복을 주옵소서_느 13:29, 31

느헤미야가 29절에서는 "그들을 기억하옵소서"라고 기도하고 31절에서는 "나를 기억하사 복을 주옵소서"라고 기도합니다. 우리가 사람을 두려워하면 불신결혼을 막을 수가 없습니다. 하나님께서 주시는 상급을 최고의 상급으로 여기지 않으면 "불신결혼하지 말라"는 말을 도저히 할 수가 없는 겁니다. 대제사장 엘리아십도 느헤미야의 말을 안 들었는데, 누가 이 말을 듣겠습니까. 이렇게 불신결혼을 막는 것이 너무나 외롭고 힘든 길이기에 느헤미야가 하나님께 기억해 달라고 계속해서 간구한 것입니다.

솔로몬 외에도 성경에는 많은 불신결혼의 예가 기록돼 있습니다. 다윗과 솔로몬으로 이어지는 유다 왕의 계보에 여호사밧 왕이 있습니다. 여호사밧은 성군이었음에도 아들 여호람을 북이스라엘의 아합 왕과 이세벨의 딸과 결혼시켰습니다(대하 21:6). 아합은 우상을 섬기는 악한 왕이었지만, 상아궁을 지을 정도로 재물과 권력을 가지고 있었습니다. 그래서 여호사밧이 아합과 이세벨의 딸 아달랴를 며느리로 맞았습니다. 있을 수 없는 일이지만 북이스라엘이 요셉의 후손이고 강성한 왕가의 딸이니 얼마든지 이 결혼을 합리화할 이유가 있었습니다.

아합의 아내 이세벨은 엣바알의 딸로 바알을 섬기는 우두머리의 딸입니다. 아버지도 왕, 남편도 왕, 아들도 왕입니다. 엄마를 그대로 빼닮은 아달랴도 아버지도 왕, 시아버지도 왕, 남편도 왕, 아들도 왕입니다. 그런데도 권력욕이 얼마나 대단한지 만족하지 못했습니다. 그래서 아들 아하시야 왕이 죽임당하자, 손자들을 자기 손으로 죽여서 왕의 씨를 기의 진멸하고 *스스로* 여왕이 됐습니다(왕하 11장, 내하 22장).
무섭게 공부하고 무섭게 성공했을 때 이런 결과가 나옵니다. 결국 하
나님께서 이들을 다스리셔서 아합과 이세벨은 "개들이 나봇의 피를
핥은 곳에서 그 피를 핥고, 그 시체를 먹는다"(왕상 21장)는 예언대로 비
참한 죽음을 당했고, 아달랴도 왕궁에서 쫓겨나 여호야다에 의해 죽
임을 당했습니다(대하 23장).

그런데 마태복음 1장의 계보를 보면, 남유다 왕들이 언급될 때
아달랴 계열의 아하시야, 아달랴, 요아스, 아마샤 왕 4대가 모두 빠져
있습니다. 일월성신을 섬기고 포악을 떨던 므낫세 왕도 예수님의 계
보에 들어가고, 자식을 우상의 제물로 불태워 바친 아하스 왕도 올라
갔는데, 왜 아하시야, 아달랴, 요아스, 아마샤 네 왕만 구원의 계보에
서 빠졌을까요?

여러분, 아달랴의 죄가 무엇입니까? 그녀는 스스로 왕이 되려고
유다 왕의 씨를 진멸하려 했습니다. 그로 인해 유다 왕의 계보가 끊어
졌다면 어찌 됐겠습니까? 불신결혼으로 인해 예수님의 계보가 끊어
질 뻔한 엄청난 위기가 온 것입니다. 그러니 이것이 얼마나 큰 죄입니
까? 예수님의 계보를 위협하는 불신결혼은 도덕적인 죄와는 비교가
안 되는 무서운 죄입니다. 불신결혼이 얼마나 큰 죄인지를 보여 주는
것이 이 아달랴의 족보입니다.

비록 여호사밧이 아들 여호람은 불신결혼시켰지만, 여호람은 자
신의 딸 여호사브앗(여호세바)을 대제사장 여호야다와 결혼시켰습니
다. 왕족이 대제사장과 결혼하는 것이 수치스러운 일인데, 유일하게

믿음의 결혼을 시켰습니다. 그리고 그 여호사브앗이 아달랴가 왕의 씨를 진멸할 때, 아하시야의 아들이자 자기 조카인 요아스를 성전에 숨겨서 그 목숨을 살렸습니다(대하 22:11). 그때 여호사브앗이 요아스를 살려 두지 않았다면 예수님의 계보가 끊길 뻔했는데, 믿음의 결혼 덕분에 예수님의 족보가 살아났습니다. 이처럼 믿음으로 결혼한 한 사람이 집안을 살려 냅니다. 반면에 여호사밧 한 사람의 실수로 4대가 멸망했습니다. 불신결혼시킨 한 사람 때문에 4대가 저주를 받았습니다.

우리가 결혼에 문제가 생기는 이유는 눈에 보이는 혼수보다 눈에 보이지 않는 마음의 병을 부모에게서 받기 때문이라고 합니다. 주서택 원로목사는 『결혼 전에 치유받아야 할 마음의 상처와 아픔들』이란 책에서 결혼을 앞두고 가장 우선적으로 치유되어야 할 중병이 있다고 했습니다.

첫째가 성에 대한 아픔과 상처에서 회복되는 것이고, 둘째는 잘못된 성적 충동과 습관들로부터 거룩해지는 것이고, 셋째는 부모로부터 받은 상처와 아픔에서 치유되어야 하는데, 이것이 치유되지 않으면 평생 부정적인 영향 아래 있게 된다고 합니다. 넷째는 열등의식으로부터 치유되어야 하고, 다섯째는 죄책감으로부터 치유되어야 하고, 여섯 번째는 결혼에 대한 잘못된 생각으로부터 치유되어야 한답니다. 잘못된 결혼관은 가정생활의 기초를 뒤흔들어 놓을 수 있기 때문입니다.

결혼은 나 자신뿐만 아니라 자녀의 인생을 좌우하는 중대한 선택입니다. 부모와 형제들도 내 결혼에 영향을 받게 돼 있습니다. 너무

나 중요한 문제이기에 잘못된 가치관으로 결혼하려 한다면 느헤미야처럼 책망하고 저주하며 때리고 그 머리털을 뽑아서라도 막아야 합니다. 모욕을 줘서라도 막는 것이 사랑입니다. 돈과 외모에 취해서 불신결혼을 했다가는 구원의 계보가 끊어질 수 있습니다. 불신결혼을 가만히 두고 본다면 그것 역시 죄악이라는 걸 알아야 합니다.

느헤미야 1장부터 7장까지 성벽 중수가 끝나고, 8장부터 13장까지 힘든 이야기가 많이 나왔습니다. 느헤미야가 책임자를 배치하고 언약을 갱신하고 도장을 찍고 개혁을 주도했지만, 그가 바사로 돌아가자마자 대제사장 엘리아십이 도비야와 연락하고 큰 방을 내줬습니다. 백성의 십일조 생활이 무너지고, 경제적인 이유로 안식일을 범하고, 대제사장의 증손자까지 이방 여인과 결혼시켜서 그 자녀들이 모국어마저 잃었습니다. 감격스러운 성벽 낙성식을 거행하고 모든 일이 해피엔딩으로 끝나면 참으로 좋았겠지만, 종합 선물 세트처럼 문제가 터집니다. 성경이 진실한 기록이기에 이런 힘든 말씀들도 다 있는 것입니다.

우리도 그렇습니다. 예수님을 믿고 구원의 감격 속에서 평생 살다 가면 좋겠지만 죽을 때까지 수많은 문제를 만나게 됩니다. 하나님이 원하시는 거룩을 이루기까지 돈과 인간관계, 상처와 중독의 문제가 끊이지 않습니다. 그래서 우리는 수많은 고난 앞에서 하나님께서 그들을 기억하시고 나를 기억해 주시라는 기도 외에는 할 수 있는 것이 없습니다. 하나님께서 기억하시고 살피시기 전에는 인간의 죄성, 나의 죄성이 끊어질 수 없기 때문입니다. 하나님께서 기억하심으로 연약한 나를 지키시고 내 가족을 지켜 주셔야 합니다.

인간이 최고로 공포를 느끼는 높이가 11m라고 합니다. 공수부대 훈련 시에 그 11m 높이에서 뛰어내리고 나면 그보다 더 높은 곳에서도 얼마든지 뛰어내릴 수 있다고 합니다. 김동호 목사님은 최초의 십일조가 그 11m라고 말했습니다.

그 최초의 십일조가 무서워서 안식일을 안 지키고 불신결혼으로 가면 인생의 많은 문제 앞에서 곧 무너질 수밖에 없습니다. 최초의 십일조를 지키는 사람이라면 주일에 돈 벌 욕심으로 안식일을 범하지 않을 것입니다. 안식일을 지키면서 안 믿는 사람과 연애하기는 힘들 테니 불신결혼의 위험도 줄어들 것입니다. 그래서 자녀에게 십일조와 주일 성수 훈련을 철저하게 시키는 것이 불신결혼을 막는 지름길입니다. 십일조와 안식일을 목숨처럼 지키는 사람이 어찌 안 믿는 사람과 결혼할 생각이 들겠습니까!

무너진 예루살렘 성전을 회복시킨 능력의 지도자 느헤미야가 십일조와 안식일, 불신결혼 설교로 본서를 마무리합니다. 이것을 잔소리가 아닌 축복의 메시지로 들으시기 바랍니다. 느헤미야처럼 저도 말씀에 의거해서 십일조, 안식일, 불신결혼 이야기를 했습니다. 그런데 십일조 설교를 듣고 교회를 떠난 분이 있다고 들었습니다. 그럼에도 힘든 메시지를 날마다 전하는 것은 여러분을 정죄하기 위해서가 아니라 복을 받게 하기 위해서입니다.

우리에게는 예수님이 필요합니다. 인간은 100퍼센트 죄인이라서 하나님의 은혜 없이는 아무것도 할 수 없습니다. 하나님을 떠나게 하는 불신결혼은 축복의 통로를 막고 자손 대대로 저주받게 하는 길입니다. 이 불신결혼을 막기 위해 부모가 본을 보여야 하고, 자녀들은 배우자를 위해 지금부터 기도하고 신결혼하기를 결단해야 합니다. 돈, 미모, 권세 앞에서 무너지는 것이 인간입니다. 우리가 십일조 생활을 잘하고 구별된 가치관으로 안식을 누릴 때, 믿음의 결혼이라는 복을 우리 가정에 허락하실 것을 믿습니다.

† 머리털을 뽑고 때리고 책망하는 느헤미야의 사랑으로 불신결혼을 막고 있습니까? "엄마는 말이 안 통해. 아빠는 광신자야." 이런 말이 듣기 싫어서 교양 있게 방관합니까?

† 불신결혼이 구원의 계보를 막는 엄청난 위기임을 알고 목숨 걸고 막는 사명감이 있습니까?

† 자녀의 불신결혼을 막기 위해 십일조와 안식일 신앙을 지키며 믿음의 본을 보이고 있습니까?

결혼은 나 자신뿐만 아니라
자녀의 인생을 좌우하는 중대한 선택입니다.
돈과 외모에 취해서 불신결혼을 했다가는
구원의 계보가 끊어질 수 있습니다.

불신결혼의 배후에는 악과 음란이 있습니다. 모든 것의 총체적인 악이 바로 불신결혼입니다. 솔로몬의 불신결혼으로 우상숭배가 행해지고 이스라엘이 분열된 것을 보며 불신결혼에 대한 하나님의 경고를 잘 받기를 원합니다.

불신결혼의 배후에는 악과 음란이 있습니다(느 13:23).

아무리 변명하고 합리화하려고 해도, 결국 악과 음란으로 불신결혼을 한다는 것을 깨닫기 원합니다. 능력과 외모가 아니라 오직 믿음만이 결혼의 기준이 되어서 나와 내 자녀의 배우자를 믿음으로 택하게 하옵소서.

불신결혼의 결과로 문제아가 생깁니다(느 13:24, 26~28).

솔로몬이 금쪽같은 잠언을 남겼어도 삶으로 가르친 것이 없기에 르호보암이 믿음을 지키지 못했습니다. 불신결혼의 결과로 문제아가 생기는 것을 알고 우리의 자녀들이 어려서부터 믿음의 가치관으로 자라나기를 기도합니다. 나와 내 자녀가 믿음의 결혼을 하는 한 사람이 되어서 가정을 구원으로 인도하는 축복의 통로가 되게 하옵소서.

불신결혼은 반드시 막아야 합니다(느 13:25, 29~31).

불신결혼은 구원의 계보를 위협하는 것이기에 사명감으로 막기 원합니다. 십일조와 안식일을 목숨처럼 지키며 믿음의 결혼이 얼마나 복된 일인가를 보여 줄 수 있도록 이 땅의 모든 가정을 지켜 주시고 살려 주옵소서.

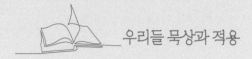 우리들 묵상과 적용

저는 신실한 기독교 가정에서 태어났습니다. 그러나 장로인 아버지가 목사님과 갈등을 겪다가 오해와 누명을 쓰시면서 온 가족이 교회에서 쫓겨나게 되었습니다. 그럼에도 아버지는 자녀를 목회자로 키우려 했고, 마침내 오빠가 목회자로 자원했습니다. 이후 아버지는 오빠의 교회 건물 구입에 이모저모로 열심을 보이시며 오빠의 목회를 뒷바라지하셨습니다. 그 모습이 제겐 느헤미야에게 쫓겨난 젊은 제사장 사위에게 예루살렘 성전과 똑같은 성전을 지어 준 산발랏과 다름없어 보였습니다(느 13:28).

일류대를 졸업하고 직장에 다니던 저는 하나님을 안 믿는 것 빼고는 외모와 성격, 학벌이 다 좋은 남자와 교제했습니다. 그러던 중 그의 부모님이 이혼하려 하신다는 말을 듣고 "하나님을 믿으면 절대 이혼하지 않는다"고 말했습니다. 그랬더니 그의 온 가족이 교회에 나와 등록했습니다. 이세벨이 자신의 힘으로 남편도 왕, 딸도 왕, 사위도 왕으로 세운 것처럼, 저는 이 일을 하나님의 은혜로 여기지 않고 '내 힘으로 그 가정을 구원시켰노라'며 호기롭게 결혼을 진행했습니다(느 13:23).

악하고 음란하게 살기 위해 불신결혼을 한다고 하는데, 저 역시

나 그렇게 결혼하니 남편이 우상이 되어 남편의 일거수일투족을 감시했습니다. 그럴수록 남편은 구속당하기 싫다며 제게서 점점 멀어져 갔습니다. 그러자 저는 임신을 해서라도 남편의 마음을 붙잡으려고 했습니다. 그러나 생후 47일 된 아기를 하나님이 데려가시는 사건을 겪으며, 저의 마음이 사랑이 아닌 집착임을 깨달았습니다. 이후 남편은 폭음을 일삼으며 인생이 허무해서 죽고 싶다고 했습니다. 하지만 저는 그런 남편을 이해하지 못했습니다. 남편은 제게 마음 문을 닫았고, 저는 지독한 외로움을 느끼며 '막내가 대학만 가면 이혼하리라' 결심했습니다.

그러다 아들이 저의 반대에도 불구하고 불신교제를 시작했습니다. 어느 날, 아들은 여자 친구 아버지에게 수모를 받고, 새벽에 아파트 베란다에서 떨어져 죽으려고 했습니다. 아들의 불신교제와 자살 시도는 남편과 불화하며 병적인 화로 자녀들에게 상처를 준 제 삶의 결론이었습니다(느 13:24). 저는 자녀 고난 앞에서 세상 성공과 학벌에 매달린 저의 죄를 회개하며, 이제라도 자녀를 말씀으로 양육하고 세상 가치관을 끊기로 결단했습니다. 그랬더니 하나님은 자녀들이 교회 공동체에 속해 양육받는 은혜를 허락해 주셨습니다. 이제는 진심으로 자녀들에게 십일조와 안식일 신앙의 본을 보이며 불신결혼을 막는 믿음의 부모가 되겠습니다(느 13:25).

 영혼의 기도

하나님 아버지, 불신결혼의 배후에는 악과 음란이 있다고 하십니다. 거룩해 보이는 솔로몬도 돈이 있으니까 이방 여인을 얻어 음란을 행하고 하나님을 배반하는 악을 행했습니다. 다윗의 아들 솔로몬이 그랬는데 누구라고 장담할 수 있겠습니까. 믿음 없이 이룬 성공은 악과 음란으로 가는 것이 당연함을 인정하고, 나와 자녀의 배우자를 오직 믿음으로 택하게 하옵소서.

불신결혼의 결과가 나의 고통으로 그치지 않고, 자녀에게도 대물림되는 것을 깨닫기 원합니다.

유다 왕이어도 예수님의 계보에 올라가지 못한 아달랴와 그 자손들처럼 불신결혼으로 인해 우리 가정이 구원의 계보에서 빠질 수 있다는 것을 경고로 받기 원합니다.

그래서 교양이 아닌 진심으로, 느헤미야처럼 때리고 책망하고 저주하며 머리털을 뽑아서라도 불신결혼을 막게 하옵소서. 그러기 위해 십일조와 안식일을 목숨처럼 지키며 믿음의 결혼이 얼마나 복된 것인지를 삶으로 보이기 원합니다.

나와 내 자녀가 믿음의 결혼을 하는 한 사람이 되어 가정을 구원으로 인도하는 축복의 통로가 되게 하옵소서. 하나님께서 그들을 기억하시고 나를 기억하심으로 우리 모두 예수 그리스도의 후손이 될 수 있도록 은혜 내려 주옵소서. 예수님 이름으로 기도하옵나이다. 아멘.

가정아 기뻐하라

초판 발행일 ㅣ 2010년 5월 11일
개정증보 1쇄 발행일 ㅣ 2024년 4월 30일

지은이 ㅣ 김양재

발행인 ㅣ 김양재
편집인 ㅣ 송민창
편집장 ㅣ 김윤현
편집 ㅣ 정지현, 정연욱, 진민지, 고윤희, 이은영
디자인 ㅣ 이수라
지도 일러스트 ㅣ 정주원

발행한 곳 ㅣ 큐티엠
주소 ㅣ 경기도 성남시 분당구 판교공원로2길 22, 4층 큐티엠 (우)13477
편집 문의 ㅣ 070-4635-5318   **구입 문의** ㅣ 031-707-8781
팩스 ㅣ 031-8016-3193
홈페이지 ㅣ www.qtm.or.kr   **이메일** ㅣ books@qtm.or.kr
인쇄 ㅣ ㈜신성토탈시스템
총판 ㅣ ㈜사랑플러스 02-3489-4300

ISBN ㅣ 979-11-92205-83-0

세트 ISBN ㅣ 979-11-92205-81-6

큐티엠(QTM, Question Thinking Movement)은 '날마다 큐티'하는 말씀묵상 운동을 통해
영혼을 구원하고, 가정을 중수하고, 교회를 새롭게 하는 일에 헌신합니다.